Englische Abkürzungen in diesem Buch

adj	adjective	Adjektiv, Eigenschaftswort
adv	adverb	Adverb, Umstandswort
art	article	Artikel, Geschlechtswort
conj	conjunction	Konjunktion, Bindewort
form	formal	formell, förmlich
GB	Great Britain	Großbritannien
inform	informal	informell, umgangssprachlich
interj	interjection	Interjektion, Ausrufewort
n	noun	Substantiv, Nomen
num	numeral	Zahlwort
pl	plural	Plural, Mehrzahl
prep	preposition	Präposition, Verhältniswort
pron	pronoun	Pronomen, Fürwort
prov	proverb	Sprichwort
®	registered trade mark	Warenzeichen
sb	somebody	jemand
sl	slang	Slang, Jargon
sth	something	etwas
US	United States	Vereinigte Staaten von Amerika
v	verb	Verb, Zeitwort

Thematischer Grund- und Aufbauwortschatz Englisch

von Gernot Häublein
und Recs Jenkins

Ernst Klett Verlag

Thematischer Grund- und Aufbauwortschatz Englisch

von
Gernot Häublein M.A., Englischlehrer und Autor, Landshut;
Recs Jenkins B.A., Fachbereichsleiter für Sprachen an der Volkshochschule Emden

Beratende Mitwirkung
K. E. Schuhmacher StD, Fachleiter für Englisch am Staatlichen Studienseminar für das Lehramt an Gymnasien, Speyer

unter Mitarbeit und Leitung
der Verlagsredaktion Weiterbildung Fremdsprachen;
Mitarbeit an diesem Werk:
Bernd Hallmann, Derrick Jenkins, Verlagsredakteure;
Franziska Gall, Redaktionsassistentin

Cartoons: Punch Publications Ltd, London

ISBN 3-12-519550-0

1. Auflage 1 5 4 3 2 1 | 1991 90 89 88 87

Alle Drucke dieser Auflage können im Unterricht nebeneinander benutzt werden, sie sind untereinander unverändert. Die letzte Zahl bezeichnet das Jahr dieses Druckes.

Druck: C. H. Beck'sche Buchdruckerei, Nördlingen.
Printed in Germany.

Inhalt

Informationen für Lehrer(innen)

1. Für wen wurde dieser Thematische Grund- und Aufbauwortschatz Englisch geschrieben?

Für Jugendliche und Erwachsene mit Vorkenntnissen, die jetzt völlig andere Bedürfnisse und Probleme mit der Fremdsprache haben als zu Beginn des Spracherwerbs: Als Fortgeschrittene sind sie zwar einerseits sicherer und selbständiger im Umgang mit der Fremdsprache, auf der anderen Seite spüren sie zunehmend einen Bedarf an lehrer- und lehrbuchunabhängigem Lernmaterial zur Festigung und systematischen Erweiterung ihrer Sprachkenntnisse. Sie wollen die grammatischen Regeln des Englischen sowie die häufigsten und wichtigsten Wörter kennen und angemessen verwenden können.

2. Welchen Zweck erfüllt dieses Buch?

Der Thematische Grund- und Aufbauwortschatz ermöglicht es dem Lerner, zentrale Begriffe des englischen Wortschatzes selbständig zu lernen und anzuwenden bzw. vertiefend zu wiederholen. Er eignet sich für Lernende weiterführender Schulen etwa ab dem 4. Englisch-Lernjahr (8. und folgende Klassen). Dabei ist der enthaltene *Grundwortschatz* besonders für die Vorbereitung auf den Mittleren Schulabschluß bzw. den Übergang in die Sekundarstufe II gedacht. Zusammen mit dem Basisvokabular stützt der fortführende *Aufbauwortschatz* die freiere Sprach- und vor allem Textarbeit in Grund- und Leistungskursen der Sekundarstufe II. Die unterrichtsbegleitende Benutzung dieses Buches festigt die lexikalischen und idiomatischen Kenntnisse der Lernenden und erweitert sie in Richtung Abiturniveau.

In der Erwachsenen- und Weiterbildung kann der Thematische Grund- und Aufbauwortschatz für Lernende etwa ab dem 3. Lernjahr oder z. B. zur Vorbereitung auf das Volkshochschul-Zertifikat Englisch und die Cambridge-Zertifikate herangezogen werden (vgl. hierzu 4. Grundlagen).

3. Was macht dieses Buch lernerfreundlich und lernwirksam?

- Der rein thematische Aufbau und die inhaltlich sinnvolle „Wortbündelung".
- Die zeitgemäße, am Sprachgebrauch orientierte Themenauswahl.
- Die Vermittlung der Bedeutungsvielfalt englischer Wörter durch Darstellung von Teilbedeutungen in verschiedenen Themen.
- Die Erfassung von Wortbedeutungen durch Beispielsätze, Kollokationen und idiomatische deutsche Entsprechungen.
- Die Anhänge zum Nachschlagen und Lernen:
  - eine gegliederte Übersicht aller verwendeten Lautschrift- und Betonungszeichen mit Wortbeispielen;

- eine Liste aller im Buch verwendeten Abkürzungen mit Erklärung;
- Informationen zu systematischen Unterschieden zwischen amerikanischem und britischem Englisch in den Bereichen Rechtschreibung, Aussprache und Wortschatz;
- Angaben zur englischen Wortbildung in Kurzform, wie sie im Bereich des Thematischen Grund- und Aufbauwortschatzes zur Anwendung kommen;
- eine Liste gängiger Abkürzungen im Englischen;
- eine Kurzbibliographie;
- ein alphabetisches Register aller englischen Wörter des Grund- und Aufbauwortschatzes: alle im Grundwortschatz enthaltenen Wörter erscheinen als **halbfette Stichwörter,** alle Aufbauwortschatz-Einträge in normaler Schrift, alle amerikanischen Einträge in *kursiver* Schrift.

4. Auf welchen Grundlagen wurde dieses Buch erarbeitet?

Alphabetische Gesamtlisten der Stichwörter entstanden durch Erfassung und Vergleich zahlreicher Quellen; einige der wichtigsten davon waren:
- Wortschätze aus schulischen Lehrplänen und Richtlinien für die Sekundarstufe I und II;
- Definitionswortschätze neuerer englischer Wörterbücher für fremdsprachige Lerner (alle benutzten wichtigen Wörterbücher sind in einer Kurzbibliographie im Anhang aufgelistet);
- Wortschatzlisten aus Englisch-Curricula des Europarats (Waystage, The Threshold Level);
- Wortschatzlisten aus dem ICC-Certificate des Deutschen Volkshochschul-Verbandes;
- Wortschatzlisten der meistbenutzten Englisch-Lehrwerke in den deutschsprachigen Ländern, Jahrgangsstufen 4–6 (8.–10. Klassen).

5. Wie wurde der Wortschatz erstellt?

Die oben genannten alphabetischen Listen wurden nach Häufigkeit der Wörter in den Quellen, nach ihrer Vielseitigkeit und Zugehörigkeit zur modernen Umgangssprache ausgewertet und überarbeitet. Die einzelnen Wörter bzw. Wortbedeutungen wurden dann den inhaltlich zugehörigen Themen zugeordnet. Aus alphabetischen Gesamtlisten entstanden so je 21 thematische Teillisten für Grund- und Aufbauwortschatz.

Aus diesem Arbeitsverfahren ergab sich, in Zahlen ausgedrückt, folgende sprachliche Substanz:
Grundwortschatz: 2391 Wörter in 3260 Bedeutungen;
Aufbauwortschatz: 1872 Wörter in 2187 Bedeutungen.

Praktisches Arbeiten mit dem Thematischen Grund- und Aufbauwortschatz Englisch

1. Wie ist dieses Buch aufgebaut?

- Dieser Grund- und Aufbauwortschatz ist in 21 Großthemen gegliedert, die meisten davon wieder in mehrere Kleinthemen. Jedes Thema umfaßt zahlreiche Stichwörter in einer thematisch sinnvollen Reihenfolge.
- Jeder Worteintrag besteht in der linken englischen Spalte mindestens aus dem Stichwort (**fett gedruckt**), der Wortartangabe (*kursiv gedruckte Abkürzung*), der Ausspracheangabe [Lautschrift in eckigen Klammern] und von Fall zu Fall aus einem Beispielsatz und Zusatzeinträgen (**halbfett gedruckt**), die wichtige idiomatische Wortverwendungen darstellen. In der rechten Spalte finden sich die deutschen Bedeutungsentsprechungen.

Beispiel:

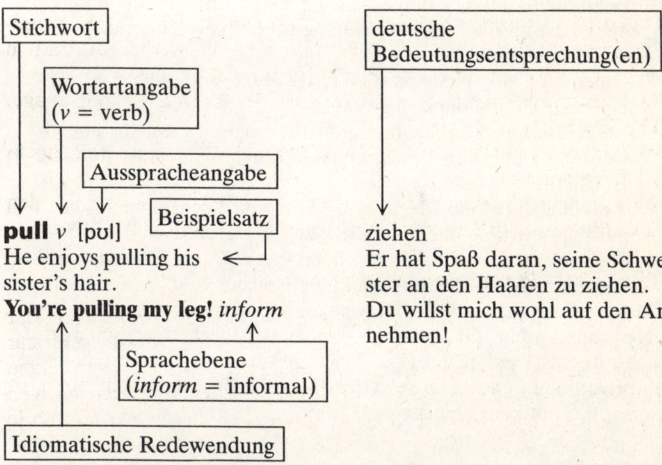

- Jedes Kleinthema stellt zunächst den *Grundwortschatz* in zusammengehörigen „Wortbündeln" dar, die durch ▶ am Seitenrand voneinander getrennt sind. Daran anschließend folgt der *Aufbauwortschatz*, der durch einen Grauton vom Grundwortschatz abgesetzt ist. So kann man sich ein inhaltlich zusammenhängendes Wortfeld „von oben nach unten" gedächtnisfreundlich erschließen.

2. Wie kann man mit dem Thematischen Grund- und Aufbauwortschatz Englisch sinnvoll lernen?

- Thema in Wortbündeln erarbeiten:
  Natürlich ist „Lernen in Themen“ sinnvoll und beabsichtigt. Dabei sind Auswahl und Reihenfolge der Groß- und Kleinthemen für die individuelle Lernarbeit völlig offen und beliebig. Bei den Wortbündeln dagegen empfiehlt es sich, die vorgegebene Reihenfolge einzuhalten. Denn hier ist eine Spur angelegt, auf der das Einprägen im Gedächtnis erfolgen soll.
- Jeden Tag kleine Abschnitte lernen:
  Es ist eher zu kleineren Abschnitten von Tag zu Tag zu raten. Täglich 20–30 Minuten intensiver Wortschatzarbeit mit diesem Buch sind ein optimales Pensum.
- Mit System wiederholen:
  Wiederholen ist die wichtigste Technik zur Verbesserung der Gedächtnisleistung und damit des Lernerfolgs. Am besten ist es, schon durchgearbeitete Abschnitte zur weiteren Festigung in regelmäßigen Abständen immer wieder aufzugreifen.
- Tips zum Lernen:
  - Man liest zuerst einzelne Bündel und dann das ganze Teilthema nur auf englisch und deckt die rechte Spalte ab, um danach die deutschen Entsprechungen zur englischen Spalte niederzuschreiben. Erst im nächsten Durchgang sollte man die deutsche Spalte zu Hilfe ziehen.
  - Danach werden beide Spalten aufgedeckt, und jeder Eintrag wird auf englisch und deutsch gelesen.
  - Beim zweiten Durchgang sollte die englische Spalte abgedeckt werden. Der eben beschriebene Lernvorgang läuft nun umgekehrt ab.
  - Abschließend kann das ganze Teilthema noch einmal von oben nach unten laut auf englisch gelesen werden, wobei die abgedeckte deutsche Spalte nur dann herangezogen werden sollte, wenn man die Bedeutung nicht mehr sicher weiß.
- Last but not least noch ein Hinweis:
  Der Thematische Grund- und Aufbauwortschatz Englisch verträgt sich mit (fast) jedem Lehrbuch, jeder Kursform und verschiedenen Lehrmethoden und kann sowohl zur Auffrischung als auch zum Lernen von Grund auf benutzt werden.

Viel Spaß dabei!

Autoren und Redaktion

Allgemeines

reality *n* [rɪ'ælətɪ] **in reality**	(die) Wirklichkeit/Realität tatsächlich, in Wirklichkeit
nature *n* ['neɪtʃə] Man is part of nature.	(die) Natur Der Mensch ist Teil der Natur.
thing *n* [θɪŋ]	Ding, Sache
object *n* ['ɒbdʒɪkt]	Gegenstand, Objekt
man, *pl* men *n* [mæn, men]	der Mensch
evolution *n* [ˌi:və'lu:ʃn]	Evolution, natürliche Entwicklung
process *n* ['prəʊses] The universe is still **in the process of** development.	Vorgang, Prozeß Das Weltall ist noch im Entwicklungsvorgang.
structure *n* ['strʌktʃə]	Aufbau
mankind *n* [mæn'kaɪnd] Modern mankind is the product of millions of years of evolution.	(die) Menschheit Die heutige Menschheit ist das Ergebnis einer Evolution von Millionen Jahren.

Weltall, Erde

space *n* [speɪs] Man has always dreamt of travelling through space to the stars.	(der) Weltraum Die Menschen haben schon immer davon geträumt, durch den Weltraum zu den Sternen zu fliegen.
world *n* [wɜ:ld] Mount Everest is the highest mountain **in the world**.	Welt Der Mount Everest ist der höchste Berg der Welt.
sky *n* [skaɪ] The sun's shining today, and the sky's blue and clear.	Himmel Heute scheint die Sonne, und der Himmel ist klar und blau.
sun *n* [sʌn]	Sonne
sunrise *n* ['sʌnraɪz]	Sonnenaufgang
sunset *n* ['sʌnset]	Sonnenuntergang

moon *n* [mu:n] **new moon/full moon**	Mond Neumond/Vollmond
star *n* [stɑ:]	Stern
rise, rose, risen *v* [raɪz, rəʊz, 'rɪzn]	aufgehen
set, set, set *v* [set] The sun rises in the east and sets in the west.	untergehen Die Sonne geht im Osten auf und im Westen unter.
shine, shone, shone *v* [ʃaɪn, ʃɒn]	scheinen, leuchten
bright *adj* [braɪt]	hell, leuchtend
shadow *n* ['ʃædəʊ]	Schatten
dark *adj* [dɑ:k] It's **getting dark**.	dunkel, finster Es wird dunkel.
darkness *n* ['dɑ:knɪs]	Dunkelheit, Finsternis
► **earth** *n* [ɜ:θ] The Nile is the longest river **on earth**.	die Erde Der Nil ist der längste Fluß der Erde.
continent *n* ['kɒntɪnənt]	Kontinent, Erdteil
ground *n* [graʊnd] It hasn't rained for weeks, and the ground's terribly dry.	Boden Es hat wochenlang nicht geregnet, und der Boden ist furchtbar ausgetrocknet.
land *n* [lænd] We were glad to be **on land** again after the rough sea passage.	Festland, Land Nach der stürmischen Seereise waren wir froh, wieder an Land zu sein.
surface *n* ['sɜ:fɪs] When there was no wind at all, the surface of the lake was quite calm.	Oberfläche Bei völliger Windstille war die Oberfläche des Sees ganz ruhig.
► **water** *n* ['wɔ:tə]	Wasser
river *n* ['rɪvə] **St. Lawrence River**	Fluß, Strom Sankt-Lorenz-Strom
stream *n* [stri:m] **the Gulf Stream**	Bächlein, kleiner Fluß der Golfstrom
flow *v* [fləʊ]	fließen
pool *n* [pu:l]	Teich, Tümpel
lake *n* [leɪk] **Lake Constance**	(der) See der Bodensee
deep *adj* [di:p]	tief

valley *n* ['vælɪ]	Tal
hill *n* [hɪl]	Hügel
steep *adj* [sti:p] **a steep hill**	steil ansteigend ein steiler Hügel/Abhang
mountain *n* ['maʊntɪn]	Berg
rock *n* [rɒk]	Fels, Felsbrocken
stone *n* [stəʊn]	Stein
desert *n* ['dezət]	Wüste
sand *n* [sænd]	Sand
►	
coast *n* [kəʊst] **on the coast**	Küste an der Küste
cliff *n* [klɪf] **the white cliffs of Dover**	Klippe, Steilküste die weißen Klippen von Dover
bay *n* [beɪ]	Bucht
beach *n* [bi:tʃ] **on the beach**	Strand am Strand
sea *n* [si:] **the North Sea**	Meer, (die) See die Nordsee
ocean *n* ['əʊʃn] **the Atlantic/Indian/Pacific Ocean**	Ozean, Weltmeer der Atlantische/Indische/Pazifische Ozean
island *n* ['aɪlənd] **the Channel Islands**	Insel die Kanalinseln *(zwischen Frankreich und Großbritannien)*

universe *n* ['ju:nɪvɜ:s]	Weltall, Universum
planet *n* ['plænɪt]	Planet
satellite *n* ['sætəlaɪt]	Satellit
solar *adj* ['səʊlə] Our **solar system** consists of the sun and its nine planets. **solar energy**	Sonnen- Unser Sonnensystem besteht aus der Sonne und ihren neun Planeten. Sonnenenergie
►	
globe *n* [gləʊb]	Globus, Erdkugel
atmosphere *n* ['ætməˌsfɪə]	Atmosphäre
horizon *n* [hə'raɪzn]	Horizont

sea-level *n* [ˈsiːˌlevl]	Meeresspiegel, Meereshöhe
above/below sea-level	über/unter dem Meeresspiegel
spring *n* [sprɪŋ]	Quelle
shallow *adj* [ˈʃæləʊ]	seicht
in shallow water	im seichten Wasser
shore *n* [ʃɔː]	See-/Meeresufer
on the shore	am Ufer
wave *n* [weɪv]	Welle
tide *n* [taɪd]	Gezeiten
The tide's coming in/going out.	Es ist Flut/Ebbe.
high tide/low tide	Flut/Ebbe
Mediterranean *n* [ˌmedɪtəˈreɪnjən]	Mittelmeer
channel *n* [ˈtʃænl]	Kanal
the English Channel	der Ärmelkanal
►	
scenery *n* [ˈsiːnərɪ]	Landschaft
mountain scenery	Berglandschaft
slope *n* [sləʊp]	Berghang, Abhang
Going down the slope is easy; going up is the problem.	Den Hang hinabgehen ist einfach; hinaufsteigen ist das Problem!
summit *n* [ˈsʌmɪt]	Gipfel
bare *adj* [beə]	kahl
There was nothing but bare rock near the summit – no trees or bushes anywhere.	In der Gipfelgegend gab es nichts als kahle Felsen – nirgendwo ein Baum oder Busch.
cave *n* [keɪv]	Höhle, Grotte
plain *n* [pleɪn]	Ebene, Flachland
the Great Plains	die großen Ebenen *(im Mittleren Westen der USA)*
►	
catastrophe *n* [kəˈtæstrəfɪ]	Katastrophe
disaster *n* [dɪˈzɑːstə]	schreckliches Unglück
disaster area	Katastrophengebiet
earthquake *n* [ˈɜːθkweɪk]	Erdbeben
crack *n* [kræk]	Riß, Sprung
During the earthquake cracks appeared in the surface of the earth.	Während des Erdbebens entstanden Risse in der Erdoberfläche.
crack *v* [kræk]	einen Riß bekommen

Klima, Wetter

climate *n* ['klaɪmɪt] **mild/dry/wet climate**	Klima mildes/trockenes/feuchtes Klima
north *adj* [nɔ:θ] You can find almost any kind of climate in **North America**.	nördlich, Nord- In Nordamerika kann man beinahe alle Klimaarten antreffen.
north *n* [nɔ:θ] **The north of Scotland** will be cold and foggy tomorrow.	Norden Im Norden Schottlands ist das Wetter morgen kalt und neblig.
northern *adj* ['nɔ:ðn] There will be snow showers in **northern England** this evening.	nördlich, Nord- In Nordengland wird es heute abend zu Schneeschauern kommen.
south *adj; n* [saʊθ]	südlich, Süd-; Süden
southern *adj* ['sʌðən]	südlich, Süd-
east *adj; n* [i:st]	östlich, Ost-; Osten
eastern *adj* ['i:stən]	östlich, Ost-
west *adj; n* [west]	westlich, West-; Westen
western *adj* ['westən]	westlich, West-
►	
season *n* ['si:zn]	Jahreszeit
spring *n* [sprɪŋ]	Frühling
summer *n* ['sʌmə]	Sommer
autumn *n* ['ɔ:təm]	Herbst
winter *n* ['wɪntə]	Winter
►	
weather *n* ['weðə]	Wetter
temperature *n* ['temprətʃə]	Temperatur
degree *n* [dɪ'gri:] 5 degrees centigrade is 41 degrees Fahrenheit.	Grad 5 Grad Celsius entsprechen 41 Grad Fahrenheit.
centigrade *n* ['sentɪgreɪd]	Grad Celsius
cold *adj* [kəʊld]	kalt
cold *n* [kəʊld] Don't stay out there **in the cold**. We were **shaking with cold**.	Kälte Bleib nicht da draußen in der Kälte! Wir zitterten vor Kälte.

cool *adj* [ku:l]	kühl
freeze, froze, frozen *v* [fri:z, frəʊz, 'frəʊzn]	gefrieren; frieren
The terrible cold froze even the rivers.	Bei dieser schrecklichen Kälte waren sogar die Flüsse gefroren.
I'm freezing.	Ich friere.
freezing *adj* ['fri:zɪŋ]	sehr kalt
20 degrees **below freezing**	20 Grad unter Null
frost *n* [frɒst]	Frost
ice *n* [aɪs]	Eis
icy *adj* ['aɪsɪ]	eisig, eiskalt
an icy wind	ein eisiger Wind
snow *n; v* [snəʊ]	Schnee; schneien
cover *v* ['kʌvə]	bedecken
On Christmas morning, the ground was covered with snow.	Am Morgen des ersten Weihnachtsfeiertags war der Boden mit Schnee bedeckt.
melt *v* [melt]	schmelzen
mild *adj* [maɪld]	mild, nicht kalt
warm *adj* [wɔ:m]	warm
hot *adj* [hɒt]	heiß
heat *n* [hi:t]	Hitze
►	
dry *adj* [draɪ]	niederschlagsfrei, trocken
The weather will be dry and sunny in all parts of Britain.	In ganz Großbritannien wird es niederschlagsfrei und sonnig sein.
clear *adj* [klɪə]	klar, unbewölkt
The sky was clear in the morning. The grey clouds were gone.	Am Morgen war der Himmel klar, die grauen Wolken waren verschwunden.
fine *adj* [faɪn]	schön
At last, after weeks of wet and windy weather, it **turned fine**.	Endlich, nach wochenlangem Wind- und Regenwetter, wurde es schön.
a fine morning/day/evening	ein schöner Morgen/Tag/Abend
sunny *adj* ['sʌnɪ]	sonnig
sunshine *n* ['sʌnʃaɪn]	Sonnenschein

wet *adj* [wet] — regnerisch, feucht
The weather will be cool and wet in the northern parts of Scotland. — In den nördlichen Landesteilen von Schottland wird das Wetter kühl und regnerisch.

rain *n* [reɪn] — Regen
It looks like rain. — Es sieht nach Regen aus.

rain *v* [reɪn] — regnen
It's raining cats and dogs. — Es gießt wie aus Kübeln.

rainy *adj* ['reɪnɪ] — regnerisch, Regen-
a rainy day — ein Regentag

shower *n* ['ʃaʊə] — Regenschauer
snow shower — Schneeschauer

flood *n* [flʌd] — Flut, Hochwasser
During the storm the river rose to **flood level**. — Während des Sturmes stieg der Fluß bis zum Hochwasserpegel an.

flood *v* [flʌd] — überfluten

shelter *v* ['ʃeltə] — sich unterstellen, Schutz suchen
We sheltered from the rain in the nearest pub. — Wir suchten im nächsten Wirtshaus Schutz vor dem Regen.

fog *n* [fɒg] — Nebel

foggy *adj* ['fɒgɪ] — neblig

cloud *n* [klaʊd] — Wolke

cloudy *adj* ['klaʊdɪ] — bewölkt, wolkig

►

air *n* [eə] — Luft

calm *adj* [kɑ:m] — windstill

rough *adj* [rʌf] — rauh, windig, unangenehm
rough sea — stürmische, rauhe See

wind *n* [wɪnd] — Wind

windy *adj* ['wɪndɪ] — windig

blow, blew, blown *v* [bləʊ, blu:, bləʊn] — blasen, wehen
The wind was blowing very hard, so we stayed inside. — Der Wind wehte sehr stark, deshalb blieben wir im Haus.

storm *n* [stɔ:m] — Sturm

stormy *adj* ['stɔ:mɪ] — stürmisch

thunder *n* ['θʌndə] — Donner

thunderstorm *n* ['θʌndəstɔ:m] — Gewitter

lightning *n* ['laɪtnɪŋ]	Blitz
a flash of lightning	ein Blitz
flash *v* [flæʃ]	aufleuchten, blitzen
Lightning flashed across the sky.	Ein Blitz leuchtete am Himmel auf.
damage *n* ['dæmɪdʒ]	Schaden, Zerstörung
A lot of damage was done by the thunderstorm.	Das Gewitter richtete großen Schaden an.
zone *n* [zəʊn]	Zone
The earth can be divided into five major **climatic zones**.	Man kann die Erde in fünf Hauptklimazonen einteilen.
maximum *adj* ['mæksɪməm]	Höchst-
The **maximum temperature** tomorrow will be 22 degrees C.	Morgen wird die Höchsttemperatur 22 Grad Celsius betragen.
minimum *adj* ['mɪnɪməm]	Mindest-
minimum temperature	Tiefsttemperatur
thermometer *n* [θə'mɒmɪtə]	Thermometer
pressure *n* ['preʃə]	Druck
The normal pressure of the atmosphere is around 1 bar.	Der normale Luftdruck beträgt etwa ein Bar.
►	
chilly *adj* ['tʃɪlɪ]	kühl, frisch
a chilly morning	ein kühler Morgen
drought *n* [draʊt]	Trockenzeit, Dürreperiode
shade *n* [ʃeɪd]	Schatten
Last summer temperatures were often higher than 30 degrees C **in the shade**.	Im letzten Sommer hatte es oft mehr als 30 Grad im Schatten.
►	
damp *adj* [dæmp]	feucht, naß
humid *adj* ['hju:mɪd]	feucht
humid atmosphere	feuchte Luft
mist *n* [mɪst]	Dunst
In the morning the nearby mountains were hidden in mist.	Am Morgen waren die nahen Berge im Dunst verborgen.
pour *v* [pɔ:]	gießen, stark regnen
It was pouring with rain.	Es regnete in Strömen.
rainbow *n* ['reɪnbəʊ]	Regenbogen

snowstorm *n* ['snəʊstɔ:m]	Schneesturm
hurricane *n* ['hʌrɪkən]	Wirbelsturm
fierce *adj* [fɪəs] There was a fierce storm last night; the roof nearly blew off.	heftig, wild Heute Nacht war ein heftiger Sturm. Das Dach wurde fast weggerissen.
strike, struck, struck *v* [straɪk, strʌk] During the thunderstorm two children were **struck by lightning**.	treffen In dem Gewitter wurden zwei Kinder vom Blitz getroffen.

Materie, Stoffe

material *n* [mə'tɪərɪəl]	Material, Grundstoff, Werkstoff
consist of *v* [kən'sɪst‿əv] Steel consists of iron and small quantities of other metals.	bestehen aus Stahl besteht aus Eisen und kleinen Mengen anderer Metalle.
contain *v* [kən'teɪn] Red earth or red rock often contains iron.	enthalten Rote Erde oder rotes Felsgestein enthalten häufig Eisen.
pure *adj* [pjʊə] Gold is never quite pure. It's always mixed with other metals.	rein, unvermischt Gold ist nie ganz rein. Es ist immer mit anderen Metallen vermischt.
real *adj* [rɪəl] **real gold**	echt echtes Gold
mix *v* [mɪks] Oil and water don't mix.	mischen, vermischen Öl und Wasser vermischen sich nicht.
quality *n* ['kwɒlətɪ] **top quality** ►	Qualität, Güte Spitzenqualität
water *n* ['wɔ:tə]	Wasser
steam *n* [sti:m]	(Wasser-)Dampf
metal *adj; n* ['metl]	aus Metall, Metall-; Metall
gold *n* [gəʊld]	Gold
silver *n* ['sɪlvə]	Silber

iron *n* ['aɪən]	Eisen
steel *n* [sti:l]	Stahl
►	
wood *n* [wʊd] All the tables and chairs in the house are made of wood.	Holz Alle Tische und Stühle im Haus sind aus Holz.
wooden *adj* ['wʊdn] Many old houses have wooden floors.	aus Holz, Holz- Viele alte Häuser haben Holzfußböden.
leather *adj; n* ['leðə]	aus Leder, Leder-; Leder
wool *n* [wʊl]	Wolle
woollen *adj* ['wʊlən]	aus Wolle, Woll-
string *n* [strɪŋ]	Schnur
paper *n* ['peɪpə] **a sheet of paper**	Papier ein Blatt Papier
glass *n* [glɑ:s]	Glas *(Material)*
plastic *adj; n* ['plæstɪk]	aus Plastik, Plastik-; Plastik
rubber *adj; n* ['rʌbə]	aus Gummi, Gummi-; Gummi
►	
energy *n* ['enədʒɪ]	Energie
coal *n* [kəʊl]	Kohle
oil *n* [ɔɪl]	Öl
petrol *n* ['petrəl]	Benzin
gas *n* [gæs]	Gas
nuclear *adj* ['nju:klɪə] **nuclear power/energy**	Kern-, Atom- Kernkraft/-energie
burn, burnt/burned, burnt/burned *v* [bɜ:n, bɜ:nt/bɜ:nd]	brennen; verbrennen
fire *n* ['faɪə] The wooden hut **caught fire**. **light a fire** **on fire**	Feuer Die Holzhütte fing Feuer. ein Feuer machen/anzünden in Flammen
flame *n* [fleɪm]	Flamme
smoke *n* [sməʊk]	Rauch, Qualm
dust *n* [dʌst]	Staub
dirt *n* [dɜ:t]	Schmutz, Dreck

matter *n* ['mætə] The universe consists of matter and energy.	Materie Das Weltall besteht aus Materie und Energie.
atom *n* ['ætəm]	Atom
chemical *adj* ['kemɪkl] **the chemical elements**	chemisch die chemischen Elemente
element *n* ['elɪmənt] **the elements**	Element die Naturkräfte
substance *n* ['sʌbstəns] All substances are made up of chemical elements.	Substanz, Stoff Alle Stoffe setzen sich aus chemischen Elementen zusammen.
sample *n* ['sɑ:mpl] **take a sample**	Materialprobe eine Probe entnehmen
mixture *n* ['mɪkstʃə] We breathe a mixture of gases called air.	Mischung, Gemisch Wir atmen ein Gasgemisch, das Luft genannt wird.
oxygen *n* ['ɒksɪdʒən]	Sauerstoff
wave *n* [weɪv] **radio wave**	energetische Welle Radiowelle
►	
dense *adj* [dens]	dicht
density *n* ['densətɪ] Heavy substances are of high density.	Dichte Schwere Stoffe haben eine hohe Dichte.
solution *n* [sə'lu:ʃn] **a chemical solution**	flüssige Lösung eine chemische Lösung
liquid *adj; n* ['lɪkwɪd]	flüssig; Flüssigkeit
solid *adj* ['sɒlɪd]	fest, kompakt
solid *n* ['sɒlɪd] Iron and rock are solids; water and oil are liquids.	fester Stoff Eisen und Fels sind feste Stoffe, Wasser und Öl sind Flüssigkeiten.
fuel *n* [fjʊəl] **liquid/solid fuel**	Brennstoff Flüssig-/Festbrennstoff
►	
mineral *adj* ['mɪnərəl] **mineral water**	Mineral- Mineralwasser
minerals *n* ['mɪnərəlz] Coal, iron and gold are minerals.	Bodenschätze Kohle, Eisen und Gold sind Bodenschätze.

diamond *n* ['daɪəmənd]	Diamant
copper *n* ['kɒpə]	Kupfer
uranium *n* [jʊ'reɪnjəm]	Uran
► **timber** *n* ['tɪmbə]	Bauholz
fibre *n* ['faɪbə] **cotton/plastic fibres**	Faser Baumwoll-/Plastikfasern
silk *adj; n* [sɪlk]	seiden, Seiden-; Seide
wax *n* [wæks]	Wachs
► **rust** *n; v* [rʌst]	Rost; rosten
mud *n* [mʌd] **mud flats**	Schlamm, Morast Wattgebiet

Pflanzen, Gartenbau, Landwirtschaft

plant *n; v* [plɑ:nt]	Pflanze; (ein)pflanzen
dig, dug, dug *v* [dɪg, dʌg] Jim dug the garden and then Anne planted the vegetables.	(um)graben Jim grub den Garten um, und dann pflanzte Anne das Gemüse.
hole *n* [həʊl] **dig a hole**	Loch, Grube ein Loch/eine Grube graben
sow, sowed, sown/sowed *v* [səʊ, səʊd, səʊn] In spring farmers sow their fields with corn.	säen Im Frühling säen die Bauern auf ihren Feldern Getreide an.
grow, grew, grown *v* [grəʊ, gru:, grəʊn] All kinds of vegetables grow in our garden. Many farmers grow corn to feed their cattle.	wachsen; anpflanzen, anbauen In unserem Garten wachsen alle möglichen Gemüsearten. Viele Bauern bauen Getreide an, um ihr Vieh damit zu füttern.
field *n* [fi:ld] There were fields of corn as far as the eye could see. The cows are out in the fields all day.	Feld, Acker; Weideland So weit man sehen konnte, erstreckten sich Getreidefelder. Die Kühe sind den ganzen Tag über auf der Weide.

farm *n* [fɑ:m]	Bauernhof
farmer *n* ['fɑ:mə]	Landwirt(in)
product *n* ['prɒdʌkt]	Erzeugnis, Produkt
farm products	landwirtschaftliche Erzeugnisse
►	
garden *n* ['gɑ:dn]	Garten
back garden	größerer Garten hinter dem Haus
front garden	kleiner Ziergarten vor dem Haus
Kensington Gardens	der Kensington-Park (in London)
gardener *n* ['gɑ:dnə]	Gärtner(in)
gardening *n* ['gɑ:dnɪŋ]	Gartenarbeit
gardening tools	Gartengeräte
tool *n* [tu:l]	Werkzeug, Arbeitsgerät
grass *n* [grɑ:s]	Gras
cut the grass	das Gras mähen
lawn *n* [lɔ:n]	Rasen
If you want a nice lawn, cut the grass once a week.	Wenn Sie einen schönen Rasen wollen, mähen Sie das Gras einmal pro Woche.
flower *n* ['flaʊə]	Blume; Blüte
bunch of flowers	Blumenstrauß
pick *v* [pɪk]	pflücken
rose *n* [rəʊz]	Rose
wild *adj* [waɪld]	wild, nicht gezüchtet
I like wild roses much more than garden flowers.	Ich mag wilde Rosen viel lieber als Gartenblumen.
bush *n* [bʊʃ]	Busch, Strauch
tree *n* [tri:]	Baum
branch *n* [brɑ:nʃ]	Ast, großer Zweig
leaf, *pl* leaves *n* [li:f, li:vz]	Blatt (einer Pflanze)
►	
park *n* [pɑ:k]	Park
national park	Nationalpark, Naturschutzgebiet
forest *n* ['fɒrɪst]	Forst, großes Waldgebiet
the Black Forest	der Schwarzwald
wood(s) *n* [wʊd(z)]	kleiner Wald
Let's go to the woods for a picnic.	Gehen wir im Wald Picknick machen!

crop(s) *n* [krɒp(s)]	Feldfrucht; Ertrag, Ernte
There was a good crop of potatoes this year.	Dieses Jahr war die Kartoffelernte gut.
the corn crop	die Getreideernte
corn *n* [kɔ:n]	Getreide
wheat *n* [wi:t]	Weizen
cotton *n* ['kɒtn]	Baumwolle
pick cotton	Baumwolle pflücken
► **fruit** *n* [fru:t]	Obst; Frucht
People are eating more and more fruit, although it is so expensive.	Man ißt immer mehr Obst, obwohl es so teuer ist.
A fruit salad contains various fruits.	Ein Obstsalat enthält verschiedene Früchte.
apple *n* ['æpl]	Apfel
pear *n* [peə]	Birne
cherry *n* ['tʃerɪ]	Kirsche
banana *n* [bə'nɑ:nə]	Banane
orange *n* ['ɒrɪnʒ]	Orange, Apfelsine
lemon *n* ['lemən]	Zitrone
► **vegetable(s)** *n* ['vedʒtəblə(z)]	Gemüse
bean *n* [bi:n]	Bohne
green beans	grüne Bohnen
carrot *n* ['kærət]	Karotte, Mohrrübe
tomato, *pl* tomatoes *n* [tə'mɑtəu(z)]	Tomate
potato, *pl* potatoes *n* [pə'teɪtəʊ(z)]	Kartoffel

agricultural *adj* [ˌægrɪ'kʌltʃərəl]	landwirtschaftlich, Landwirtschafts-
Argentina's an **agricultural country.**	Argentinien ist ein Agrarstaat.
agricultural area	Landwirtschaftsgebiet
agriculture *n* ['ægrɪkʌltʃə]	Landwirtschaft
Statistics show that many more people are employed in industry than in agriculture.	Die Statistik zeigt, daß viel mehr Menschen in der Industrie arbeiten als in der Landwirtschaft.
farming *n* ['fɑ:mɪŋ]	Ackerbau und Viehzucht
He gave up farming to become a factory worker.	Er gab die Landwirtschaft auf und wurde Fabrikarbeiter.

soil *n* [sɔɪl]	Erde, Mutterboden
Nothing can grow here; the soil's too poor.	Hier kann nichts wachsen; der Boden ist zu mager.
cultivate *v* ['kʌltɪveɪt]	urbar machen; anbauen
A lot of land in the Brazilian rain forests has never been cultivated.	Eine Menge Land in den Regenwäldern Brasiliens ist noch nie urbar gemacht worden.
The farmers here cultivate wheat and vegetables.	Die Bauern hier bauen Weizen und Gemüse an.
plough *n; v* [plaʊ]	Pflug; pflügen
spade *n* [speɪd]	Spaten
tractor *n* ['træktə]	Traktor
fertile *adj* ['fɜ:taɪl]	fruchtbar
fertile soil/land	fruchtbarer Boden
fertilizer *n* ['fɜ:tɪlaɪzə]	Düngemittel
►	
seed *n* [si:d]	Samen, Samenkorn, Saat(gut)
Seeds are sown in spring.	Im Frühjahr wird gesät.
This is good seed.	Das sind gute Samen.
grain *n* [greɪn]	Getreide; Korn
ripe *adj* [raɪp]	reif
harvest *n; v* ['hɑ:vɪst]	Ernte; ernten
straw *n* [strɔ:]	Stroh
hay *n* [heɪ]	Heu
make hay	Heu machen/einbringen
►	
lawn-mower *n* ['lɔ:nˌməʊə]	Rasenmäher
hose *n* [həʊz]	Wasserschlauch, Gartenschlauch
water *v* ['wɔ:tə]	wässern, gießen
water the flowers	die Blumen gießen
well *n* [wel]	Brunnen
weed(s) *n* [wi:d(z)]	Unkraut
There are weeds in every garden.	In jedem Garten gibt es Unkraut.
plot *n* [plɒt]	Stück Land, Grundstück
vegetable plot	Gemüsebeet
a plot of land	ein Grundstück
meadow *n* ['medəʊ]	Wiese, Weide
hedge *n* [hedʒ]	Hecke

blossom *n; v* ['blɒsəm]	Blüte; blühen
stem *n* [stem]	Stiel
►	
orchard *n* ['ɔ:tʃəd] **apple orchard**	Obstgarten, -plantage Apfelgarten, -plantage
oak *n* [əʊk]	Eiche
pine *n* [paɪn]	Kiefer
root *n* [ru:t]	Wurzel
twig *n* [twɪg]	Zweig
bark *n* [bɑ:k]	Rinde
trunk *n* [trʌŋk] **tree trunk**	Stamm Baumstamm
hollow *adj* ['hɒləʊ] They were playing in the hollow tree.	hohl Sie spielten in dem hohlen Baum.
►	
axe *n* [æks]	Axt
log *n* [lɒg] Put another log on the fire, please.	Holzscheit; gefällter Baumstamm Bitte leg noch ein Holzscheit auf.
pile up *v* ['paɪl‿'ʌp] The workers were piling up the heavy logs.	aufschichten, auftürmen Die Arbeiter schichteten die schweren Baumstämme auf.
►	
nut *n* [nʌt]	Nuß
peanut *n* ['pi:nʌt]	Erdnuß
shell *n* [ʃel] Nuts have hard shells.	Schale Nüsse haben harte Schalen.
►	
berry *n* ['berɪ]	Beere
gooseberry *n* ['gʊzbərɪ]	Stachelbeere
strawberry *n* ['strɔ:bərɪ]	Erdbeere
raspberry *n* ['rɑ:zbərɪ]	Himbeere
blackberry *n* ['blækbərɪ]	Brombeere
grape *n* [greɪp]	Weintraube
plum *n* [plʌm]	Pflaume, Zwetschge
peach *n* [pi:tʃ]	Pfirsich

apricot *n* ['eɪprɪkɒt]	Aprikose
pineapple *n* ['paɪn,æpl]	Ananas
►	
cabbage *n* ['kæbɪdʒ]	Kohl, Kraut
cauliflower *n* ['kɒlɪ,flaʊə]	Blumenkohl
lettuce *n* ['letɪs]	grüner Salat, Kopfsalat
onion *n* ['ʌnjən]	Zwiebel
herb *n* [hɜ:b] **herb garden**	Gewürzkraut, Heilpflanze Kräutergarten
mushroom *n* ['mʌʃrʊm]	eßbarer Pilz, Champignon

Tiere, Tierhaltung

animal *n* ['ænɪml]	Tier
wild *adj* [waɪld] **wild animals**	wild, nicht gezähmt, frei lebend wilde Tiere
bear *n* [beə]	Bär
lion *n* ['laɪən]	Löwe
zoo *n* [zu:]	Tierpark, Zoo
hunt *v* [hʌnt] Many people hunt just for sport.	jagen, auf die Jagd gehen Viele Leute betreiben die Jagd nur als Sport.
fish, *pl* fish *n* [fɪʃ] There were a lot of fish in the clear mountain stream.	Fisch In dem klaren Gebirgsbach gab es viele Fische.
►	
insect *n* ['ɪnsekt]	Insekt
bee *n* [bi:]	Biene
fly *n* [flaɪ]	Fliege
spider *n* ['spaɪdə]	Spinne
►	
bird *n* [bɜ:d]	Vogel
wing *n* [wɪŋ]	Flügel
fly, flew, flown *v* [flaɪ, flu:, fləʊn] Many birds fly south in the winter.	fliegen Viele Vögel fliegen über den Winter nach Süden.

mouse, *pl* mice *n* [maʊs, maɪs]	Maus
rat *n* [ræt]	Ratte
►	
cage *n* [keɪdʒ]	Käfig
fence *n* [fens]	Zaun
goose, *pl* geese *n* [gu:s, gi:s]	Gans
duck *n* [dʌk]	Ente
turkey *n* [ˈtɜ:kɪ]	Truthahn, Truthenne
chicken *n* [ˈtʃɪkɪn] **chicken farm**	Huhn Hühnerfarm
hen *n* [hen]	Huhn, Henne
egg *n* [eg] **lay eggs**	Ei Eier legen
cattle *n* [ˈkætl] He's got more than a hundred cattle on his farm.	Vieh, Rinder Er hat mehr als hundert Stück Vieh auf seinem Bauernhof.
cow *n* [kaʊ]	Kuh
milk *n; v* [mɪlk]	Milch; melken
sheep, *pl* sheep *n* [ʃi:p] There are about 6 million sheep in Wales.	Schaf In Wales gibt es etwa 6 Millionen Schafe.
lamb *n* [læm]	Lamm
pig *n* [pɪg]	Schwein
smell *n* [smel]	Geruch
horse *n* [hɔ:s]	Pferd
ride, rode, ridden *v* [raɪd, rəʊd, ˈrɪdn]	reiten
►	
cat *n* [kæt]	Katze
dog *n* [dɒg]	Hund
bark *v* [bɑ:k]	bellen
bite, bit, bitten *v* [baɪt, bɪt, ˈbɪtn]	beißen
beg *v* [beg] The dog **begged for** a bone.	betteln Der Hund bettelte um einen Knochen.
feed, fed, fed *v* [fi:d, fed]	füttern

creature *n* ['kri:tʃə]	(Lebe-)Wesen, Kreatur
wildlife *n* ['waɪld͵laɪf] There's plenty of wildlife in some parts of Kenya: elephants, lions, monkeys etc.	natürliche Tierwelt Es gibt viele freilebende Tiere in einigen Teilen von Kenia: Elefanten, Löwen, Affen usw.
►	
deer, *pl* deer *n* [dɪə]	Rotwild (Reh, Hirsch, Damwild)
fox *n* [fɒks]	Fuchs
rabbit *n* ['ræbɪt]	Kaninchen
wolf, *pl* wolves *n* [wʊlf, wʊlvz]	Wolf
tiger *n* ['taɪgə]	Tiger
roar *v* [rɔ:] We could hear the lions and tigers in the zoo roaring.	brüllen Wir konnten die Löwen und Tiger im Zoo brüllen hören.
elephant *n* ['elɪfənt]	Elefant
zebra *n* ['zi:brə]	Zebra
monkey *n* ['mʌŋkɪ]	Affe
►	
track *n* [træk] The men followed the deer tracks.	Spur Die Männer folgten den Rotwildspuren.
trap *n* [træp] **set a trap** **mouse-trap**	Falle ein Falle stellen Mausefalle
trap *v* [træp]	fangen, erwischen
fur *n* [fɜ:]	Fell, Pelz
tail *n* [teɪl]	Schwanz
►	
cod, *pl* cod *n* [kɒd]	Kabeljau, Dorsch
salmon, *pl* salmon *n* ['sæmən]	Lachs
trout, *pl* trout *n* [traʊt]	Forelle
shark *n* [ʃɑ:k]	Hai
whale *n* [weɪl]	Wal
shell *n* [ʃel]	Muschel(schale)
►	
frog *n* [frɒg]	Frosch
snake *n* [sneɪk]	Schlange

worm *n* [wɜːm]	Wurm
beetle *n* ['biːtl]	Käfer
wasp *n* [wɒsp]	Wespe
sting *n* [stɪŋ]	Stachel; Stich
Bees have a sting in their tail.	Bienen haben einen Stachel am Hinterleib.
I had five **wasp stings** last summer.	Ich hatte vergangenen Sommer fünf Wespenstiche.
►	
pigeon *n* ['pɪdʒɪn]	Taube
blackbird *n* ['blækbɜːd]	Amsel
crow *n* [krəʊ]	Krähe
sparrow *n* ['spærəʊ]	Spatz
cuckoo *n* ['kʊkuː]	Kuckuck
stork *n* [stɔːk]	Storch
eagle *n* ['iːgl]	Adler
feather *n* ['feðə]	Feder
nest *n* [nest]	Nest
►	
domestic *adj* [də'mestɪk]	zahm, Haus-
domestic animals	Haustiere; Nutztiere
tame *adj* [teɪm]	zahm
Our neighbour's got a tame lion!	Unser Nachbar hat einen zahmen Löwen!
stable *n* ['steɪbl]	Pferdestall
riding stables	Reitstall
bull *n* [bʊl]	Bulle, Stier
calf, *pl* calves *n* [kɑːf, kɑːvz]	Kalb
goat *n* [gəʊt]	Ziege
donkey *n* ['dɒŋkɪ]	Esel
pony *n* ['pəʊnɪ]	Pony
pet *n* [pet]	Haustier, Lieblingstier
Many families **keep pets** such as cats, dogs, rabbits or birds.	Viele Familien halten sich Haustiere wie Katzen, Hunde, Kaninchen oder Vögel.
puppy *n* ['pʌpɪ]	junger Hund, Welpe

Stadt, Land

area *n* ['eərɪə] — Gebiet; Gegend
a nice area — eine schöne Gegend
industrial area — Industriegebiet

town *n* [taʊn] — Stadt
Let's go shopping **in town** tomorrow. — Gehen wir doch morgen in der Stadt einkaufen!
go/drive (in)to town — in die Stadt gehen/fahren
town centre — Stadtzentrum

city *n* ['sɪtɪ] — Stadt, Großstadt
the City of London — das Geschäftszentrum Londons
New York City — die Stadt New York
city centre — Stadtzentrum, Innenstadt

suburb *n* ['sʌbɜ:b] — Vorort, Wohngebiet am Stadtrand
Today more people live in the suburbs than in the city centre. — Heute wohnen mehr Menschen in den Vororten als im Stadtzentrum.

slums *n* [slʌmz] — Slums, Elendsviertel

►
crowded *adj* ['kraʊdɪd] — voller Menschen, überfüllt

people *n* ['pi:pl] — Leute, Menschen
About 7 million people live in the Greater London area. — Ungefähr 7 Millionen Menschen wohnen im Großraum London.

inhabitant *n* [in'hæbɪtənt] — Einwohner(in)

settle *v* ['setl] — sich niederlassen, ansiedeln
After years of moving from town to town we finally settled in a village near Oxford. — Nach jahrelangem Umziehen von einer Stadt zur anderen haben wir uns schließlich in einem Dorf in der Nähe von Oxford niedergelassen.

►
noise *n* [nɔɪz] — Lärm, Krach
Many people can't stand the noise in the town centre. — Viele Leute können den Lärm im Stadtzentrum nicht ertragen.

noisy *adj* ['nɔɪzɪ] — sehr laut
It's terribly noisy in town during the rush hour. — Während der Stoßzeit ist es fürchterlich laut in der Stadt.

traffic *n* ['træfɪk] — Verkehr
traffic jam — Verkehrsstau
traffic noise — Verkehrslärm

ugly *adj* ['ʌglɪ] — häßlich, verschandelt

dirty *adj* ['dɜːtɪ]	schmutzig, dreckig
clean *adj* [kliːn]	sauber
►	
market *n* ['mɑːkɪt]	Markt
There's a **street market** in town every Friday.	Jeden Freitag ist in der Stadt Straßenmarkt.
market day/square	Markttag/-platz
place *n* [pleɪs]	Ort, Stadt
Munich is a nice place to live.	München ist eine schöne Stadt zum Wohnen.
park *n* [pɑːk]	Park
Regent's Park and **Hyde Park** are the largest **public parks** in London.	Der Regent's Park und der Hyde Park sind die größten öffentlichen Grünanlagen in London.
map *n* [mæp]	Karte; Stadtplan
map of Glasgow	Stadtplan von Glasgow
map of Scotland/Europe	Karte von Schottland/Europa
road map	Straßenkarte
►	
country *n* ['kʌntrɪ]	Land, ländliche Regionen
Many people today prefer living **in the country** to living in town.	Viele Leute ziehen heute das Leben auf dem Lande dem Stadtleben vor.
village *n* ['vɪlɪdʒ]	Dorf
local *adj* ['ləʊkl]	örtlich, lokal
local *n* ['ləʊkl]	Einheimische(r)
The locals meet in the village pub.	Die einheimische Bevölkerung trifft sich in der Dorfkneipe.
populated *adj* ['pɒpjʊleɪtɪd]	besiedelt
Greater London is a **densely populated** area.	Groß-London ist ein dichtbesiedeltes Gebiet.
resident *n* ['rezɪdənt]	Einheimische(r), Einwohner(in)
In summer, there are more tourists in the town than residents.	Im Sommer sind mehr Touristen als Einheimische in der Stadt.
skyscraper *n* ['skaɪˌskreɪpə]	Wolkenkratzer, Hochhaus
outskirts *n* ['aʊtskɜːts]	Außenbezirke, Vororte
Millions of people **live on the outskirts** of large towns and work in the city centres.	Millionen von Menschen wohnen in den Vororten großer Städte und arbeiten in den Stadtzentren.

urban *adj* ['ɜ:bən] There's more unemployment in urban areas than in rural areas.	städtisch, Stadt- In städtischen Gebieten gibt es mehr Arbeitslosigkeit als in ländlichen Gebieten.
►	
rural *adj* ['rʊərəl]	ländlich, Land-
countryside *n* ['kʌntrɪsaɪd] She loves the countryside around York.	Land, Landschaft Sie liebt die Landschaft um York herum.
landscape *n* ['lænskeɪp]	Landschaft
outdoors *adv* [ˌaʊt'dɔ:z] We spend a lot of time outdoors in the summer.	draußen, im Freien Im Sommer verbringen wir viel Zeit im Freien.

Ökologie, Umweltschutz

ecology *n* [i:'kɒlədʒɪ]	Ökologie, Umweltforschung
natural *adj* ['nætʃrəl]	natürlich
environment *n* [ɪn'vaɪərnmənt] We must protect our **natural environment**.	Umwelt, Umgebung Wir müssen unsere natürliche Umwelt schützen.
protect *v* [prə'tekt]	(be)schützen
destroy *v* [dɪ'strɔɪ]	zerstören, vernichten
destruction *n* [dɪ'strʌkʃn]	Zerstörung, Vernichtung
disappear *v* [ˌdɪsə'pɪə] Many kinds of plants and animals have disappeared for ever.	verschwinden, aussterben Viele Pflanzen- und Tierarten sind für immer ausgestorben.
pollute *v* [pə'lu:t] Most European rivers and lakes are heavily polluted with industrial waste.	verschmutzen, verunreinigen Die meisten europäischen Flüsse und Seen sind durch Industrieabwässer stark verschmutzt.
pollution *n* [pə'lu:ʃn] Cars cause a large part of the pollution of the air and the earth.	Verschmutzung Das Auto verursacht einen großen Teil der Verschmutzung von Luft und Boden.
poison *n* ['pɔɪzn]	Gift, Schadstoff
smog *n* [smɒg] Smog consists of fog, smoke and gases from factories and cars.	stark verschmutzte Luft, Smog Smog besteht aus Nebel, Rauch und Abgasen von Fabriken und Autos.

noise *n* [nɔɪz]	Lärm
harm *n* [hɑːm] Pollution from power stations does the trees a lot of harm.	Schaden, Beschädigung Die Luftverschmutzung aus Kraftwerken schadet den Bäumen sehr.
danger *n* [ˈdeɪnʒə] Heavy traffic is a danger to the environment.	Gefahr, Bedrohung Dichter Verkehr ist eine Gefahr für die Umwelt.
threaten *v* [ˈθretn] Noise threatens our health as much as smog does.	drohen, bedrohen Lärm bedroht unsere Gesundheit genauso wie verschmutzte Luft.
waste *adj* [weɪst] **waste paper**	Abfall-, Alt- Altpapier
waste *n* [weɪst] **industrial/nuclear waste**	Abfall(stoffe) Industrie-/Atommüll
waste *v* [weɪst] Don't waste energy by leaving the heating on all night.	vergeuden, verschwenden Verschwenden Sie keine Energie, indem sie nachts die Heizung anlassen.

►

green *adj* [griːn] In some countries, the ecology movement is called the "green movement".	grün Die Umweltschutzbewegung wird in einigen Ländern „grüne Bewegung" genannt.
alternative *adj* [ɔːlˈtɜːnətɪv] More use could be made of alternative forms of energy to solve our ecology problems.	alternativ, Alternativ- Man könnte alternative Energieformen stärker nutzen, um unsere Umweltprobleme zu lösen.

environmental *adj* [ɪnˌvaɪərnˈmentl] **environmental studies**	Umwelt- Umweltforschung
surroundings *n* [səˈraʊndɪŋz] **natural surroundings**	Umgebung, Umwelt die natürliche Umwelt
resources *n* [rɪˈsɔːsɪz] Britain used to be rich in **natural resources**.	Mittel, Ressourcen Früher war Großbritannien reich an Naturschätzen.
conservation *n* [ˌkɒnsəˈveɪʃn] We have learnt that conservation of our coal and oil resources is important.	Erhaltung, Bewahrung Wir haben eingesehen, daß die Erhaltung unserer Kohle- und Ölvorkommen wichtig ist.

survival *n* [sə'vaɪvl]	Überleben
Many people are concerned about the survival of wildlife.	Viele Menschen sind in Sorge um das Überleben freilebender Tierarten.
survive *v* [sə'vaɪv]	überleben
►	
radiation *n* [ˌreɪdɪ'eɪʃn]	radioaktive Strahlung
radioactive *adj* [ˌreɪdɪəʊ'æktɪv]	radioaktiv
radioactive waste	radioaktive Abfälle
►	
litter *n* ['lɪtə]	Abfall, Müll
The place was covered with litter.	Alles war voller Abfall.
disposal *n* [dɪ'spəʊzl]	Beseitigung
waste disposal	Müllbeseitigung/-entsorgung
recycle *v* [ˌriː'saɪkl]	wiederverwerten
It's now possible to recycle many used industrial products.	Es ist heute möglich, viele gebrauchte Industrieprodukte wiederzuverwerten.
recycling *n* [ˌriː'saɪklɪŋ]	Wiederverwertung

2 Der menschliche Körper

Allgemeines

human *adj* ['hju:mən]	menschlich, Menschen-
human being	menschliches Wesen, Mensch
woman, *pl* women *n* ['wʊmən, 'wɪmɪn]	Frau
female *adj* ['fi:meɪl]	weiblich
man, *pl* men *n* [mæn, men]	Mann
male *adj* [meɪl]	männlich
physical *adj* ['fɪzɪkl]	körperlich
The doctor said she was in good physical condition.	Der Arzt sagte, sie sei in guter körperlicher Verfassung.
physical exercise	körperliche Betätigung
process *n* ['prəʊses]	Vorgang, Prozeß
The **process of reproduction** is an interesting field of biology.	Der Fortpflanzungsvorgang ist ein interessanter Bereich der Biologie.

Körperteile, Organe

body *n* ['bɒdɪ]	Körper
dead body	Leiche
strong *adj* [strɒŋ]	stark; kräftig gebaut
He's **as strong as a horse**.	Er ist bärenstark.
bone *n* [bəʊn]	Knochen
He fell and broke a bone in his hand.	Er stürzte und brach sich einen Handknochen.
skin *n* [skɪn]	Haut
He's only **skin and bone** now.	Er ist jetzt nur noch Haut und Knochen.
blood *n* [blʌd]	Blut
give blood	Blut spenden
heart *n* [hɑ:t]	Herz
heart attack	Herzanfall
heart disease	Herzkrankheit

lung(s) *n* [lʌŋ(z)]	Lunge(n)
breath *n* [breθ]	Atem(zug)
She was **out of breath** after the long walk.	Nach dem langen Spaziergang war sie außer Atem.
take a (deep) breath	(tief) Atem holen
stomach *n* ['stʌmək]	Magen, Bauch
You shouldn't swim **on a full stomach**.	Mit vollem Magen sollte man nicht schwimmen.
►	
brain *n* [breɪn]	Gehirn
head *n* [hed]	Kopf
hair, *pl* hair *n* [heə]	Haar(e)
I must **have my hair cut** soon.	Ich muß mir bald die Haare schneiden lassen!
ear *n* [ɪə]	Ohr
Anne has **a good ear for** music.	Anne hat ein feines musikalisches Gehör.
face *n* [feɪs]	Gesicht
We sat **face to face** at the table.	Wir saßen uns am Tisch direkt gegenüber.
forehead *n* ['fɒrɪd]	Stirn
eye *n* [aɪ]	Auge
It happened **before her very eyes**.	Es passierte direkt vor ihren Augen.
nose *n* [nəʊz]	Nase
cheek *n* [tʃi:k]	Wange
Sandy and Jonathan were dancing **cheek to cheek**.	Sandy und Jonathan tanzten Wange an Wange.
mouth *n* [maʊθ]	Mund
lip(s) *n* [lɪp(s)]	Lippe(n)
tongue *n* [tʌŋ]	Zunge
tooth, *pl* teeth *n* [tu:θ, ti:θ]	Zahn
chin *n* [tʃɪn]	Kinn
beard *n* [bɪəd]	Bart, Vollbart
throat *n* [θrəʊt]	Rachen, Hals
neck *n* [nek]	Hals, Nacken, Genick
The driver **broke his neck** in the accident.	Der Autofahrer brach sich bei dem Unfall das Genick.

shoulder *n* ['ʃəʊldə]	Schulter
arm *n* [ɑ:m]	Arm
elbow *n* ['elbəʊ]	Ellbogen
hand *n* [hænd]	Hand
In Britain, people don't **shake hands** very often.	In Großbritannien gibt man sich nicht sehr oft die Hand.
finger *n* ['fɪŋgə]	Finger
finger-tip	Fingerspitze
nail *n* [neɪl]	(Finger-/Zehen-)Nagel
finger-nail	Fingernagel
toe-nail	Zehennagel
►	
chest *n* [tʃest]	Brustkorb, Brust
breast *n* [brest]	Brust, Busen
back *n* [bæk]	Rücken
►	
leg *n* [leg]	Bein
knee *n* [ni:]	Knie
foot, *pl* feet *n* [fʊt, fi:t]	Fuß
on foot	zu Fuß
toe *n* [təʊ]	Zehe
heel *n* [hi:l]	Ferse

organ *n* ['ɔ:gən]	Organ, Körperteil
the internal organs	die inneren Organe
tissue *n* ['tɪʃu:]	Körpergewebe, Zellgewebe
cell *n* [sel]	Zelle
►	
muscle *n* ['mʌsl]	Muskel
vein *n* [veɪn]	Ader; Vene
nerve *n* [nɜ:v]	Nerv
►	
tonsils *n* ['tɒnslz]	Rachenmandeln
liver *n* ['lɪvə]	Leber
kidney *n* ['kɪdnɪ]	Niere
appendix *n* [ə'pendɪks]	Blinddarm

rib *n* [rɪb]	Rippe
ankle *n* ['æŋkl]	Fußknöchel
thumb *n* [θʌm]	Daumen
wrist *n* [rɪst]	Handgelenk
limb *n* [lɪm] **risk life and limb**	Glied Leib und Leben riskieren
hip *n* [hɪp]	Hüfte
waist *n* [weɪst] **stripped to the waist**	Taille mit nacktem Oberkörper
buttocks *n* ['bʌtəks]	Gesäß, Hintern
penis *n* ['pi:nɪs]	Penis, Glied
vagina *n* [və'dʒaɪnə]	Vagina, Scheide
►	
eyelid *n* ['aɪlɪd]	Augenlid
eyelash *n* ['aɪlæʃ]	Augenwimper
eyebrow *n* ['aɪbraʊ] She **raised her eyebrows** in surprise.	Augenbraue Sie hob überrascht die Augenbrauen.
moustache *n* [mə'stɑ:ʃ]	Schnurrbart

Sexualität, Fortpflanzung

woman, *pl* women *n* ['wʊmən, 'wɪmɪn]	Frau
man, *pl* men *n* [mæn, men]	Mann
girl *n* [gɜ:l]	Mädchen
boy *n* [bɔɪ]	Junge
girlfriend *n* ['gɜ:lfrend]	(feste) Freundin
boyfriend *n* ['bɔɪfrend]	(fester) Freund
female *adj; n* ['fi:meɪl]	weiblich, Frauen-; weibliches Wesen
male *adj; n* [meɪl]	männlich, Männer-; männliches Wesen

partner *n* ['pɑ:tnə]	Partner(in)
love *n* [lʌv]	Liebe
Betty was John's first love.	Betty war Johns erste Liebe.
be in love with sb	in jdn verliebt sein
make love to sb	mit jdm schlafen
love *v* [lʌv]	lieben
He loves her madly.	Er liebt sie heiß und innig.
personal *adj* ['pɜ:snl]	persönlich, privat
personal relationship	persönliche Beziehung
kiss *n* [kɪs]	Kuß
kiss *v* [kɪs]	küssen
She **kissed him goodbye.**	Sie gab ihm einen Abschiedskuß.
sex *n* [seks]	Geschlecht; Geschlechtsverkehr
have sex with sb	mit jdm Geschlechtsverkehr haben
pill *n* [pɪl]	Pille
be on the pill	die Pille nehmen
pleasure *n* ['pleʒə]	Vergnügen, Lust
take pleasure in sth	Spaß an etwas haben

puberty *n* ['pju:bətɪ]	Pubertät
period *n* ['pɪərɪəd]	Menstruation, Periode
sperm *n* [spɜ:m]	Samen(zelle), Sperma
fertile *adj* ['fɜ:taɪl]	fruchtbar
reproduction *n* [ˌri:prə'dʌkʃn]	Fortpflanzung
birth control *n* ['bɜ:θ kənˌtrəʊl]	Geburtenkontrolle
contraceptive *n* [ˌkɒntrə'septɪv]	Empfängnisverhütungsmittel
condom *n* ['kɒndəm]	Kondom
pregnant *adj* ['pregnənt]	schwanger
abortion *n* [ə'bɔ:ʃn]	Schwangerschaftsabbruch, Abtreibung
►	
naked *adj* ['neɪkɪd]	nackt, unbekleidet
sexual *adj* ['seksjʊəl]	sexuell, Geschlechts-
sexual intercourse	Geschlechtsverkehr
heterosexual *adj; n* [ˌhetərəʊ'seksjʊəl]	heterosexuell; Heterosexuelle(r)

homosexual *adj; n* [ˌhɒməʊˈseksjʊəl]	homosexuell; Homosexuelle(r)
gay *adj; n inform* [geɪ]	schwul; Schwule(r)
affection *n* [əˈfekʃn] Don't you feel any affection towards him?	Zuneigung, Liebe Empfindest du gar keine Zuneigung für ihn?

Geburt, Lebensentwicklung, Tod

natural *adj* [ˈnætʃrəl] The little girl never knew her **natural parents**. **die a natural death**	natürlich Das kleine Mädchen hat seine leiblichen Eltern nie gekannt. eines natürlichen Todes sterben
life, *pl* lives *n* [laɪf, laɪvz] I don't want to spend **all my life** working. **early/late in life**	Leben Ich will nicht mein ganzes Leben mit Arbeit verbringen. in jungen Jahren/in älteren Jahren
live *v* [lɪv] Many people **live** only **on** rice and vegetables. **live and let live**	leben Viele Menschen leben nur von Reis und Gemüse. leben und leben lassen
alive *adj* [əˈlaɪv] His family thought he was dead, but he was still alive. ►	am Leben, lebendig, vital Seine Familie hielt ihn für tot, aber er war noch am Leben.
mother *n* [ˈmʌðə]	Mutter
father *n* [ˈfɑːðə]	Vater
parent; parents *n* [ˈpeərənt(s)]	Elternteil; Eltern
birth *n* [bɜːθ] Mrs Scott has **given birth to** a baby girl. **At birth**, the baby was 50 cm long.	Geburt Frau Scott hat ein Mädchen zur Welt gebracht. Bei der Geburt war das Baby 50 cm groß.
birthday *n* [ˈbɜːθdeɪ] **Happy birthday!**	Geburtstag Herzlichen Glückwunsch zum Geburtstag!

be born *v* [bɪ ˈbɔːn] He was born in Nuremberg on October 21st, 1970.	geboren werden Er wurde am 21. Oktober 1970 in Nürnberg geboren.
baby *n* [ˈbeɪbɪ] She's going to **have a baby**.	Baby, Säugling Sie bekommt ein Kind.
pram *n* [præm]	Kinderwagen
child, *pl* children *n* [tʃaɪld, ˈtʃɪldrən] **an only child**	Kind ein Einzelkind
grow, grew, grown *v* [grəʊ, gruː, grəʊn] The children have **grown out of** their shoes again!	wachsen, sich entwickeln Die Kinder sind schon wieder aus ihren Schuhen herausgewachsen!
growth *n* [grəʊθ]	Wachstum
young *adj* [jʌŋ]	jung
youth *n* [juːθ] Father used to be a good sportsman **in his youth**. There were some youths waiting outside the cinema.	Jugend; Jugendliche(r) In seiner Jugend war Vater ein guter Sportler. Einige Jugendliche warteten vor dem Kino.
teenager *n* [ˈtiːnˌeɪdʒə]	Jugendliche(r), Teenager
adult *n* [ˈædʌlt] Many adults have problems with young people.	Erwachsene(r) Viele Erwachsene haben Schwierigkeiten mit jungen Leuten.
age *n* [eɪdʒ] **At your age** you should be more careful! He's **72 years of age** now. In Britain you are **of age** when you are 18.	Lebensalter In Ihrem Alter sollten Sie vorsichtiger sein! Er ist jetzt 72 Jahre alt. In Großbritannien ist man mit 18 volljährig.
►	
die *v* [daɪ] More and more people are **dying of** heart disease every year. **die from an injury** **die in an accident**	sterben Jedes Jahr sterben immer mehr Menschen an Herzkrankheiten. an einer Verletzung sterben bei einem Unfall umkommen
death *n* [deθ] Wars have caused millions of deaths.	Tod; Todesfall Die Kriege haben Millionen Tote gekostet.
dead *adj* [ded]	tot
bury *v* [ˈberɪ]	begraben, beerdigen
grave *n* [greɪv]	Grab

childhood *n* ['tʃaɪldhʊd]	Kindheit
youngster *n* ['jʌŋstə] John's boys are certainly a lively pair of youngsters.	Kind; Jugendliche(r) Johns Jungen sind wirklich zwei sehr lebendige Kinder!
adolescence *n* [ˌædəʊ'lesns]	Jugend; Pubertät
adolescent *n* [ˌædəʊ'lesnt] He's still an adolescent.	Jugendliche(r) Er ist noch in der Pubertät.
mature *adj* [mə'tjʊə] Mary's only 13, but she's very mature for her age.	reif, entwickelt Mary ist erst 13, aber sie ist für ihr Alter schon sehr weit.
grown-up *adj* [ˌgrəʊn'ʌp] He has three grown-up daughters.	erwachsen Er hat drei erwachsene Töchter.
grown-up *n* ['grəʊnʌp] There are two grown-ups and four children in our family.	Erwachsene(r) Unsere Familie besteht aus zwei Erwachsenen und vier Kindern.
middle-aged *adj* [ˌmɪdl'eɪdʒd] The man was middle-aged, about fifty, and very tall.	im mittleren Alter Der Mann war mittleren Alters, so um die 50, und sehr groß.
junior *adj; n* ['dʒu:njə]	jüngere(r, s); Jüngere(r)
senior *adj; n* ['si:njə]	ältere(r, s); Ältere(r)
►	
suicide *n* ['sjʊɪsaɪd] **commit suicide**	Selbstmord, Freitod sich töten, Selbstmord begehen
drown *v* [draʊn]	ertrinken
mortal *adj* ['mɔ:tl] **a mortal wound**	tödlich; sterblich eine tödliche Wunde
remains *n* [rɪ'meɪnz] **his/her mortal remains**	Überreste, Leichnam seine/ihre sterblichen Überreste
funeral *n* ['fju:nərəl] **funeral service**	Beerdigung, Begräbnis(feier) Begräbnisgottesdienst
cremate *v* [krɪ'meɪt]	einäschern
cemetery *n* ['semɪtrɪ]	Friedhof

Gesundheit, Krankheit, Körperpflege

condition *n* [kən'dɪʃn]	Gesundheitszustand; Kondition
He's **out of condition** after being ill for such a long time.	Nach der langen Krankheit hat er keine Kondition mehr.
health *n* [helθ]	Gesundheit
My parents are **in good health**.	Meine Eltern sind bei guter Gesundheit.
in poor health	in schlechter gesundheitlicher Verfassung
healthy *adj* ['helθɪ]	gesund, kräftig
well *adj* [wel]	gesund, genesen
Get well soon!	Gute Besserung!
fit *adj* [fɪt]	gesund, frisch, fit
We **keep fit** by playing table-tennis every day.	Wir halten uns durch tägliches Tischtennisspielen fit.
normal *adj* ['nɔ:ml]	normal, gewöhnlich
Maggie's feeling better; her temperature's **back to normal**.	Maggie geht es besser, ihre Temperatur ist wieder ganz normal.
► **bath** *n* [bɑ:θ]	Bad
have a bath	ein Bad nehmen, baden
shower *n* ['ʃaʊə]	Dusche
I prefer **having a shower** to a bath.	Ich dusche lieber als zu baden.
wash *v* [wɒʃ]	waschen
Wash your hands, please.	Wasch dir bitte die Hände.
have a wash *v* [hæv‿ə'wɒʃ]	sich waschen
soap *n* [səʊp]	Seife
clean *adj* [kli:n]	sauber, rein
dirty *adj* ['dɜ:tɪ]	schmutzig
towel *n* ['taʊəl]	Handtuch
comb *n* [kəʊm]	Kamm
razor *n* ['reɪzə]	Rasierapparat
electric razor	Elektrorasierer
shave *v* [ʃeɪv]	(sich) rasieren
Sam's beard has begun to grow; he shaves every day now.	Sam bekommt einen Bart; er rasiert sich jetzt jeden Tag.

spray *n; v* [spreɪ]	Spray, Sprühmittel; sprühen
toothbrush *n* ['tu:θbrʌʃ]	Zahnbürste
toothpaste *n* ['tu:θpeɪst] **a tube of toothpaste**	Zahnpasta eine Tube Zahnpasta
tube *n* [tju:b]	Tube
►	
ill *adj* [ɪl] He's seriously ill. He must stay in hospital.	krank Er ist ernstlich krank; er muß im Krankenhaus bleiben.
illness *n* ['ɪlnɪs] There's been a lot of illness in the village this winter.	Krankheit In diesem Winter hat es im Dorf viele Erkrankungen gegeben.
disease *n* [dɪ'zi:z] Compared with Aids, flu is a fairly harmless disease.	Infektionskrankheit Im Vergleich mit Aids ist Grippe eine ziemlich harmlose Krankheit.
spread, spread, spread *v* [spred] The disease spread quickly.	sich ausbreiten Die Krankheit breitete sich schnell aus.
weak *adj* [wi:k] **a weak heart** **weak eyes**	schwach, geschwächt ein schwaches Herz schlechte Augen
sick *adj* [sɪk] She visited her sick father in hospital today. **I feel sick!** **be sick**	krank; übel, schlecht Sie hat heute ihren kranken Vater im Krankenhaus besucht. Mir ist schlecht! sich übergeben
►	
stress *n* [stres]	Streß, überhöhte Belastung
damage *v* ['dæmɪdʒ] Smoking can seriously damage your health.	schaden, beschädigen Das Rauchen kann Ihrer Gesundheit ernstlich schaden.
harm *v* [hɑ:m]	schaden, schädigen
harmful *adj* ['hɑ:mfʊl]	schädlich, gefährlich
harmless *adj* ['hɑ:mlɪs]	unschädlich, ungefährlich
risk *n* [rɪsk] **risk of infection** **run/take a risk**	Risiko, Gefahr Ansteckungsgefahr ein Risiko eingehen
risk *v* [rɪsk]	riskieren, aufs Spiel setzen
poison *n* ['pɔɪzn]	Gift

sore *adj* [sɔ:]	rauh, entzündet
I can hardly speak because I've got a **sore throat.**	Ich kann kaum sprechen, ich habe eine Halsentzündung.
cold *n* [kəʊld]	Erkältung, Schnupfen
I've got a really nasty cold.	Ich habe eine üble Erkältung.
catch, caught, caught, *v* [kætʃ, kɔ:t]	(ein)fangen
catch a cold	sich erkälten
cough *n; v* [kɒf]	Husten; husten
flu *n* [flu:]	Grippe
She's in bed with flu.	Sie liegt mit Grippe im Bett.
temperature *n* ['temprətʃə]	Körpertemperatur, Fieber
You've **got a temperature**.	Sie haben Fieber.
Let me **take your temperature**.	Ich muß mal Ihre Temperatur messen.
►	
headache *n* ['hedeɪk]	Kopfschmerzen
I've got a terrible headache today.	Ich habe heute furchtbare Kopfschmerzen.
toothache *n* ['tu:θeɪk]	Zahnschmerzen
Jim's got terrible toothache.	Jim hat fürchterliche Zahnschmerzen.
fill *v* [fɪl]	plombieren, füllen
He had two teeth filled at the dentist's yesterday.	Der Zahnarzt hat ihm gestern zwei Zähne plombiert.
►	
wound *n* [wu:nd]	Wunde
wound *v* [wu:nd]	verwunden, verletzen
Two men were seriously wounded in the fight.	Bei der Schlägerei wurden zwei Männer schwer verletzt.
injure *v* ['ɪndʒə]	verletzen
injury *n* ['ɪndʒərɪ]	Verletzung
cut, cut, cut *v* [kʌt]	schneiden
bleed, bled, bled *v* [bli:d, bled]	bluten
Have you cut your finger? It's bleeding!	Hast du dich in den Finger geschnitten? Er blutet!
stick, stuck, stuck *v* [stɪk, stʌk]	stecken; stechen
The boy had a sweet stuck in his throat.	Dem Jungen steckte ein Bonbon im Hals.
He stuck his knife in the other man's hand.	Er stach dem anderen Mann mit dem Messer in die Hand.

break, broke, broken *v* [breɪk, brəʊk, 'brəʊkən]	brechen
a broken leg	ein Beinbruch
hurt, hurt, hurt *n* [hɜːt]	verletzen; schmerzen
The old lady hurt her back when she fell down.	Die alte Dame verletzte sich am Rücken, als sie hinfiel.
My arm hurts.	Mein Arm tut weh.
pain *n* [peɪn]	Schmerz(en)
I've got a terrible pain in my stomach.	Ich habe schreckliche Bauchschmerzen.
suffer *v* ['sʌfə]	leiden; erleiden
Office workers often **suffer from** backache.	Büroangestellte leiden oft unter Rückenschmerzen.
shock *n* [ʃɒk]	Schock
breakdown *n* ['breɪkdaʊn]	Zusammenbruch
a nervous breakdown	ein Nervenzusammenbruch
unconscious *adj* [ʌn'kɒnʃəs]	bewußtlos
consciousness *n* ['kɒnʃəsnɪs]	Bewußtsein
The driver **lost consciousness** immediately after the accident.	Der Fahrer verlor unmittelbar nach dem Unfall das Bewußtsein.
► **emergency** *n* [ɪ'mɜːdʒənsɪ]	Notfall
In an emergency, dial 999.	Wählen Sie im Notfall 999.
ambulance *n* ['æmbjʊləns]	Krankenwagen
hospital *n* ['hɒspɪtl]	Krankenhaus
patient *n* [peɪʃnt]	Patient(in)
doctor *n* ['dɒktə]	Doktor, Arzt/Ärztin
examine *v* [ɪg'zæmɪn]	untersuchen
examination *n* [ɪgˌzæmɪ'neɪʃn]	Untersuchung
test *n* [test]	Untersuchung, Analyse
blood test	Blutuntersuchung
test *v* [test]	untersuchen, testen
You should have your eyes tested.	Sie sollten Ihre Augen untersuchen lassen.
► **treat** *v* [triːt]	behandeln
It is very difficult to treat somebody who has Aids.	Es ist sehr schwierig, jemanden zu behandeln, der Aids hat.
treatment *n* ['triːtmənt]	Behandlung

medical *adj* ['medɪkl] In Britain, **medical treatment** is free of charge.	medizinisch, ärztlich In Großbritannien ist die medizinische Versorgung kostenlos.
medicine *n* ['medsɪn] She wants to study medicine. You take too much medicine.	Medizin; Arznei, Medikament(e) Sie will Medizin studieren. Du nimmst zu viele Medikamente.
pill *n* [pɪl]	Pille, Tablette
tablet *n* ['tæblɪt]	Tablette
cure *v* [kjʊə] Dr Parkinson cured my backache.	heilen Dr. Parkinson hat meine Rückenschmerzen geheilt.
exercise *n* ['eksəsaɪz] You should **take more exercise**.	körperliche Aktivität, Bewegung Sie sollten sich mehr bewegen.
improve *v* [ɪm'pru:v] During his holiday his health improved a lot.	sich bessern Während des Urlaubs hat sich sein Gesundheitszustand sehr gebessert.
improvement *n* [ɪm'pru:vmənt] At first, there was little improvement in his condition.	Besserung Anfangs besserte sich sein Gesundheitszustand kaum.
save *v* [seɪv] I think Dr Simpson **saved his life**.	retten Ich glaube, daß Dr. Simpson ihm das Leben gerettet hat.

hygiene *n* ['haɪdʒi:n]	Hygiene, Sauberkeit
hygienic *adj* [haɪ'dʒi:nɪk]	hygienisch
oral *adj* ['ɔ:rəl] Oral hygiene is important for healthy teeth.	mündlich, Mund- Zahn- und Mundpflege ist wichtig für gesunde Zähne.
wash-basin *n* ['wɒʃˌbeɪsn]	Waschbecken
refreshing *adj* [rɪ'freʃɪŋ] A cold shower's very refreshing on hot days.	erfrischend An heißen Tagen ist eine kalte Dusche sehr erfrischend.
shampoo *n* [ʃæm'pu:]	Shampoo, Haarwaschmittel
make-up *n* ['meɪkʌp] Judy's coming in a minute; she's just **putting on her make-up**.	Make-up Judy kommt in einer Minute – sie legt nur ihr Make-up auf.
perfume *n* [pə'fju:m]	Parfum, Duft

ointment *n* [ˈɔɪntmənt]	Salbe
If your lips are sore, put some of this ointment on them.	Wenn deine Lippen wund sind, gib etwas von dieser Salbe darauf.
powder *n* [ˈpaʊdə]	Puder
face powder	Gesichtspuder
nappy *n* [ˈnæpɪ]	Windel
►	
ache *n* [eɪk]	Schmerz
I've got **aches and pains** all over.	Mir tut alles weh!
ear-ache	Ohrenschmerzen
stomach-ache	Bauchschmerzen
ache *v* [eɪk]	schmerzen, wehtun
weakness *n* [ˈwiːknɪs]	Schwäche
tender *adj* [ˈtendə]	empfindlich, zart
a tender spot	eine empfindliche Stelle
sweat *n; v* [swet]	Schweiß; schwitzen
fever *n* [ˈfiːvə]	Fieber
I think she's got a fever. I'll take her temperature.	Ich glaube, sie hat Fieber. Ich messe mal ihre Temperatur.
►	
contagious *adj* [kənˈteɪdʒəs]	ansteckend
Chickenpox is a contagious disease.	Windpocken sind eine ansteckende Krankheit.
infectious *adj* [ɪnˈfekʃəs]	ansteckend
infection *n* [ɪnˈfekʃn]	Infektion, ansteckende Krankheit
inflammation *n* [ˌɪnfləˈmeɪʃn]	Entzündung
Inflammation is usually caused by infection.	Entzündungen werden normalerweise von einer Infektion ausgelöst.
bacteria *n* [bækˈtɪərɪə]	Bakterien
virus *n* [ˈvaɪərəs]	Virus
poisonous *adj* [ˈpɔɪznəs]	giftig
shiver *v* [ˈʃɪvə]	zittern, beben
She was shivering with cold.	Sie zitterte vor Kälte.
sneeze *v* [sniːz]	niesen
►	
seasick *adj* [ˈsiːsɪk]	seekrank
vomit *v* [ˈvɒmɪt]	(sich) erbrechen
He vomited soon after eating the fish.	Er erbrach sich, kurz nachdem er den Fisch gegessen hatte.

chickenpox *n* ['tʃɪkɪnpɒks]	Windpocken
measles *n* ['mi:zlz] **German measles**	Masern Röteln
mumps *n* [mʌmps]	Mumps
swollen *adj* ['swəʊlən]	geschwollen
pneumonia *n* [nju:'məʊnjə]	Lungenentzündung
stroke *n* [strəʊk] **have a stroke**	Schlaganfall einen Schlaganfall bekommen
handicapped *adj* ['hændɪkæpt] **mentally/physically handicapped**	behindert geistig/körperlich behindert
► **stiff** *adj* [stɪf] **a stiff neck**	steif ein steifer Hals
ulcer *n* ['ʌlsə]	(Magen-)Geschwür
cancer *n* ['kænsə]	Krebs
crisis, *pl* crises *n* ['kraɪsɪs, 'kraɪsi:z]	Krise, Krankheitshöhepunkt
X-ray *n* [ˌeks'reɪ] **have an X-ray** **take an X-ray**	Röntgenuntersuchung geröntgt werden eine Röntgenaufnahme machen
► **wreck** *n* [rek] He's been ill so often; he's a **physical wreck**.	Wrack Er war so oft krank – er ist ein körperliches Wrack.
wreck *v* [rek] All this trouble with her children has **wrecked her health**.	ruinieren, zerstören Der ganze Ärger mit ihren Kindern hat ihre Gesundheit ruiniert.
nerves *n* [nɜ:vz] The noise is **getting on my nerves**!	Nerven Der Lärm geht mir auf die Nerven!
► **internal** *adj* [ɪn'tɜ:nl] **internal bleeding** **internal injuries**	innere- innere Blutung innere Verletzungen
severe *adj* [sɪ'vɪə] I often get severe headaches.	schlimm, stark Ich bekomme oft schlimme Kopfschmerzen.
vital *adj* ['vaɪtl] The heart is a vital organ.	lebenswichtig Das Herz ist ein lebenswichtiges Organ.

moan *v* [məʊn]	stöhnen, ächzen
faint *v* [feɪnt] She fainted from loss of blood.	in Ohnmacht fallen Sie fiel wegen des Blutverlusts in Ohnmacht.
senseless *adj* ['senslɪs] A heavy blow knocked him senseless.	bewußtlos Er wurde von einem schweren Schlag bewußtlos geschlagen.
►	
first aid *n* [ˌfɜ:st‿'eɪd] He's doing a course in first aid.	Erste Hilfe Er macht einen Erste-Hilfe-Kurs.
bandage *n* ['bændɪdʒ]	Verband, Binde
plaster *n* ['plɑ:stə]	Pflaster
pressure *n* ['preʃə] **high/low blood pressure**	Druck hoher/niedriger Blutdruck
remedy *n* ['remɪdɪ] Onions are an old-fashioned remedy for a cough.	Heilmittel, Hausmittel Zwiebeln sind ein altes Hausmittel gegen Husten.
injection *n* [ɪn'dʒekʃn] **give sb an injection**	Spritze, Injektion jdm eine Spritze geben
rub *v* [rʌb] Rub this ointment on your chest.	reiben, einreiben Reiben Sie die Brust mit dieser Salbe ein.
►	
surgeon *n* ['sɜ:dʒən]	Chirurg(in)
surgery *n* ['sɜ:dʒərɪ] **surgery hours** **have surgery**	Arztpraxis; Chirurgie Sprechstunde operiert werden
operate *v* ['ɒpəreɪt]	operieren
operation *n* [ˌɒpə'reɪʃn]	Operation
prescribe *v* [prɪ'skraɪb] The doctor prescribed these tablets for our son's mumps.	verschreiben, verordnen Der Arzt hat unserem Sohn diese Tabletten gegen Mumps verschrieben.
prescription *n* [prɪ'skrɪpʃn] This medicine is only available **on prescription**. **prescription charges**	Rezept, Verordnung Dieses Medikament ist rezeptpflichtig. Rezeptgebühren
chemist *n* ['kemɪst] **chemist's**	Drogist(in); Apotheker(in) Drogerie; Apotheke

relax *v* [rɪ'læks] — (sich) entspannen
You do look tired! Lie down and relax for a while. — Du siehst aber müde aus! Leg dich hin und entspann dich ein wenig.

relief *n* [rɪ'li:f] — Linderung, Erleichterung
These tablets should give you **relief from** the pain. — Diese Tabletten müßten Ihre Schmerzen lindern.

recover *v* [rɪ'kʌvə] — sich erholen; wieder erlangen
Just keep him warm, and he'll soon recover. — Halten Sie ihn nur warm, und er wird sich bald erholen.
He **recovered his sight** after the operation. — Nach der Operation erlangte er sein Augenlicht wieder.

recovery *n* [rɪ'kʌvərɪ] — Erholung, Gesundung
We thought he would die, but he **made an amazing recovery**. — Wir dachten, er würde sterben, aber er erholte sich erstaunlich.

strength *n* [streŋθ] — Kraft, Vitalität
recover one's health and strength — wieder zu Kraft und Gesundheit kommen

support *v* [sə'pɔ:t] — stützen, halten

heal *v* [hi:l] — heilen
Some injuries heal more quickly than others. — Manche Verletzungen heilen schneller als andere.

Die Sinne

see, saw, seen *v* [si:, sɔ:, si:n] — sehen

blind *adj* [blaɪnd] — blind

sight *n* [saɪt] — Sehfähigkeit; Sicht
John's father **lost his sight** after an accident at work. — Johns Vater verlor sein Augenlicht nach einem Arbeitsunfall.
We only **caught sight of** the lion for a moment. — Wir bekamen den Löwen nur einen Moment zu Gesicht.

glasses *n* ['glɑ:sɪz] — Brille
wear glasses — eine Brille tragen
a pair of glasses — eine Brille

look *v* [lʊk] — schauen, blicken; aussehen
Look at this! — Schau dir das an!
He **looked happy**. — Er sah glücklich aus.

notice *n* ['nəʊtɪs] The old man **took no notice of** the visitors.	Wahrnehmung, Notiz Der alte Mann nahm keine Notiz von den Besuchern.
notice *v* ['nəʊtɪs] Did you notice that she was terribly nervous?	bemerken, wahrnehmen Hast du bemerkt, daß sie schrecklich nervös war?
observe *v* [əb'zɜ:v]	beobachten
recognize *v* ['rekəgnaɪz] Sue looked at me, but she didn't seem to recognize me.	erkennen Sue sah mich an, aber sie schien mich nicht zu erkennen.
►	
hear, heard, heard *v* [hɪə, hɜ:d] Speak up, I can't hear you!	hören Sprich lauter, ich kann dich nicht hören!
deaf *adj* [def]	gehörlos, taub
sound *n* [saʊnd] Not a sound was to be heard.	Geräusch, Laut, Klang Kein Laut war zu hören.
sound *v* [saʊnd] Did you hear that? It sounded like somebody crying.	klingen Hast du das gehört? Es hat geklungen, als hätte jemand geweint.
noise *n* [nɔɪz] Don't make so much noise!	Lärm; Geräusch Mach nicht so viel Krach!
quiet *adj* ['kwaɪət] **Be/Keep quiet!**	ruhig, unbewegt, still Sei still!
silent *adj* ['saɪlənt]	geräuschlos; wortlos
silence *n* ['saɪləns] **dead silence**	Stille, Schweigen Totenstille
still *adj* [stɪl] Most children can't **keep still** for long.	bewegungslos; still Die meisten Kinder können nicht lange stillhalten.
►	
smell *n* [smel] **Have a smell.**	Geruch; Duft Riech mal!
smell, smelt, smelt *v* [smel, smelt] Can you smell the smoke in here? Autumn roses smell the sweetest.	riechen; duften Hier riecht's nach Rauch, oder? Herbstrosen duften am süßesten.
nasty *adj* ['nɑ:stɪ] **a nasty smell/taste**	übel, scheußlich ein scheußlicher Geruch/Geschmack

taste *n* [teɪst]	Geschmack
taste *v* [teɪst] The milk tastes sour. I think it's gone off. Taste the wine before you serve it.	schmecken Die Milch schmeckt sauer. Ich glaube, sie ist schlecht. Probieren Sie den Wein, bevor Sie ihn servieren.
sour *adj* ['saʊə]	sauer
sweet *adj* [swi:t]	süß
► **feel**, felt, felt *v* [fi:l, felt]	(be)fühlen, spüren
cold *adj* [kəʊld]	kalt
cool *adj* [ku:l]	kühl
warm *adj* [wɔ:m]	warm
hot *adj* [hɒt]	heiß
soft *adj* [sɒft]	weich, zart
hard *adj* [hɑ:d]	hart
► **tired** *adj* ['taɪəd] **dead tired**	müde todmüde
sleep *n* [sli:p] **go to sleep**	Schlaf einschlafen
sleep, slept, slept *v* [sli:p, slept] Sleep well!	schlafen Schlaf gut!
asleep *adj* [ə'sli:p] **be fast asleep** **fall asleep**	im Schlaf, schlafend fest schlafen einschlafen
awake *adj* [ə'weɪk] We were **wide awake** as soon as the alarm rang.	wach Wir waren sofort hellwach, als der Wecker klingelte.
wake (up), woke/waked, woken/waked *v* [ˌweɪk‿'ʌp, wəʊk/weɪkt, 'wəʊkn] Can you wake me at seven o'clock in the morning? I woke up at 5 a.m. and couldn't go back to sleep.	(auf)wecken; aufwachen Kannst du mich morgen früh um sieben Uhr wecken? Ich wachte um 5 Uhr morgens auf und konnte nicht mehr einschlafen.

sense *n* [sens] **sense of smell**	Sinn; Sinneswahrnehmung Geruchssinn
scent *n* [sent] **the scent of flowers**	Duft der Duft von Blumen
sensitive *adj* ['sensɪtɪv] Young babies are very **sensitive to** cold.	empfindlich Kleine Babys sind sehr kälte-empfindlich.
touch *n* [tʌtʃ] A baby's skin is incredibly soft to the touch.	(leichte) Berührung Die Haut von Säuglingen fühlt sich unglaublich weich an.
► **vision** *n* ['vɪʒn] People with normal vision don't need glasses.	Sehkraft, Sehfähigkeit Personen mit normaler Sehfähigkeit brauchen keine Brille.
glance *n* [glɑːns] **at a glance/at first glance**	Blick auf einen Blick, sofort
spot *v* [spɒt] It was amazing how quickly he spotted her in the crowd.	erblicken, ausfindig machen Es war erstaunlich, wie schnell er sie in der Menschenmenge ausfindig machte.
stare *v* [steə] He was so amazed, he could only **stand and stare at** her.	starren Er war so verblüfft, daß er nur dastehen und sie anstarren konnte.
observation *n* [ˌɒbzə'veɪʃn] **keep under observation**	Beobachtung unter Beobachtung halten
short-sighted *adj* [ˌʃɔːt'saɪtɪd]	kurzsichtig
far-sighted *adj* [ˌfɑː'saɪtɪd]	weitsichtig
contact lenses *n* ['kɒntækt ˌlenzɪz]	Kontaktlinsen
► **exhausted** *adj* [ɪg'zɔːstɪd]	erschöpft
yawn *v* [jɔːn]	gähnen

Aussehen

like *prep* [laɪk] Barbara looks very much like her father, doesn't she?	(ähnlich) wie Barbara sieht ihrem Vater sehr ähnlich, nicht wahr?
change *v* [tʃeɪnʒ] You haven't changed much.	sich verändern Du hast dich nicht sehr verändert!
figure *n* ['fɪgə]	Figur
slim *adj* [slɪm]	schlank
thin *adj* [θɪn] Our sister looked very thin after her long illness.	dünn, mager Unsere Schwester sah nach ihrer langen Krankheit sehr dünn aus.
fat *adj* [fæt]	dick, fettleibig
short *adj* [ʃɔ:t] Napoleon was a short man.	klein (gewachsen) Napoleon war ein kleiner Mann.
tall *adj* [tɔ:l] Bob's only 16, but he's already taller than his father.	groß (gewachsen) Bob ist erst 16, aber er ist schon größer als sein Vater.
big *adj* [bɪg] He's a big man.	groß, kräftig Er ist groß und kräftig.
►	
beauty *n* ['bju:tɪ] **beauty competition**	Schönheit Schönheitswettbewerb
beautiful *adj* ['bju:təfʊl] **a beautiful woman**	schön, sehr gut aussehend eine schöne Frau
lovely *adj* ['lʌvlɪ] She had lovely brown hair.	wunderschön Sie hatte wunderschönes braunes Haar.
pretty *adj* ['prɪtɪ]	hübsch
attractive *adj* [ə'træktɪv]	attraktiv, anziehend
ugly *adj* ['ʌglɪ]	häßlich
►	
blond(e) *adj* [blɒnd]	blond, hell(häutig)
fair *adj* [feə] **fair hair**	hell, blond helles Haar
dark *adj* [dɑ:k] **dark hair**	dunkel dunkles Haar

appearance *n* [ə'pɪərəns] We were shocked by her appearance; she looked so ill.	Aussehen Wir waren schockiert über ihr Aussehen; sie sah so krank aus.
image *n* ['ɪmɪdʒ] That child is **the image of** her mother.	Abbild, Ebenbild Dieses Kind ist das Abbild seiner Mutter!
► **feminine** *adj* ['femɪnɪn] Sally likes feminine clothes such as skirts and blouses best.	weiblich, Frauen- Sally mag weiblich wirkende Kleidung wie Röcke und Blusen am liebsten.
masculine *adj* ['mæskjʊlɪn]	männlich, Männer-
► **style** *n* [staɪl] **the latest style**	Stil, Art die neueste Mode
handsome *adj* ['hænsəm] **a handsome man**	gutaussehend, hübsch ein gutaussehender Mann
good-looking *adj* [ˌgʊd'lʊkɪŋ]	gutaussehend
youthful *adj* ['ju:θfʊl] She still has such a youthful appearance, even though she's 55.	jugendlich Sie sieht immer noch so jugendlich aus, obwohl sie schon 55 ist!
plump *adj* [plʌmp]	mollig, rundlich
smart *adj* [smɑ:t] You look very smart. Are you going out?	schick, elegant Du siehst sehr schick aus. – Gehst du aus?
magnificent *adj* [mæg'nɪfɪsnt] **look magnificent**	großartig, glanzvoll, herrlich großartig aussehen
► **pale** *adj* [peɪl]	blaß
complexion *n* [kəm'plekʃn] **pale complexion**	Gesichtsfarbe, Teint blasser Teint
suntan *n* ['sʌntæn] You've got a good suntan!	Sonnenbräune Du bist aber schön braun!
► **curl** *n* [kɜ:l] What lovely hair she's got! Do you think the curls are natural?	Locke, Haarwelle Was für wunderbares Haar sie hat! Glaubst du, die Locken sind echt?
bald *adj* [bɔ:ld]	kahl-/glatzköpfig

Bewegungen, Aktivitäten, Fähigkeiten

action *n* [ˈækʃn] You should **take action** before it's too late.	Aktivität; Bewegung; Handeln Du solltest etwas tun, bevor es zu spät ist!
active *adj* [ˈæktɪv] My grandmother's a very active person for her age.	aktiv, lebendig Meine Großmutter ist für ihr Alter noch sehr aktiv.
move *v* [muːv] Tables and chairs must not be moved. Please don't move while I'm taking the photo.	bewegen; sich bewegen Tische und Stühle dürfen nicht verstellt werden. Bitte bewegen Sie sich nicht, während ich fotografiere.
movement *n* [ˈmuːvmənt]	Bewegung
breathe *v* [briːð]	atmen
effort *n* [ˈefət] She **made an effort** to get up, but she couldn't.	Anstrengung, Mühe Sie mühte sich aufzustehen, aber sie schaffte es nicht.
balance *n* [ˈbæləns] She **lost her balance** and fell down the stairs.	Gleichgewicht Sie verlor das Gleichgewicht und stürzte die Treppe hinunter.
go, went, gone *v* [gəʊ, went, gɒn] Let's **go home**, shall we? We **must be going** now. Why don't you **go and visit** her? **go on**	gehen Laß uns nach Hause gehen, ja? Wir müssen jetzt los. Warum gehst du sie nicht besuchen? weitergehen; weitermachen
step *v* [step] **step on a nail**	treten auf einen Nagel treten
stick *n* [stɪk] After her operation she had to walk with a stick.	Gehstock Nach ihrer Operation mußte sie am Stock gehen.
run, ran, run *v* [rʌn, ræn, rʌn] **run away/off**	laufen, rennen weglaufen, abhauen
hurry *n* [ˈhʌrɪ] **There's no hurry.** **in a hurry**	Eile Es eilt nicht. in Eile
hurry *v* [ˈhʌrɪ] **Hurry up!**	sich beeilen Beeil dich!

rush *n* [rʌʃ]	Rennen, Hetzen
We had to **make a rush for** the last train.	Wir mußten rennen, um den letzten Zug zu erwischen.
rush *v* [rʌʃ]	eilen, sich beeilen, rasen
quick *adj* [kwɪk]	flink, schnell
He's a very quick worker.	Er arbeitet sehr schnell.
follow *v* ['fɒləʊ]	folgen, nachgehen
Follow me.	Folgen Sie mir!
jump *v* [dʒʌmp]	springen, hüpfen
Here's my car. **Jump in!**	Da ist mein Wagen – steig ein!
jump for joy	Freudensprünge machen
climb *v* [klaɪm]	klettern, besteigen
climb down	herabsteigen
come, came, come *v* [kʌm, keɪm, kʌm]	kommen
My brother **came home** late last night.	Mein Bruder ist gestern nacht spät nach Hause gekommen.
Come in!	Herein!
Come on!	Komm schon! Los!
enter *v* ['entə]	eintreten, betreten
enter a room/building	ein Zimmer/Gebäude betreten
leave, left, left *v* [li:v, left]	weggehen
She left without saying goodbye.	Sie ging, ohne sich zu verabschieden.
turn *v* [tɜ:n]	sich drehen
He **turned round** and looked at her.	Er drehte sich um und sah sie an.
forward *adv* ['fɔ:wəd]	vorwärts, voran
He took two steps forward.	Er machte zwei Schritte vorwärts.
backwards *adv* ['bækwədz]	rückwärts, zurück
backwards and forwards	hin und her
► **bring**, brought, brought *v* [brɪŋ, brɔ:t]	bringen; mitbringen
Could you take the breakfast away and bring me my medicine?	Könnten Sie das Frühstück abräumen und mir meine Arznei bringen?
Did you bring a toothbrush and some soap, too?	Hast du auch eine Zahnbürste und Seife mitgebracht?
fetch *v* [fetʃ]	holen; abholen
"Can you bring me a fresh towel?" – "Why don't you fetch one yourself?"	„Kannst du mir ein frisches Handtuch bringen?" – „Warum holst du dir nicht selbst eins?"
I'll fetch you from the hospital.	Ich hol dich vom Krankenhaus ab.

carry *v* ['kærɪ]	tragen
Carry on!	Mach(t) weiter!
lay, laid, laid *v* [leɪ, leɪd]	legen
Professor Doolittle **laid down** his book and looked up at Eliza.	Professor Doolittle legte sein Buch beiseite und blickte zu Eliza auf.
drop *v* [drɒp]	fallenlassen; fallen
Don't drop that bottle!	Laß die Flasche da nicht fallen!
Drop dead! *inform*	Geh zum Teufel!
fall, fell, fallen *v* [fɔ:l, fel, 'fɔ:lən]	fallen, stürzen
He fell and broke his left arm.	Er stürzte und brach sich den linken Arm.
fall down	hinfallen
fall off (sth)	(von etwas) runterfallen
lift *v* [lɪft]	hochheben
raise *v* [reɪz]	(hoch)heben
He had to **raise his voice** to make himself heard.	Er mußte lauter sprechen um gehört zu werden.
hang, hung, hung *v* [hæŋ, hʌŋ]	hängen, aufhängen
Hang on!	Warte mal!
hang about/around	herumlungern
►	
force *v* [fɔ:s]	mit Gewalt (er)zwingen
We had to force our way through the crowds.	Wir mußten uns mit Gewalt einen Weg durch die Masse bahnen.
pull *v* [pʊl]	ziehen
He enjoys pulling his sister's hair.	Er hat Spaß daran, seine Schwester an den Haaren zu ziehen.
You're pulling my leg! *inform*	Du willst mich wohl auf den Arm nehmen!
push *n* [pʊʃ]	Stoß, Schubs
give sb/sth a push	jdm/etwas einen Stoß versetzen
push *v* [pʊʃ]	schieben, stoßen, drücken
He **pushed the door open** and entered the house.	Er stieß die Türe auf und betrat das Haus.
shake, shook, shaken *v* [ʃeɪk, ʃʊk, 'ʃeɪkən]	(sich) schütteln; zittern
We were **shaking with cold**.	Wir zitterten vor Kälte.
The story made him **shake with laughter**.	Er schüttelte sich vor Lachen über die Geschichte.
throw, threw, thrown *v* [θrəʊ, θru:, θrəʊn]	werfen

reach *v* [ri:tʃ]	greifen
He **reached for** the bottle.	Er griff nach der Flasche.
take, took, taken *v* [teɪk, tʊk, 'teɪkən]	nehmen
Take a seat, please.	Nehmen Sie bitte Platz!
Shall I **take you home**?	Soll ich Sie nach Hause bringen?
take a walk	spazierengehen
touch *v* [tʌtʃ]	berühren, anfassen
Don't touch!	Finger weg! Nicht anfassen!
catch, caught, caught *v* [kætʃ, kɔ:t]	fangen
He **caught her up** at the station.	Er holte sie am Bahnhof ein.
hold, held, held *v* [həʊld, held]	halten
Susan and Tom walked down the beach **holding hands**.	Susan und Tom gingen Hand in Hand den Strand entlang.
give, gave, given *v* [gɪv, geɪv, 'gɪvn]	geben
Can you **give me a hand**?	Kannst du mir mal helfen?
hand *v* [hænd]	reichen, geben
Hand me the hammer, please.	Reich mir bitte mal den Hammer.
put, put, put *v* [pʊt]	setzen, stellen; legen
Will you **put** that knife **down**!	Leg sofort das Messer weg!
put out the light/fire	das Licht/Feuer löschen
put up a tent	ein Zelt aufstellen
►	
brush *v* [brʌʃ]	bürsten, putzen
Don't forget to **brush your teeth**.	Vergiß nicht, die Zähne zu putzen.
Have you **brushed your hair**?	Hast du dir die Haare gebürstet?
fold *v* [fəʊld]	falten
She sat down at her desk and **folded her arms**.	Sie setzte sich an ihren Schreibtisch und verschränkte die Arme.
close *v* [kləʊz]	schließen
Close the window, please.	Mach bitte das Fenster zu!
shut, shut, shut *v* [ʃʌt]	schließen
open *v* ['əʊpən]	öffnen
He didn't open his mouth once during the discussion.	Er hat während der Diskussion den Mund nicht einmal aufgemacht.
light, lit/lighted, lit/lighted *v* [laɪt, lɪt/'laɪtɪd]	leuchten; anzünden
The boy's face **lit up** when he saw his mother.	Das Gesicht des Jungen leuchtete auf, als er seine Mutter sah.
light a cigarette	eine Zigarette anzünden

sit, sat, sat *v* [sɪt, sæt]	sitzen; sich setzen
Why are we **sitting around** doing nothing?	Warum sitzen wir herum und tun nichts?
He **sat down** in a big armchair.	Er setzte sich in einen großen Sessel.
rest *n* [rest]	Ruhepause, Erholung
have a rest	eine Pause machen, sich erholen
rest *v* [rest]	(sich) ausruhen
lie, lay, lain *v* [laɪ, leɪ, leɪn]	liegen
lie down	sich hinlegen
stand, stood, stood *v* [stænd, stʊd]	stehen
How could you just **stand by** doing nothing?	Wie konntest du nur einfach danebenstehen und nichts tun?
lean, leant/leaned, leant/leaned *v* [li:n, lent/li:nd]	(sich) lehnen
Pat Garrett **leant against** the bar and looked round for Billy.	Pat Garrett lehnte an der Theke und sah sich nach Billy um.
He **leaned forward** and smiled.	Er beugte sich vor und lächelte.
► **hit**, hit, hit *v* [hɪt]	schlagen; treffen
He hit me on the head.	Er schlug mir auf den Kopf.
She was hit by a car.	Sie wurde von einem Auto angefahren.
knock *n* [nɒk]	Schlag, Stoß
Wasn't there **a knock at the door**?	Hat es nicht an der Tür geklopft?
knock *v* [nɒk]	klopfen; schlagen, stoßen
knock at the door	anklopfen
knock sb out	jdn k.o. schlagen
bite, bit, bitten *v* [baɪt, bɪt, ˈbɪtn]	beißen
People often **bite their nails** when they're nervous.	Manche Leute kauen an ihren Fingernägeln, wenn sie nervös sind.
tear, tore, torn *v* [teə, tɔ:, tɔ:n]	reißen; zerreißen
He **tore up** the card before I could read it.	Er zerriß die Karte, bevor ich sie lesen konnte.
► **hide**, hid, hidden/hid *v* [haɪd, hɪd, ˈhɪdn]	(sich) verstecken, verbergen
show, showed, shown *v* [ʃəʊ, ʃəʊd, ʃəʊn]	zeigen
Can you show me the way?	Können Sie mir den Weg zeigen?

ability *n* [ə'bɪlətɪ]	Fähigkeit
She's a woman **of great ability**.	Sie ist eine sehr fähige Frau.
He's a man **of many abilities**.	Er ist ein vielseitiger Mann.
able *adj* ['eɪbl]	fähig, in der Lage
I'm sorry I **wasn't able to** help you.	Es tut mir leid, daß ich Ihnen nicht helfen konnte.
an able person	ein fähiger Mensch

right-handed *adj* [ˌraɪt'hændɪd]	rechtshändig
left-handed *adj* [ˌleft'hændɪd]	linkshändig
He's right-handed/left-handed.	Er ist Rechtshänder/Linkshänder.
►	
restless *adj* ['restlɪs]	unruhig, ruhelos
Peter's very restless at night; he just can't sleep!	Peter ist nachts sehr unruhig – er kann einfach nicht schlafen!
crawl *v* [krɔ:l]	krabbeln, kriechen, robben
The baby can crawl now.	Das Baby kann inzwischen krabbeln.
tiptoe *v* ['tɪptəʊ]	auf Zehenspitzen gehen
stroll *n* [strəʊl]	kleiner Spaziergang, Bummel
Would you care for a stroll in the garden, Millie?	Hättest du Lust auf einen kleinen Gang durch den Garten, Millie?
stroll *v* [strəʊl]	bummeln, schlendern
wander *v* ['wɒndə]	ziellos umherwandern
He **wandered about** the streets until it got dark.	Er streifte in den Straßen herum, bis es dunkel wurde.
lead, led, led *v* [li:d, led]	führen, vorangehen
We got John to **lead the way** through town.	John bekam die Aufgabe, uns durch die Stadt zu führen.
►	
insert *v* [ɪn'sɜ:t]	einführen, einstecken
insert a coin	eine Münze einwerfen
wrap *v* [ræp]	(ein)wickeln
The baby should be wrapped in a blanket; it's cold now.	Das Baby sollte in eine Decke gewickelt werden; es ist jetzt kalt!
wrap presents	Geschenke einwickeln
undo *v* [ˌʌn'du:]	aufmachen, aufbinden, abnehmen
Can you undo my tie for me, please?	Kannst du mir bitte die Krawatte aufbinden?
strip *v* [strɪp]	(sich) ausziehen
strip naked	sich nackt ausziehen

shift *v* [ʃɪft] Could you help me shift the cupboard, please?	verschieben Könntest du mir bitte helfen, den Schrank zu verschieben?
tip *v* [tɪp] Be careful or your chair will **tip over**.	um-/auskippen Sei vorsichtig, sonst kippt dein Stuhl um!
tremble *v* ['trembl] **tremble with fear**	zittern, beben aus Furcht zittern
spin, spun, spun *v* [spɪn, spʌn] He **spun round** and saw the man running off.	(sich) schnell drehen Er fuhr herum und sah den Mann davonrennen.
roll *v* [rəʊl] The children were rolling a huge ball across the lawn. **roll up a poster**	rollen Die Kinder rollten einen riesigen Ball über den Rasen. ein Plakat einrollen
wind, wound, wound *v* [waɪnd, waʊnd] Have you **wound the clock**? You have to **wind** the toy car **up** or it won't work.	aufziehen Hast du die Uhr aufgezogen? Man muß das Spielzeugauto aufziehen, sonst läuft es nicht.
►	
tickle *v* ['tɪkl] Many children love it when you tickle them.	kitzeln Viele Kinder lassen sich sehr gerne kitzeln.
pat *v* [pæt] She patted his hand and told him not to worry.	tätscheln Sie tätschelte seine Hand und sagte ihm, er solle sich nicht sorgen.
stroke *n* [strəʊk] He split the log with a single stroke of his axe. She can't swim a stroke.	Schlag; Zug Er spaltete den Holzklotz mit einem einzigen Axthieb. Sie kann nicht einen Zug schwimmen.
stroke *v* [strəʊk] Our cat doesn't like being stroked.	streicheln Unsere Katze läßt sich nicht gerne streicheln.
pinch *v* [pɪntʃ] Pinch me. I must be dreaming!	zwicken, kneifen Kneif mich mal, ich glaub', ich träume!
reaction *n* [rɪ'ækʃn]	Reaktion

lower *v* ['ləʊə] They lowered the injured man slowly down the cliff.	senken, herablassen Sie ließen den Verletzten langsam die Klippen hinab.
kneel, knelt, knelt *v* [ni:l, nelt] She **knelt down** and looked under the bed.	knien Sie kniete sich hin und schaute unters Bett.
bend, bent, bent *v* [bend, bent] She **bent down** and picked up a pin.	biegen; (sich) beugen, bücken Sie bückte sich und hob eine Stecknadel auf.
twist *v* [twɪst] If the wire won't break, try twisting it.	drehen, zwirbeln Wenn der Draht nicht zu brechen ist, versuch ihn abzudrehen.
►	
punch *v* [pʌntʃ] Tom punched his brother on the nose. She's already punched holes in the writing-paper.	boxen, schlagen; lochen Tom boxte seinem Bruder auf die Nase. Sie hat das Schreibpapier bereits gelocht.
blow *n* [bləʊ]	Schlag, Hieb
squeeze *v* [skwi:z] The bus was full, but I managed to **squeeze in**.	drücken, pressen, quetschen Der Bus war voll, aber ich konnte mich noch hineinquetschen.
squash *v* [skwɒʃ] Don't squash the bag! It's got the cakes in it.	pressen, quetschen Quetscht die Tasche nicht; da sind die Kuchen drin!
scratch *n* [skrætʃ]	Kratzer
scratch *v* [skrætʃ] **If you scratch my back, I'll scratch yours.** *inform*	(sich) kratzen Eine Hand wäscht die andere.
split, split, split *v* [splɪt] She split the logs and piled them up next to the fireplace. Let's **split up**; you go that way and we'll go this way.	spalten, teilen Sie spaltete die Scheite und schichtete sie neben dem Kamin auf. Teilen wir uns auf: Ihr geht dorthin, und wir gehen in diese Richtung.
►	
clap *v* [klæp] They **clapped their hands** in time to the music.	klatschen Sie klatschten im Takt der Musik in die Hände.
signal *v* ['sɪgnl]	Zeichen geben, signalisieren
wave *v* [weɪv] She **waved goodbye**.	winken Sie winkte zum Abschied.

suck *v* [sʌk]	saugen, lutschen
The children sucked the juice out of the oranges.	Die Kinder saugten den Saft aus den Orangen.
chew *v* [tʃu:]	kauen
swallow *v* ['swɒləʊ]	schlucken
I can't swallow these pills; my throat hurts too much.	Ich kann diese Pillen nicht runterschlucken – mein Hals tut zu weh!
spit, spat, spat *v* [spɪt, spæt]	spucken
No spitting!	Nicht auf den Boden spucken! *(Verbotsschild)*
If you don't like it, **spit it out**.	Wenn es dir nicht schmeckt, spuck es aus!
►	
scream *n* [skri:m]	schriller Aufschrei; Kreischen
scream *v* [skri:m]	schreien; kreischen
screamed at sb	jdn anschreien
scream for help	um Hilfe schreien
whistle *n; v* ['wɪsl]	Pfiff, Pfeifen; pfeifen
►	
grin *v* [grɪn]	grinsen
glance *v* [glɑ:ns]	blicken, schauen
Please **glance through** this report.	Bitte sehen Sie diesen Bericht einmal kurz durch.

"The brain surgeon's done a marvellous job—go ahead and ask me something difficult!"

Allgemeines

conscious *adj* [ˈkɒnʃəs]	bewußt
He **was** perfectly **conscious of** what he was doing.	Es war ihm vollkommen bewußt, was er tat.
soul *n* [səʊl]	Seele
exist *v* [ɪgˈzɪst]	existieren
►	
memory *n* [ˈmemərɪ]	Erinnerung; Gedächtnis
I have happy memories of my childhood.	Ich habe glückliche Erinnerungen an meine Kindheit.
When we get older, our memory usually gets worse.	Wenn wir älter werden, läßt unser Gedächtnis gewöhnlich nach.
mind *n* [maɪnd]	Geist; Denken; Gedächtnis
bear/keep sth in mind	etwas nicht vergessen
change one's mind	es sich anders überlegen
think, thought, thought *v* [θɪŋk, θɔːt]	denken
What do you **think about** the election results?	Was hältst du von den Wahlergebnissen?
Whenever I **think of** our last holiday I have to laugh.	Immer wenn ich an unseren letzten Urlaub denke, muß ich lachen.
habit *n* [ˈhæbɪt]	Gewohnheit, Angewohnheit
Biting your nails is a very bad habit.	Fingernägelkauen ist eine sehr schlechte Angewohnheit.
used to *adj* [ˈjuːst tʊ]	gewöhnt
be used to sth	etwas gewöhnt sein
get used to sth	sich an etwas gewöhnen
surface *n* [ˈsɜːfɪs]	Oberfläche
On the surface his problems don't seem all that difficult to solve.	Oberflächlich betrachtet scheinen seine Probleme nicht gar so schwierig zu lösen.

behave *v* [bɪˈheɪv]	sich verhalten/benehmen
behaviour *n* [bɪˈheɪvjə]	Verhalten
adapt *v* [əˈdæpt]	sich anpassen/gewöhnen
He **adapted** quickly **to** the new school he was attending.	Er hat sich schnell in der neuen Schule eingelebt.

attitude *n* [ˈætɪtju:d] After visiting Germany, Geoff's **attitude towards** the new language improved.	Einstellung Nach einem Deutschlandbesuch verbesserte sich Geoffs Einstellung zur neuen Sprache.
image *n* [ˈɪmɪdʒ]	Sinnbild; Leitbild
manner *n* [ˈmænə] **behave in an unusual manner**	Art, Weise sich komisch verhalten
oblige *v* [əˈblaɪdʒ] Even though he didn't want to, Steve **felt obliged to** participate in the discussion. ►	verpflichten; zwingen Obwohl er dies nicht wollte, fühlte sich Steve verpflichtet, an der Diskussion teilzunehmen.
self, *pl* selves *n* [self, selvz] After the argument, he was filled with **self-doubt**.	Ich, Selbst Nach dem Streit war er voller Zweifel an sich selbst.
will *n* [wɪl] Mike has the strong will one needs to succeed in business.	Wille Mike hat den starken Willen zum Erfolg, den man in der Geschäftswelt braucht.
talent *n* [ˈtælənt]	Talent
dignity *n* [ˈdɪgnətɪ] I suppose that would be **beneath his dignity**.	Würde Ich nehme an, das wäre unter seiner Würde.
fame *n* [feɪm]	Ruhm

Gefühle, Gefühlsausdruck

emotion *n* [ɪˈməʊʃn] Discussions about the use of nuclear power often produce strong emotions.	Gefühl, Emotion Die Diskussionen über die Nutzung der Atomkraft erregen oft die Gemüter.
emotional *adj* [ɪˈməʊʃənl] The sudden death of his parents was the beginning of his emotional problems.	emotional, Gefühls- Der plötzliche Tod seiner Eltern löste seine emotionalen Probleme aus.
feeling(s) *n* [ˈfi:lɪŋ(z)] She **hurt James' feelings** when she called him a fool.	Gefühl(e) Sie hat James verletzt, als sie ihn einen Dummkopf nannte.

feel, felt, felt *v* [fi:l, felt] I've never felt happier in my life.	(sich) fühlen, empfinden Ich bin noch nie im Leben so glücklich gewesen.
strange *adj* [streɪndʒ] **a strange feeling**	komisch, seltsam ein komisches Gefühl
►	
humour *n* ['hju:mə] **a sense of humour**	Humor Sinn für Humor
impression *n* [ɪm'preʃn] The first impression of someone is often the most important one.	Eindruck Der erste Eindruck, den man von jemand hat, ist oft der wichtigste.
mood *n* [mu:d] **be in a good/bad mood**	Stimmung, Laune gute/schlechte Laune haben
positive *adj* ['pɒzətɪv] **positive thinking**	positiv positives Denken
negative *adj* ['negətɪv]	negativ
►	
control *n* [kən'trəʊl] **out of/under control**	Kontrolle außer/unter Kontrolle
control *v* [kən'trəʊl] Although he usually gets angry very easily, he **controlled himself** well today.	kontrollieren, beherrschen Obwohl er normalerweise sehr leicht ärgerlich wird, hatte er sich heute gut unter Kontrolle.
►	
care *v* [keə] I believe he really does **care about** his parents.	empfinden Ich glaube, daß seine Eltern ihm wirklich etwas bedeuten.
be fond of *v* [bi: 'fɒnd‿əv] My grandfather's very fond of children and animals.	lieb haben Mein Großvater hat Kinder und Tiere sehr gern.
admire *v* [əd'maɪə] He admired her courage.	bewundern Er bewunderte ihren Mut.
grateful *adj* ['greɪtfʊl] I'm very **grateful** to all of you for the help you've given me.	dankbar Ich bin euch allen für eure Hilfe sehr dankbar.
trust *n; v* [trʌst]	Vertrauen; trauen, vertrauen
attract *v* [ə'trækt] They were **attracted to** each other the first time they met.	anziehen Schon bei ihrer ersten Begegnung fühlten sie sich zueinander hingezogen.
impress *v* [ɪm'pres] I'm not impressed.	beeindrucken Das beeindruckt mich nicht.

hope *n; v* [həʊp]	Hoffnung; hoffen
hopeless *adj* ['həʊplɪs]	hoffnungslos, aussichtslos
You're hopeless!	Dir ist nicht zu helfen!
worry *n* ['wʌrɪ]	Sorge
worry *v* ['wʌrɪ]	sich Sorgen machen
She's always **worried about** money, although she earns a good salary.	Sie macht sich immer Sorgen ums Geld, obwohl sie gut verdient.
frightened *adj* ['fraɪtnd]	geängstigt, erschreckt
helpless *adj* ['helplɪs]	hilflos
upset *adj* [ʌp'set]	durcheinander, aufgeregt
He was very upset when he heard about his sister's accident.	Er war ganz bestürzt, als er vom Unfall seiner Schwester erfuhr.
nervous *adj* ['nɜːvəs]	nervös
concerned *adj* [kən'sɜːnd]	besorgt
Karen **was concerned about** her little brother's safety.	Karen war um die Sicherheit ihres kleinen Bruders besorgt.
confused *adj* [kən'fjuːzd]	verwirrt
They were very confused by the change in the original plans.	Die Änderung der ursprünglichen Pläne hat sie sehr verwirrt.
anxious *adj* ['æŋkʃəs]	beunruhigt
be anxious about sth/sb	sich um etwas/jdn Sorgen machen
► **excited** *adj* [ɪk'saɪtɪd]	aufgeregt
glad *adj* [glæd]	froh
I'm glad to meet you.	Es freut mich, Sie kennenzulernen.
happy *adj* ['hæpɪ]	glücklich
Gwen's a very happy baby; she almost never cries.	Gwen ist ein sehr zufriedenes Baby und weint fast nie.
happiness *n* ['hæpɪnəs]	Glück
wonderful *adj* ['wʌndəfʊl]	toll, wunderbar
joy *n* [dʒɔɪ]	Freude
keen *adj* [kiːn]	begeistert, leidenschaftlich
He's very **keen on** bowling.	Er kegelt für sein Leben gern.
laugh *v* [lɑːf]	lachen
laughter *n* ['lɑːftə]	Gelächter
merry *adj* ['merɪ]	heiter
pleasure *n* ['pleʒə]	Vergnügen, Freude

smile *n* [smaɪl]	Lächeln
smile *v* [smaɪl] The child **smiled at** me and I smiled back.	lächeln Das Kind lächelte mich an, und ich lächelte zurück.
touched *adj* [tʌtʃt] I was very touched by your letter of thanks.	gerührt Ich war von Ihrem Dankschreiben sehr gerührt.
enjoy *v* [ɪn'dʒɔɪ] Are you **enjoying yourself**?	genießen Amüsieren Sie sich gut?
►	
pity *n* ['pɪtɪ] **have/take pity on sb**	Mitleid, Bedauern Mitleid mit jdm haben
regret *v* [rɪ'gret] We regret to inform you that we are unable to offer you the job.	bedauern Wir bedauern, Ihnen mitteilen zu müssen, daß wir Ihnen die Stelle nicht anbieten können.
sorry *adj* ['sɒrɪ] **We're very sorry**, but we can't come on Friday.	bedauernd, mitfühlend Es tut uns sehr leid, aber wir können am Freitag nicht kommen.
angry *adj* ['æŋgrɪ] **be angry about sth/with sb**	ärgerlich, verärgert über etwas/jdn verärgert sein
mad *adj inform* [mæd] Why do you always get so **mad at** me? I'm **mad about** you!	ärgerlich, wütend; verrückt Warum wirst du immer so wütend auf mich? Ich bin verrückt nach dir!
become, became, become *v* [bɪ'kʌm, bɪ'keɪm] I become very annoyed when people talk too much.	werden Ich werde sehr ärgerlich, wenn Leute zuviel reden.
annoyed *adj* [ə'nɔɪd]	verärgert
annoying *adj* [ə'nɔɪɪŋ] Sometimes you can be so annoying!	irritierend Manchmal gehst du mir richtig auf den Geist!
hate *v* [heɪt] I hate washing up straight after dinner.	hassen Ich hasse es, gleich nach dem Abendessen Geschirr zu spülen.
awful *adj* ['ɔ:fʊl]	schrecklich, scheußlich
terrible *adj* ['terəbl]	fürchterlich, schrecklich
nasty *adj* ['nɑ:stɪ] He's always very nasty to his little brother.	abscheulich, gemein Er ist immer sehr gemein zu seinem kleinen Bruder.

stand, stood, stood *v* [stænd, stʊd] I can't stand rainy weather!	ertragen, ausstehen Ich kann Regenwetter nicht ausstehen!
like *v* [laɪk]	mögen, gern haben
want *v* [wɒnt] I don't **want to** go out tonight. I'm too tired.	wollen Ich möchte heute abend nicht weggehen. Ich bin zu müde.
wish *n* [wɪʃ]	Wunsch
wish *v* [wɪʃ] I wish you were going to summer camp with me.	wünschen Ich wünschte, du würdest mit zum Sommerlager fahren!
►	
nice *adj* [naɪs] It was a nice party!	nett, schön Es war eine schöne Party!
pleasant *adj* ['pleznt] We had a pleasant evening at home.	angenehm Wir verbrachten einen netten Abend zu Hause.
satisfied *adj* ['sætɪsfaɪd] He's not **satisfied with** his present salary.	zufrieden Er ist mit seinem jetzigen Gehalt nicht zufrieden.
content *adj* [kən'tent] She's quite content to spend her holidays at home.	zufrieden Es macht ihr nichts aus, ihren Urlaub zu Hause zu verbringen.
►	
bother *v* ['bɒðə] It doesn't really bother me.	stören Es ist mir ziemlich egal.
sad *adj* [sæd]	traurig
sadness *n* ['sædnɪs]	Traurigkeit
bear, bore, born *v* [beə, bɔ:, bɔ:n] The loss of her mother was more than she could bear.	ertragen Der Verlust ihrer Mutter war mehr, als sie ertragen konnte.
suffer *v* ['sʌfə]	leiden
cry *v* [kraɪ]	weinen
weep, wept, wept *v* [wi:p, wept] He **wept like a baby** at his son's funeral.	weinen, heulen Er weinte wie ein Kind bei der Beerdigung seines Sohnes.
tear *n* [tɪə]	Träne
lonely *adj* ['ləʊnlɪ] She lives all by herself and is very lonely.	einsam, verlassen Sie lebt ganz allein und ist sehr einsam.

miss *v* [mɪs] We really missed our father while he was abroad.	vermissen Wir haben unseren Vater sehr vermißt, als er im Ausland war.
disappointed *adj* [ˌdɪsəˈpɔɪntɪd] I was very **disappointed with** my examination results.	enttäuscht Ich war von meinen Prüfungsergebnissen sehr enttäuscht.
disappointing *adj* [ˌdɪsəˈpɔɪntɪŋ]	enttäuschend
disappointment *n* [ˌdɪsəˈpɔɪntmənt]	Enttäuschung
unfortunately *adv* [ʌnˈfɔːtʃnətlɪ] My friend and I wanted to go to the cinema, but unfortunately we didn't have enough money.	leider Mein Freund und ich wollten ins Kino gehen, aber wir hatten leider nicht genug Geld.
►	
surprise *n; v* [səˈpraɪz]	Überraschung; überraschen
surprising *adj* [səˈpraɪzɪŋ]	überraschend
shock *n* [ʃɒk] He got **the shock of his life** when he opened the door.	Schock Als er die Tür öffnete, bekam er den Schock seines Lebens.
shocked *adj* [ʃɒkt] She was shocked when she heard about her uncle's car accident.	entsetzt, schockiert Sie war entsetzt, als sie vom Autounfall ihres Onkels erfuhr.
shocking *adj* [ˈʃɒkɪŋ] John's behaviour at the party was quite shocking.	entsetzlich, schockierend Johns Benehmen bei der Party war ziemlich unmöglich.
►	
ashamed *adj* [əˈʃeɪmd] Kevin was **ashamed of** his brother's embarrassing behaviour.	beschämt, peinlich berührt Kevin schämte sich für das peinliche Benehmen seines Bruders.
embarrassing *adj* [ɪmˈbærəsɪŋ]	peinlich, unangenehm
embarrassed *adj* [ɪmˈbærəst]	verlegen
guilty *adj* [ˈgɪltɪ] **feel guilty**	schuldig Schuldgefühle haben
jealous *adj* [ˈdʒeləs] **be jealous of sb**	eifersüchtig auf jdn eifersüchtig sein
jealousy *n* [ˈdʒeləsɪ]	Eifersucht

appreciate *v* [ə'pri:ʃɪeɪt] I'd really appreciate that.	schätzen Das wäre mir sehr recht.
secure *adj* [sɪ'kjʊə] The little girl felt safe and secure in her mother's arms.	sicher, geborgen Das kleine Mädchen fühlte sich in den Armen seiner Mutter geborgen.
►	
enthusiasm *n* [ɪn'θju:zɪæzəm]	Enthusiasmus, Begeisterung
passion *n* ['pæʃn]	Leidenschaft
►	
blame *n* [bleɪm] Bill **took the blame for** something his friend had done.	Schuld Bill nahm die Schuld auf sich für etwas, was sein Freund getan hatte.
envy *n; v* ['envɪ]	Neid; beneiden
suppress *v* [sə'pres] The young man tried to suppress his feelings of hate towards his father.	unterdrücken Der junge Mann versuchte, seine Haßgefühle gegen seinen Vater zu unterdrücken.
tense *adj* [tens]	gespannt, nervös
tension *n* ['tenʃn]	Spannung
►	
amaze *v* [ə'meɪz] **I'm** always **amazed at** how quickly children can learn a foreign language.	erstaunen Ich bin immer wieder erstaunt, wie schnell Kinder eine Fremdsprache erlernen können.
amazement *n* [ə'meɪzmənt] Jamie listened **in amazement** as her friend told her the story.	Erstaunen Erstaunt hörte Jamie zu, als ihre Freundin ihr die Geschichte erzählte.
astonish *v* [ə'stɒnɪʃ]	erstaunen, verblüffen
astonishment *n* [ə'stɒnɪʃmənt]	Erstaunen, Verblüffung
►	
indifferent *adj* [ɪn'dɪfrənt] Her husband seemed **indifferent to** her feelings.	gleichgültig Ihrem Mann schienen ihre Gefühle gleichgültig zu sein.
resignation *n* [ˌrezɪg'neɪʃn] With a feeling of resignation, he finally agreed.	Resignation Mit einem Gefühl der Resignation stimmte er schließlich zu.
►	
sigh *n; v* [saɪ]	Seufzer; seufzen
sentimental *adj* [ˌsentɪ'mentl]	sentimental
burst, burst, burst *v* [bɜ:st] She **burst into tears.**	bersten Sie brach in Tränen aus.

depressed *adj* [dɪ'prest]	deprimiert
depression *n* [dɪ'preʃn]	Depression
miserable *adj* ['mɪzərəbl]	elend, unglücklich
rotten *adj* ['rɒtn] **in a rotten mood**	scheußlich, ekelhaft mies gelaunt
►	
affection *n* [ə'fekʃn]	Zuneigung
appeal *n* [ə'pi:l] **sex appeal**	Reiz, Anziehungskraft Sex Appeal
appeal *v* [ə'pi:l] I'm afraid the idea doesn't **appeal to** me very much.	zusagen Ich fürchte, der Gedanke sagt mir nicht sehr zu.
fancy *v* ['fænsɪ] They didn't **fancy the idea** of having to wait another year to be married.	gefallen, begeistert sein Sie waren von der Vorstellung nicht begeistert, noch ein Jahr mit der Hochzeit warten zu müssen.
cheer *v* [tʃɪə] After the President's speech, the crowd cheered.	(zu)jubeln Die Menge jubelte nach der Rede des Präsidenten.
►	
contempt *n* [kən'tempt]	Verachtung
dislike *v* [dɪs'laɪk] I dislike having to change my plans.	nicht mögen Ich mag es nicht, wenn ich meine Pläne ändern muß.
nuisance *n* ['nju:sns] **What a nuisance!**	Ärgernis, Plage Wie ärgerlich!
►	
aggression *n* [ə'greʃn]	Aggression
anger *n* ['æŋgə]	Zorn, Wut
rage *n* [reɪdʒ] **in a rage**	Wut, Gefühlswallung in Rage, wütend
furious *adj* ['fjʊərɪəs] His mother wasn't just angry; she was furious!	wütend Seine Mutter war nicht bloß ärgerlich, sie war wütend!
quarrel *v* ['kwɒrəl] They always seem to quarrel at parties.	sich streiten Sie scheinen sich auf Partys immer zu streiten.
temper *n* ['tempə] He's got an awful temper. **be in a bad temper**	Laune, Stimmung; Wut Er kann sehr jähzornig sein. schlechte Laune haben

satisfy *v* ['sætɪsfaɪ]	befriedigen
satisfaction *n* [ˌsætɪs'fækʃn]	Zufriedenheit, Befriedigung
please *v* [pli:z] Carl pleased his boss by finishing the report on time.	gefallen, zufriedenstellen Carl hat seinen Chef zufriedengestellt, indem er den Bericht termingerecht zum Abschluß brachte.
pleased *adj* [pli:zd] Well, you seem very **pleased with** yourself today!	zufrieden Na, du wirkst ja heute sehr zufrieden!
delight *n* [dɪ'laɪt] It was a delight having you.	Freude, Vergnügen Es war eine Freude, Sie zu Besuch zu haben.
delighted *adj* [dɪ'laɪtɪd] She was **delighted with** the results of her exams.	entzückt, hocherfreut Sie war über ihre Prüfungsergebnisse hocherfreut.
relieved *adj* [rɪ'li:vd]	erleichtert
relief *n* [rɪ'li:f] She **sighed with relief** when her guests finally left.	Erleichterung Sie atmete auf, als ihre Gäste endlich gingen.
thrill *n* [θrɪl] **the thrill of a lifetime**	Erregung, Aufregung ein einmaliges Erlebnis
thrilling *adj* ['θrɪlɪŋ] **a thrilling experience**	aufregend ein aufregendes Erlebnis
eager *adj* ['i:gə] The children were very eager to open their presents.	ungeduldig, begierig Die Kinder brannten darauf, ihre Geschenke auszupacken.
excitement *n* [ɪk'saɪtmənt]	Aufregung
terrific *adj* [tə'rɪfɪk]	fantastisch
sensational *adj* [sen'seɪʃənl]	sensationell
spirits *n* ['spɪrɪts] **in high spirits**	Laune, Stimmung in sehr guter Laune
►	
despair *n* [dɪ'speə]	Verzweiflung
desperate *adj* ['despərət]	verzweifelt
guilt *n* [gɪlt]	Schuld
suspense *n* [sə'spens]	Ungewißheit, Spannung

doubtful *adj* ['daʊtfʊl]	im Zweifel, skeptisch
The manager was very **doubtful about** the new clerk's abilities.	Der Manager hatte große Zweifel an den Fähigkeiten des neuen Angestellten.
►	
long for *v* ['lɒŋ fɔ:]	sich sehnen nach
The couple longed for a home of their own.	Das Paar sehnte sich nach einem eigenen Zuhause.
respect *n; v* [rɪ'spekt]	Respekt; respektieren
tender *adj* ['tendə]	zärtlich
sympathy *n* ['sɪmpəθɪ]	Mitgefühl, Mitleid
He had no sympathy for her because she wouldn't help herself.	Er hatte kein Mitleid mit ihr, weil sie sich selbst nicht helfen wollte.
sympathetic *adj* [ˌsɪmpə'θetɪk]	mitfühlend
Jane is very **sympathetic towards** people in trouble.	Jane hat sehr viel Verständnis für Menschen in Not.

Instinkte, Triebe

sleep, slept, slept *v* [sli:p, slept]	schlafen
hunger *n* ['hʌŋgə]	Hunger
hungry *adj* ['hʌŋgrɪ]	hungrig
The baby's hungry again.	Das Baby hat schon wieder Hunger.
thirst *n* [θɜ:st]	Durst
thirsty *adj* ['θɜ:stɪ]	durstig
When I'm really thirsty, I like to drink a nice cold lemonade.	Wenn ich wirklich großen Durst habe, trinke ich am liebsten eine schöne, kalte Limonade.
►	
fear *n* [fɪə]	Angst
afraid *adj* [ə'freɪd]	ängstlich
She's very **afraid of** water.	Sie hat große Angst vor Wasser.
horror *n* ['hɒrə]	Horror, Schrecken
The woman looked on **in horror** as the car hit the child.	Die Frau sah voller Entsetzen zu, wie das Kind vom Auto erfaßt wurde.
panic *n; v* ['pænɪk]	Panik; in Panik geraten

Denken, Verstand

mind *n* [maɪnd]	Geist, Verstand
conscience *n* ['kɒnʃəns] **guilty conscience**	Gewissen schlechtes Gewissen
reason *n* ['ri:zn] She won't **listen to reason**. Just tell me **the reason why**.	Verstand, Vernunft; Grund Sie läßt sich nichts sagen. Sag mir nur weshalb.
truth *n* [tru:θ]	Wahrheit
meaning *n* ['mi:nɪŋ]	Bedeutung
understand, understood, understood *v* [ˌʌndə'stænd, ˌʌndə'stʊd]	verstehen, begreifen
►	
aim *n* [eɪm] It had always been his aim to go to university.	Ziel Es war schon immer sein Ziel zu studieren.
idea *n* [aɪ'dɪə] I've got **no idea** how to solve this problem.	Gedanke; Idee, Einfall Ich habe keine Ahnung, wie man dieses Problem lösen könnte.
experience *n* [ɪk'spɪərɪəns]	Erfahrung
►	
sense *n* [sens] That doesn't **make sense to** me.	Sinn Das leuchtet mir nicht ein.
nonsense *n* ['nɒnsəns]	Unsinn, Blödsinn
joke *n* [dʒəʊk] **tell a joke**	Witz einen Witz erzählen
joke *v* [dʒəʊk]	witzeln, Witze reißen
►	
dull *adj* [dʌl] **All work and no play makes Jack a dull boy.** *prov*	dumm; langweilig Arbeit ist nur das halbe Leben.
stupid *adj* ['stju:pɪd] That was a very stupid thing to do.	dumm, blöd Das war wirklich sehr dumm.
bright *adj* [braɪt] Tom has always been a very bright young man.	aufgeweckt, intelligent Tom ist schon immer ein sehr aufgeweckter Junge gewesen.

clever *adj* ['klevə] Susan's quite clever with figures.	begabt, gescheit Susan kann ganz gut mit Zahlen umgehen.
intelligent *adj* [ɪn'telɪdʒənt]	intelligent
wise *adj* [waɪz]	weise
►	
know, knew, known *v* [nəʊ, nju:, nəʊn]	wissen
knowledge *n* ['nɒlɪdʒ]	Wissen
basic *adj* ['beɪsɪk] **basic knowledge**	Grund-, Basis- Grundwissen
think, thought, thought *v* [θɪŋk, θɔ:t]	denken
thought *n* [θɔ:t] **A penny for your thoughts.**	Gedanke Woran denkst du gerade?
concentrate *v* ['kɒnsəntreɪt] **concentrate on sth**	(sich) konzentrieren sich auf etwas konzentrieren
consider *v* [kən'sɪdə] Have you ever considered asking your teacher?	in Betracht ziehen, überlegen Hast du schon mal daran gedacht, deinen Lehrer zu fragen?
decide *v* [dɪ'saɪd]	entscheiden
decision *n* [dɪ'sɪʒn]	Entscheidung
judge *v* [dʒʌdʒ] **Judge for yourself.**	(be)urteilen Urteilen Sie selbst.
►	
crazy *adj* ['kreɪzɪ]	verrückt
mad *adj* [mæd]	irre, verrückt
normal *adj* ['nɔ:ml]	normal
practical *adj* ['præktɪkl] I'm afraid your idea doesn't sound very practical.	praktisch, realistisch Ich fürchte, deine Idee klingt nicht sehr praktikabel.
reasonable *adj* ['ri:znəbl] Be reasonable. You know I didn't mean to hurt your feelings.	vernünftig Sei vernünftig. Du weißt, daß ich dich nicht verletzen wollte.
sensible *adj* ['sensəbl] Let's be sensible about this!	vernünftig Bleiben wir in dieser Angelegenheit doch vernünftig!
silly *adj* ['sɪlɪ]	töricht, albern

simple *adj* ['sɪmpl]	einfach, schlicht
a simple truth	eine einfache Wahrheit
sure *adj* [ʃʊə]	sicher
misunderstanding *n* [ˌmɪsʌndə'stændɪŋ]	Mißverständnis
confuse *v* [kən'fju:z]	verwirren
Our teacher confused us with her explanation.	Unsere Lehrerin hat uns mit ihrer Erläuterung verwirrt.
► **discuss** *v* [dɪ'skʌs]	diskutieren
discussion *n* [dɪ'skʌʃn]	Diskussion
mean, meant, meant *v* [mi:n, ment]	meinen
What do you mean by that?	Was meinst du damit?
plan *n* [plæn]	Plan
point *n* [pɔɪnt]	Punkt
I think **you've got a point** there.	Ich glaube, da haben Sie recht.
The point is ...	Der springende Punkt ist, ...
point of view	Standpunkt, Betrachtungsweise
point *v* [pɔɪnt]	(hin)deuten
point sth out	auf etwas aufmerksam machen
view *n* [vju:]	Meinung, Standpunkt
Have you heard Terry's **views on** unemployment?	Hast du Terrys Meinung über die Arbeitslosigkeit gehört?
problem *n* ['prɒbləm]	Problem
puzzle *n* ['pʌzl]	Rätsel
solve *v* [sɒlv]	lösen
solve a problem	ein Problem lösen
matter *n* ['mætə]	Sache, Angelegenheit
You haven't heard the last of this matter.	In dieser Sache ist das letzte Wort noch nicht gesprochen.
refer *v* [rɪ'fɜ:]	sich beziehen
Could you tell me what plan you're referring to?	Können Sie mir sagen, auf welchen Plan Sie sich beziehen?
► **realize** *v* ['rɪəlaɪz]	wahrnehmen
Do you realize that it's Tuesday already?	Ist dir klar, daß heute bereits Dienstag ist?
forget, forgot, forgotten *v* [fə'get, fə'gɒt, fə'gɒtn]	vergessen

remember *v* [rɪ'membə] I'm sorry, but I can't seem to remember your name. Benny always remembers to send her flowers on her birthday.	sich erinnern; daran denken Es tut mir leid, aber ich kann mich an Ihren Namen nicht erinnern. Benny denkt immer daran, ihr Blumen zum Geburtstag zu schicken.
remind *v* [rɪ'maɪnd] Did you remind Anne to take her key with her?	erinnern Hast du Anne daran erinnert, ihren Schlüssel mitzunehmen?
aware *adj* [ə'weə] You should always **be aware of** what's going on around you.	bewußt Man sollte sich immer darüber klar sein, was um einen herum passiert.
prove *v* [pru:v]	beweisen
guess *v* [ges]	raten
imagine *v* [ɪ'mædʒɪn]	sich vorstellen
accept *v* [ək'sept]	annehmen, akzeptieren
suppose *v* [sə'pəʊz] I suppose it was the only thing left for him to do.	vermuten, annehmen Ich nehme an, das war das einzige, was er noch tun konnte.
analyse *v* ['ænəlaɪz]	analysieren
determine *v* [dɪ'tɜ:mɪn] They determined that carelessness was the cause of the accident.	feststellen Als Unfallursache wurde Fahrlässigkeit festgestellt.
consideration *n* [kənˌsɪdə'reɪʃn] After long consideration, the committee reached a decision.	Überlegung Nach reichlicher Überlegung traf der Ausschuß eine Entscheidung.
suspicion *n* [sə'spɪʃn]	Verdacht, Argwohn
conclude *v* [kən'klu:d]	eine Folgerung ziehen
proof *n* [pru:f] They've got no proof that he committed the crime.	Beweis(e) Sie haben keine Beweise, daß er das Verbrechen begangen hat.
solution *n* [sə'lu:ʃn]	Lösung
theory *n* ['θɪərɪ]	Theorie
theoretical *adj* [θɪə'retɪkl]	theoretisch
probable *adj* ['prɒbəbl]	wahrscheinlich
probability *n* [ˌprɒbə'bɪlətɪ] **In all probability**, she won't even show up.	Wahrscheinlichkeit Aller Wahrscheinlichkeit nach wird sie nicht einmal kommen.

assume *v* [ə'sju:m]	vermuten
assumption *n* [ə'sʌmpʃn]	Vermutung
►	
procedure *n* [prə'si:dʒə]	Prozedur; Verfahrensweise
outline *n* ['aʊtlaɪn] Tom **gave us a brief outline** of the doctor's lecture.	Umriß, Zusammenfassung Tom faßte den Vortrag des Arztes für uns kurz zusammen.
outline *v* ['aʊtlaɪn]	kurz umreißen
project *n* ['prɒdʒekt]	Projekt
proposal *n* [prə'pəʊzl]	Vorschlag
preference *n* ['prefərəns]	Präferenz, Vorliebe
compromise *n* ['kɒmprəmaɪz]	Kompromiß
►	
intelligence *n* [ɪn'telɪdʒəns]	Intelligenz
talented *adj* ['tæləntɪd]	talentiert, begabt
smart *adj* [smɑ:t]	intelligent
wit *n* [wɪt] His **quick wit** makes him the life and soul of the party. I'm **at my wits' end** with the children.	Verstand, Geist; Witz Seine Schlagfertigkeit macht ihn zum Mittelpunkt jeder Party. Ich weiß nicht mehr, was ich mit den Kindern machen soll.
mental *adj* ['mentl] **mental health**	geistig Geisteszustand
understanding *n* [ˌʌndə'stændɪŋ] I believe I now have a better understanding of the problem.	Auffassungsgabe; Verständnis Ich glaube, daß ich das Problem jetzt besser begreife.
imagination *n* [ɪˌmædʒɪ'neɪʃn] Her wild imagination makes her an excellent storyteller.	Phantasie Ihrer lebhaften Phantasie verdankt sie, daß sie eine ausgezeichnete Erzählerin ist.
►	
shallow *adj* ['ʃæləʊ]	oberflächlich
ignorant *adj* ['ɪgnərənt]	unwissend, ignorant; unhöflich
prejudice *n* ['predʒʊdɪs]	Vorurteil(e)
be mistaken *v* [bi: mɪ'steɪkən] I believe you're mistaken.	sich irren Ich glaube, Sie irren sich.
misleading *adj* [ˌmɪs'li:dɪŋ]	irreführend

Charakter, Verhalten

person *n* ['pɜ:sn]	Mensch, Person
character *n* ['kærɪktə]	Charakter
fault *n* [fɔ:lt]	Fehler
It's not my fault.	Ich kann nichts dafür.
►	
brave *adj* [breɪv]	mutig, tapfer
courage *n* ['kʌrɪdʒ]	Mut, Tapferkeit, Courage
confident *adj* ['kɒnfɪdənt]	zuversichtlich
self-confident	selbstsicher
confidence *n* ['kɒnfɪdəns]	Vertrauen
have confidence in sb/sth	Vertrauen zu jdm haben/auf etwas vertrauen
self-confidence	Selbstvertrauen
►	
careful *adj* ['keəfʊl]	vorsichtig
Please **be careful** with those dishes.	Sei bitte vorsichtig mit dem Geschirr.
careless *adj* ['keəlɪs]	unvorsichtig
curious *adj* ['kjʊərɪəs]	neugierig
I'm curious to know why he did that.	Es interessiert mich, warum er das getan hat.
determined *adj* [dɪ'tɜ:mɪnd]	entschlossen, bestimmt
He's a very determined person; he knows what he wants.	Er ist eine sehr entschlossene Persönlichkeit; er weiß, was er will.
give in *v* [ˌgɪv‿'ɪn]	nachgeben
►	
fool *n* [fu:l]	Narr, Dummkopf
He's a bigger fool than I thought.	Er ist dümmer, als ich dachte.
foolish *adj* ['fu:lɪʃ]	unklug, dumm, töricht
funny *adj* ['fʌnɪ]	lustig, komisch; seltsam
►	
friendly *adj* ['frendlɪ]	freundlich
charming *adj* ['tʃɑ:mɪŋ]	entzückend, liebenswürdig
They were charming hosts and made our stay very enjoyable.	Sie waren liebenswürdige Gastgeber und haben uns den Aufenthalt sehr angenehm gemacht.

generous *adj* ['dʒenərəs] Even though he hasn't got a lot of money, he's very generous.	großzügig Obwohl er nicht viel Geld hat, ist er sehr großzügig.
good *adj* [gʊd]	gut
gentle *adj* ['dʒentl]	sanft, zart
kind *adj* [kaɪnd] It was very kind of you to send us a card.	liebenswürdig Es war sehr liebenswürdig von Ihnen, uns eine Karte zu schicken.
kindness *n* ['kaɪndnɪs]	Liebenswürdigkeit
nice *adj* [naɪs]	nett
pleasant *adj* ['pleznt] Harold has such a pleasant personality.	angenehm Harold hat eine so angenehme Art.
helpful *adj* ['helpfʊl]	hilfreich
honest *adj* ['ɒnɪst] He's a very honest person; he never tells lies.	ehrlich Er ist ein sehr ehrlicher Mensch, er lügt nie.
fair *adj* [feə]	fair, gerecht
►	
lazy *adj* ['leɪzɪ]	faul
patient *adj* ['peɪʃnt]	geduldig
quiet *adj* ['kwaɪət]	ruhig
loud *adj* [laʊd]	laut
serious *adj* ['sɪərɪəs]	ernst
nervous *adj* ['nɜːvəs]	nervös
►	
proud *adj* [praʊd] He's **proud of** his good looks.	stolz Er ist stolz auf sein gutes Aussehen.
cruel *adj* [krʊəl]	grausam
rough *adj* [rʌf]	roh, grob
spoilt *adj* [spɔɪlt]	verwöhnt
rude *adj* [ruːd]	unhöflich, rüde
strange *adj* [streɪndʒ]	seltsam, eigenartig
secret *n* ['siːkrɪt] She can't **keep a secret**.	Geheimnis Sie kann nichts für sich behalten.

purpose *n* ['pɜ:pəs] I know he hit his sister **on purpose** because he was very angry with her.	Absicht Ich weiß, daß er seine Schwester absichtlich geschlagen hat, weil er ihr sehr böse war.
accident *n* ['æksɪdənt] I know he hit his sister **by accident** because I saw it happen.	Versehen Ich weiß, daß er seine Schwester aus Versehen geschlagen hat, weil ich gesehen habe, wie es passierte.
chance *n* [tʃɑ:ns] **by chance**	Zufall zufällig
trait *n* [treɪ]	Charakterzug, Eigenschaft
►	
ambition *n* [æm'bɪʃn] It's his ambition to become a priest.	Ambition; Ehrgeiz Es ist sein ganzes Bestreben, Priester zu werden.
failure *n* ['feɪljə]	Versagen
coward *n* ['kaʊəd]	Feigling
liar *n* ['laɪə]	Lügner(in)
superior (to) *adj* [su:'pɪərɪə (tʊ)]	überlegen
inferior (to) *adj* [ɪn'fɪərɪə (tʊ)]	unterlegen
►	
manners *n* ['mænəz] **good/bad manners**	Benehmen; Manieren gute/schlechte Manieren
be accustomed to *v* [bi:‿ə'kʌstəmd ˌtʊ]	gewöhnt sein (an)
patience *n* ['peɪʃns] It takes a lot of patience to raise children.	Geduld Es erfordert viel Geduld, Kinder zu erziehen.
responsibility *n* [rɪˌspɒnsə'bɪlətɪ] **take responsibility**	Verantwortung die Verantwortung übernehmen
►	
snob *n* [snɒb]	Snob
vice *n* [vaɪs] Smoking is just one of his vices.	Laster Rauchen ist nur eines seiner Laster.
spirit *n* ['spɪrɪt] He always shows a great deal of spirit, no matter what he does.	Temperament Er ist immer mit sehr viel Temperament dabei, egal was er tut.

decent *adj* ['di:snt]	anständig
hard-working *adj* [ˌhɑ:d'wɜ:kɪŋ]	schwer arbeitend
loyal *adj* ['lɔɪəl] She's very loyal to her friends.	treu, loyal Sie verhält sich ihren Freunden gegenüber sehr loyal.
loyalty *n* ['lɔɪəltɪ]	Treue, Loyalität
moderate *adj* ['mɒdrət] Steve's a man of fairly moderate views, so he's easy to get along with.	moderat, gemäßigt Steve ist ein Mensch mit gemäßigten Ansichten; daher ist es leicht, mit ihm auszukommen.
modest *adj* ['mɒdɪst]	bescheiden
reliable *adj* [rɪ'laɪəbl]	zuverlässig
reserved *adj* [rɪ'zɜ:vd] Stella's very reserved, and it's difficult to know what's on her mind.	reserviert, zurückhaltend Stella ist sehr zurückhaltend, und es ist schwer einzuschätzen, was sie gerade denkt.
sociable *adj* ['səʊʃəbl]	gesellig
sincere *adj* [sɪn'sɪə]	aufrichtig, ehrlich
frank *adj* [fræŋk] He's always very frank in expressing his opinions.	offen Er sagt seine Meinung immer ganz offen.
tactful *adj* ['tæktfʊl] Mike must think of a tactful way to tell his girlfriend the truth.	taktvoll Mike muß überlegen, wie er seiner Freundin die Wahrheit schonend beibringen kann.
emancipated *adj* [ɪ'mænsɪpeɪtɪd]	emanzipiert
tolerant *adj* ['tɒlərənt]	tolerant
cheerful *adj* ['tʃɪəfʊl]	fröhlich
►	
wicked *adj* ['wɪkɪd]	böse
mean *adj* [mi:n]	geizig; gemein
sarcastic *adj* [sɑ:'kæstɪk]	sarkastisch
arrogant *adj* ['ærəgənt]	arrogant, überheblich
childish *adj* ['tʃaɪldɪʃ]	kindisch
clumsy *adj* ['klʌmzɪ] Susan's such a clumsy child; she's always dropping things.	ungeschickt Susan ist ein solcher Tollpatsch! Sie läßt dauernd Sachen fallen.

sensitive *adj* ['sensɪtɪv] Harriet's a sensitive child whose feelings are hurt easily.	empfindlich, sensibel Harriet ist ein sensibles Kind, dessen Gefühle leicht zu verletzen sind.
shy *adj* [ʃaɪ] Daniel's a shy child who doesn't like strangers.	scheu, schüchtern Daniel ist ein schüchternes Kind, das keine Fremden mag.
timid *adj* ['tɪmɪd]	ängstlich, scheu, schüchtern
►	
strict *adj* [strɪkt]	streng
stubborn *adj* ['stʌbən]	stur
suspicious *adj* [sə'spɪʃəs]	mißtrauisch
violent *adj* ['vaɪələnt]	gewalttätig

Fähigkeiten, Aktivitäten

ability *n* [ə'bɪlətɪ]	Fähigkeit
able *adj* ['eɪbl] **He's not able to** solve simple mathematical problems.	fähig, kompetent Er ist nicht in der Lage, einfache Rechenaufgaben zu lösen.
►	
act *v* [ækt] She acts quite friendly, but I don't think she likes me.	sich verhalten, sich geben Sie gibt sich ganz freundlich, aber ich glaube, sie mag mich nicht.
deal, dealt, dealt *v* [di:l, delt] Katherine is finally learning to **deal with** her problems.	behandeln, umgehen Katherine lernt nun endlich, mit ihren Problemen umzugehen.
handle *v* ['hændl] She **handles herself** quite well in certain situations.	umgehen mit Sie hat sich in bestimmten Situationen ganz gut im Griff.
active *adj* ['æktɪv]	aktiv, tätig
effort *n* ['efət]	Anstrengung, Versuch
attempt *n; v* [ə'tempt]	Versuch; versuchen, probieren
►	
continue *v* [kən'tɪnju:] Many of the pupils continued talking even after the teacher had asked them to be quiet.	fortsetzen Viele Schüler redeten einfach weiter, selbst nachdem die Lehrerin sie gebeten hatte, ruhig zu sein.
carry on *v* [ˌkæri:‿'ɒn]	weitermachen

finish *v* ['fɪnɪʃ] None of the pupils in the class were able to finish the test.	fertigmachen, beenden Keinem der Schüler gelang es, den Test zu Ende zu schreiben.
►	
persuade *v* [pə'sweɪd] Although he didn't really enjoy parties, his girlfriend persuaded him to go.	überzeugen, überreden Obwohl er sich eigentlich nichts aus Partys machte, überredete ihn seine Freundin hinzugehen.
plan *v* [plæn]	planen
recommend *v* [ˌrekə'mend] My teacher has recommended a number of books to improve my English.	empfehlen Mein Lehrer hat mir einige Bücher empfohlen, um mein Englisch zu verbessern.
threaten *v* ['θretn] His father **threatened to** send him to his room.	drohen, bedrohen Sein Vater drohte damit, ihn auf sein Zimmer zu schicken.
force *v* [fɔːs]	zwingen
►	
dream *n* [driːm]	Traum
dream, dreamt/dreamed, dreamt/dreamed *v* [driːm, dremt/driːmd]	träumen
appear *v* [ə'pɪə]	erscheinen
achieve *v* [ə'tʃiːv] **achieve a goal**	erreichen ein Ziel erreichen
create *v* [kriː'eɪt]	schaffen, kreieren
acquire *v* [ə'kwaɪə] Although he's been living in the US for 20 years, he's never acquired an American accent.	annehmen, bekommen Obwohl er seit 20 Jahren in den USA lebt, hat er nie einen amerikanischen Akzent angenommen.
►	
assistance *n* [ə'sɪstəns]	Hilfe, Hilfestellung
preparation *n* [ˌprepə'reɪʃn]	Vorbereitung
►	
capable *adj* ['keɪpəbl] **be capable of doing sth**	fähig in der Lage sein, etwas zu tun
try *n* [traɪ] It's certainly **worth a try**. **have a try**	Versuch Es ist bestimmt ein Versuch wert. es versuchen
disappoint *v* [ˌdɪsə'pɔɪnt]	enttäuschen

amuse *v* [ə'mju:z]	amüsieren; etwas lustig finden
She wasn't **amused by** his sense of humour.	Sie fand seinen Sinn für Humor nicht lustig.
annoy *v* [ə'nɔɪ]	irritieren; ärgern
By the time he finally arrived, she was very annoyed.	Als er endlich ankam, war sie sehr verärgert.
frighten *v* ['fraɪtn]	erschrecken, verängstigen
Being alone in the dark frightens most small children.	Im Dunkeln allein zu sein, ängstigt die meisten Kleinkinder.
ignore *v* [ɪg'nɔ:]	ignorieren
►	
approve *v* [ə'pru:v]	gutheißen
Larry's wife **approved of** his taste in clothes.	Larrys Frau gefiel seine Art, sich zu kleiden.
encourage *v* [ɪn'kʌrɪdʒ]	ermutigen
urge *v* [ɜ:dʒ]	zureden; drängen
The rest of the team urged him to finish playing the game.	Die übrige Mannschaft drängte ihn, das Spiel zu Ende zu spielen.
comfort *v* ['kʌmfət]	trösten
►	
reaction *n* [rɪ'ækʃn]	Reaktion
a positive/negative reaction	eine positive/negative Reaktion
hesitate *v* ['hezɪteɪt]	zögern
deny *v* [dɪ'naɪ]	leugnen, abstreiten
confess *v* [kən'fes]	gestehen
guess *n* [ges]	Vermutung
Your guess is as good as mine.	Da kann ich auch nur raten.
have a guess	raten
►	
object *v* [əb'dʒekt]	protestieren; Einwände erheben
The lawyer **objected to** the way his client was being questioned.	Der Rechtsanwalt protestierte gegen die Art und Weise, wie man seinen Mandanten verhörte.
objection *n* [əb'dʒekʃn]	Protest, Einwand
paraphrase *v* ['pærəfreɪz]	umschreiben
reveal *v* [rɪ'vi:l]	enthüllen, preisgeben

maintain *v* [meɪn'teɪn]	erhalten, wahren; behaupten
maintain law and order	Recht und Ordnung aufrecht-erhalten
propose *v* [prə'pəʊz]	vorschlagen
They proposed several changes to the club's constitution.	Sie schlugen einige Änderungen an der Vereinssatzung vor.
reject *v* [rɪ'dʒekt]	ablehnen, verwerfen
The board of directors rejected the idea immediately.	Der Aufsichtsrat lehnte den Plan sofort ab.
►	
imitate *v* ['ɪmɪteɪt]	imitieren, nachahmen
imitation *n* [ˌɪmɪ'teɪʃn]	Nachahmung, Imitation
involve *v* [ɪn'vɒlv]	beteiligen, verwickeln
I didn't want to **get involved in** their argument.	Ich wollte mich nicht in ihren Streit einmischen.
link *v* [lɪŋk]	verbinden
participate *v* [pɑː'tɪsɪpeɪt]	sich beteiligen, teilnehmen
The whole class **participated in** the discussion.	Die ganze Klasse beteiligte sich an der Diskussion.
►	
pretend *v* [prɪ'tend]	so tun, als ob; vortäuschen
He only pretended that he didn't mind the extra work, but he did really.	Er tat nur so, als ob ihm die zusätzliche Arbeit nichts ausmache, aber das stimmte nicht.
regulate *v* ['regjʊleɪt]	regulieren
regulation *n* [ˌregjʊ'leɪʃn]	Regel, Vorschrift
according to regulations	laut Vorschrift
rely on *v* [rɪ'laɪ‿ɒn]	sich verlassen auf
reward *v* [rɪ'wɔːd]	belohnen
He was rewarded for his services to the company with a generous bonus.	Für seine Verdienste um die Firma wurde er mit einer großzügigen Prämie belohnt.
►	
predict *v* [prɪ'dɪkt]	vorhersagen, voraussagen
select *v* [sɪ'lekt]	auswählen

Essen und Trinken

food *n* [fu:d]	Lebensmittel; Essen
The food's excellent at the new restaurant.	Das Essen in dem neuen Restaurant ist ausgezeichnet.
frozen foods	tiefgefrorene Lebensmittel
tinned foods	Konserven
health food	Vollwertkost
hungry *adj* ['hʌŋgrɪ]	hungrig
I'm very hungry.	Ich habe großen Hunger!
provide *v* [prə'vaɪd]	zur Verfügung stellen, liefern
Food and drink will be provided.	Für Essen und Trinken wird gesorgt.
supply *n* [sə'plaɪ]	Vorrat; Versorgung
Our supplies of rice and potatoes are all used up.	Unsere Reis- und Kartoffelvorräte sind ganz aufgebraucht.
Water is **in short supply**.	Wasser ist knapp.
supply *v* [sə'plaɪ]	liefern
►	
tin *n* [tɪn]	Konservendose
a tin of soup	eine Dose Suppe
can *n* [kæn]	Getränkedose
a can of beer	eine Dose Bier
tinned *adj* [tɪnd]	konserviert, Dosen-
tinned fruit	Dosenobst
fresh *adj* [freʃ]	frisch
off *adv* [ɒf]	verdorben, hinüber
The milk's off.	Die Milch ist hinüber!
►	
fruit, *pl* fruit; fruits *n* [fru:t, fru:ts]	Obst; Früchte
Would you like some more fruit?	Möchtest du noch etwas Obst?
Apples, cherries and bananas are my favourite fruits.	Äpfel, Kirschen und Bananen sind meine Lieblingsfrüchte.
vegetable(s) *n* ['vedʒtəbl(z)]	Gemüse
bean *n* [bi:n]	Bohne
baked beans	weiße Bohnen in Tomatensoße
pea *n* [pi:]	Erbse
dried/frozen peas	getrocknete/tiefgefrorene Erbsen
rice *n* [raɪs]	Reis
brown rice	(unpolierter) Naturreis

salad *n* ['sæləd]	Salat
chicken salad	Salatplatte mit Huhn
fruit salad	Obstsalat
►	
flour *n* ['flaʊə]	Mehl
bread *n* [bred]	Brot
brown/white bread	Misch-/Weißbrot
loaf, *pl* loaves *n* [ləʊf, ləʊvz]	Laib
a loaf of bread	ein Laib Brot
toast *n* [təʊst]	Toast(brot)
Have another **piece of toast**.	Iß doch noch einen Toast!
roll *n* [rəʊl]	Brötchen
ham/cheese roll	Schinken-/Käsebrötchen
sausage roll	Blätterteig mit Brätfüllung
sandwich *n* ['sænwɪdʒ]	belegtes Brot, Sandwich
chicken sandwich	Sandwich mit Huhn
pie *n* [paɪ]	Obstkuchen; Pastete
fruit/apple pie	Obst-/Apfelkuchen
meat pie	Fleischpastete
cake *n* [keɪk]	Kuchen
birthday cake	Geburtstagskuchen
biscuit *n* ['bɪskɪt]	Keks, Plätzchen
►	
sugar *n* ['ʃʊgə]	Zucker
honey *n* ['hʌnɪ]	Honig
jam *n* [dʒæm]	Konfitüre, Marmelade
cherry jam	Kirschenmarmelade
marmalade *n* ['mɑːməleɪd]	Marmelade aus Zitrusfrüchten
orange/lemon marmalade	Orangen-/Zitronenmarmelade
sweet *n* [swiːt]	Bonbon, Süßigkeit
a bag of sweets	eine Tüte Bonbons
chocolate *n* ['tʃɒklət]	Schokolade
a chocolate	eine Praline
a bar of chocolate	eine Tafel Schokolade
hot chocolate/drinking chocolate	heiße Schokolade, Kakao
ice-cream *n* [ˌaɪs'kriːm]	Speiseeis, Eiskrem
There's some ice-cream left.	Es ist noch etwas Eiskrem da.
Three ice-creams, please.	Drei Portionen Eis, bitte!

cream *n* [kri:m]	Sahne, Rahm
butter *n* ['bʌtə]	Butter
margarine *n* [ˌmɑ:dʒə'ri:n]	Margarine
cheese *n* [tʃi:z]	Käse
cheeses	Käsesorten
►	
meat *n* [mi:t]	Fleisch
cold/cooked meats	Aufschnitt
sauce *n* [sɔ:s]	Soße
tomato sauce	Tomatensoße; Ketchup
gravy *n* ['greɪvɪ]	Bratensoße
lean *adj* [li:n]	mager, fettarm
beef *n* [bi:f]	Rindfleisch
steak *n* [steɪk]	Steak
rare *adj* [reə]	blutig, „englisch“
medium *adj* ['mi:djəm]	halb durchgebraten
well-done *adj* [ˌwel'dʌn]	durchgebraten
Do you want your steak rare, medium or well-done?	Möchten Sie Ihr Steak „englisch“, halb oder ganz durchgebraten?
veal *n* [vi:l]	Kalbfleisch
pork *n* [pɔ:k]	Schweinefleisch
bacon *n* ['beɪkən]	durchwachsener Speck
bacon and eggs	Eier mit Speck
ham *n* [hæm]	Schinken
cooked ham	gekochter Schinken
sausage *n* ['sɒsɪdʒ]	Wurst
pork/beef sausages	Schweins-/Rindsbratwürste
lamb *n* [læm]	Lammfleisch
leg of lamb	Lammkeule
chop *n* [tʃɒp]	Kotelett
pork/lamb chop	Schweine-/Lammkotelett
►	
chicken *n* ['tʃɪkɪn]	Huhn, Hähnchen
chicken soup	Hühnersuppe
egg *n* [eg]	Ei
Half a dozen eggs, please.	Sechs Eier, bitte!
fried egg	Spiegelei
soft-boiled/hard-boiled egg	weichgekochtes/hartgekochtes Ei

fish, *pl* fish *n* [fɪʃ]	Fisch
chips *n* [tʃɪps]	Pommes frites
fish and chips	gebackener Fisch mit Pommes frites
crisps *n* [krɪsps]	Kartoffelchips
►	
salt *n* [sɔ:lt]	Salz
pepper *n* ['pepə]	Pfeffer
►	
drink *n* [drɪŋk]	Getränk
The drinks are on me.	Die Getränke gehen auf meine Rechnung.
have a drink	etwas trinken
soft drinks	alkoholfreie Getränke
drink, drank, drunk *v* [drɪŋk, dræŋk, drʌŋk]	trinken
thirsty *adj* ['θɜ:stɪ]	durstig
water *n* ['wɔ:tə]	Wasser
mineral water	Mineralwasser
juice *n* [dʒu:s]	Saft
orange juice	Orangensaft
milk *n* [mɪlk]	Milch
a pint of milk	0,57 l Milch
►	
make, made, made *v* [meɪk, meɪd]	kochen, zubereiten
I'll make you a sandwich.	Ich mache dir ein belegtes Brot.
Could you make lunch today?	Könntest du heute das Mittagessen kochen?
prepare *v* [prɪ'peə]	zubereiten, kochen
prepare dinner	das Abendessen zubereiten
spoil, spoilt, spoilt *v* [spɔɪl, spɔɪlt]	verderben, ruinieren
You'll spoil the steaks if you fry them for longer than 3 minutes.	Du verdirbst die Steaks, wenn du sie länger als 3 Minuten brätst.
cook *n* [kʊk]	Koch/Köchin
Bob's a very good cook, isn't he?	Bob kocht sehr gut, nicht wahr?
cook *v* [kʊk]	kochen
Who's going to cook dinner tonight?	Wer kocht heute das Abendessen?
boil *v* [bɔɪl]	kochen
I'll boil you an egg for breakfast.	Ich koche dir ein Ei zum Frühstück.
fry *v* [fraɪ]	(in der Pfanne) braten
grill *v* [grɪl]	grillen

roast *adj* [rəʊst]	gebraten, Brat-
roast potatoes	Röstkartoffeln
roast chicken	Brathuhn/-hähnchen
roast beef/pork/lamb	Rinder-/Schweine-/Lammbraten
bake *v* [beɪk]	backen
We bake our own bread.	Wir backen unser Brot selbst.
toast *v* [təʊst]	rösten, toasten
Can you toast a few more slices of bread, please?	Kannst du bitte noch ein paar Scheiben Brot toasten?
spread, spread, spread *v* [spred]	aufstreichen, bestreichen
Margarine usually spreads more easily than butter.	Margarine läßt sich normalerweise leichter streichen als Butter.
mix *v* [mɪks]	mischen, verrühren
Put flour and butter into a bowl and mix well.	Geben Sie Mehl und Butter in eine Schüssel und verrühren Sie gut.
Shall I mix you a drink?	Soll ich dir was zu trinken mixen?
beat, beat, beaten *v* [bi:t, 'bi:tn]	schlagen
Beat two eggs, then add sugar …	Schlagen Sie zwei Eier schaumig, geben Sie dann Zucker dazu …
keep, kept, kept *v* [ki:p, kept]	aufbewahren
We keep our bread in the fridge in summer.	Im Sommer bewahren wir unser Brot im Kühlschrank auf.
ready *adj* ['redɪ]	fertig
Breakfast's ready!	Das Frühstück ist fertig!
►	
eat, ate, eaten *v* [i:t, et, 'i:tn]	essen
We're **eating out** tonight.	Wir gehen heute abend essen.
have, had, had *v* [hæv, hæd]	essen, trinken
Have another piece of cake.	Iß noch ein Stück Kuchen!
Have a cup of tea with us.	Trink eine Tasse Tee mit uns!
try *v* [traɪ]	versuchen, probieren
Have you ever tried health food?	Haben Sie schon mal Vollwertkost versucht?
pass *v* [pɑ:s]	hin-/herreichen
Pass the salt, please.	Kann ich bitte mal das Salz haben?
►	
delicious *adj* [dɪ'lɪʃəs]	delikat, lecker
That apple-pie of yours was delicious, Judy.	Dein Apfelkuchen war wirklich lecker, Judy!
plain *adj* [pleɪn]	einfach, bescheiden
plain cooking	einfache, bürgerliche Küche

mild *adj* [maɪld]	mild, nicht würzig
mild cheese	milder Käse
hot *adj* [hɒt]	heiß; scharf gewürzt
Mind the soup! It's very hot.	Vorsicht, die Suppe ist sehr heiß!
Do you enjoy hot Indian dishes, too?	Ißt du auch gern scharfgewürzte indische Gerichte?
sour *adj* ['saʊə]	sauer
The milk's **gone sour**.	Die Milch ist sauer geworden.
sour cream	saure Sahne
sweet *adj* [swi:t]	süß
dry *adj* [draɪ]	trocken
dry wine	trockener Wein
bitter *adj* ['bɪtə]	bitter
This tea tastes bitter.	Dieser Tee schmeckt bitter.
►	
thin *adj* [θɪn]	dünn
Can I have a thin slice of cheese, please?	Kann ich bitte eine dünne Scheibe Käse haben?
thick *adj* [θɪk]	dick
thick sauce	dicke Soße
slice *n* [slaɪs]	Scheibe
a slice of bread/cheese/meat	eine Scheibe Brot/Käse/Fleisch
►	
barrel *n* ['bærəl]	Faß
a barrel of wine/beer	ein Faß Wein/Bier
bottle *n* ['bɒtl]	Flasche
a bottle of milk/wine	eine Flasche Milch/Wein
pint *n* [paɪnt]	0,57 Liter
A pint of bitter, please.	Ein großes Bier, bitte!
half a pint of milk	(ca.) ein Viertelliter Milch
►	
glass *n* [glɑ:s]	Glas
a glass of wine	ein Glas Wein
cup *n* [kʌp]	Tasse
a cup of tea/coffee	eine Tasse Tee/Kaffee
coffee cup/teacup	Kaffee-/Teetasse
jar *n* [dʒɑ:]	Gefäß, Glas
a jar of cherry jam	ein Glas Kirschenmarmelade
pot *n* [pɒt]	Topf; Kanne
a pot of tea	eine Kanne Tee
teapot	Teekanne

bowl *n* [bəʊl]	Schüssel, Schale
salad bowl	Salatteller/-schüssel
sugar bowl	Zuckerdose
plate *n* [pleɪt]	Teller
►	
knife, *pl* knives *n* [naɪf, naɪvz]	Messer
fork *n* [fɔ:k]	Gabel
spoon *n* [spu:n]	Löffel
►	
meal *n* [mi:l]	Mahlzeit
main meal	Hauptmahlzeit
set meal	Menü
dish *n* [dɪʃ]	Gericht
I love Chinese dishes.	Ich liebe chinesische Gerichte.
breakfast *n* ['brekfəst]	Frühstück
We'd like toast and marmalade for breakfast.	Wir hätten gerne Toast und Orangenmarmelade zum Frühstück.
lunch *n* [lʌntʃ]	Mittagessen
picnic *n* ['pɪknɪk]	Picknick
have a picnic	picknicken
snack *n* [snæk]	Imbiß, kleine Mahlzeit
hot and cold snacks	warme und kalte Kleinigkeiten
snack bar	Imbißstube
supper *n* ['sʌpə]	Abendbrot, einfaches Abendessen
dinner *n* ['dɪnə]	warmes Abendessen
What's **for dinner** tonight?	Was gibt's heute zum Abendessen?
host, hostess *n* [həʊst, 'həʊstɪs]	Gastgeber, Gastgeberin
►	
menu *n* ['menju:]	Speise- und Getränkekarte
today's menu	Tageskarte
choice *n* [tʃɔɪs]	Auswahl, Angebot
They offer a wide choice of wines at the new French restaurant.	In dem neuen französischen Restaurant wird eine große Auswahl an Weinen angeboten.
choose, chose, chosen *v* [tʃu:z, tʃəʊz, 'tʃəʊzn]	(aus)wählen
There's **a lot to choose from** on this menu.	Diese Speisekarte bietet eine sehr große Auswahl.
instead of *prep* [ɪn'sted‿əv]	anstelle von, statt
I'll have rice instead of chips.	Ich nehme Reis statt Pommes frites.

soup *n* [su:p]	Suppe
cream of tomato soup	Tomatenkremsuppe
main *adj* [meɪn]	Haupt-
main course	Hauptgang/-gericht
sweet *n* [swi:t]	süße Nachspeise
What about a sweet: chocolate ice-cream ...?	Wie wär's mit etwas Süßem: Schokoladeneis ...?
dessert *n* [dɪ'zɜ:t]	Nachspeise
I'd like ice-cream for dessert.	Ich hätte gern Eis als Nachspeise.

groceries *n* ['grəʊsərɪz]	Lebensmittel
grapefruit *n* ['greɪpfru:t]	Grapefruit, Pampelmuse
spinach *n* ['spɪnɪdʒ]	Spinat
►	
pack *n* [pæk]	Päckchen, Schachtel, Packung
six-pack	Sechserpackung *(Bier, Cola, usw.)*
preserve *v* [prɪ'zɜ:v]	konservieren, einmachen
preserving jar	Einmachglas
process *v* ['prəʊses]	verarbeiten, bearbeiten
Milk has to be processed before it can be bottled.	Milch muß sterilisiert werden, bevor man sie abfüllen kann.
processed *adj* ['prəʊsest]	verarbeitet, bearbeitet
processed cheese	Schmelzkäse
raw *adj* [rɔ:]	roh, ungekocht, Roh-
raw meat	rohes Fleisch
rotten *adj* ['rɒtn]	faul, verdorben
rotten eggs	faule Eier
►	
paste *n* [peɪst]	Teig; Paste; Brotaufstrich
She mixed flour, milk, fat and water to a firm paste.	Sie knetete Mehl, Milch, Fett und Wasser zu einem festen Teig.
tomato paste	Tomatenmark
fish paste	Fischpaste *(Brotaufstrich)*
pastry *n* ['peɪstrɪ]	gebackener Teig; Gebäck
pudding *n* ['pʊdɪŋ]	Dessert, Nachspeise; Pudding
rice pudding	Reisbrei
porridge *n* ['pɒrɪdʒ]	Haferbrei
jelly *n* ['dʒelɪ]	Gelee; Grütze, Wackelpeter

liver *n* ['lɪvə]	Leber
kidney *n* ['kɪdnɪ]	Niere
steak and kidney pie	Pastete mit Fleisch und Nieren
kidney bean	Gartenbohne
►	
spice *n* [spaɪs]	Gewürz
curry *n* ['kʌrɪ]	Currygewürz/-gericht
chicken curry	Currygericht mit Huhn
mustard *n* ['mʌstəd]	Senf
oil *n* [ɔɪl]	Öl
salad oil	Salatöl
vinegar *n* ['vɪnɪgə]	Essig
►	
refreshment *n* [rɪ'freʃmənt]	Erfrischung
Light refreshments will be offered during the flight.	Während des Fluges gibt es Getränke und einen leichten Imbiß.
squash *n* [skwɒʃ]	Fruchtsaftgetränk
orange squash	Orangensaftgetränk
sip *n* [sɪp]	Schlückchen
have/take a sip	nippen
sip *v* [sɪp]	nippen, schlürfen
She only sipped at her whisky.	Sie nippte nur an ihrem Whisky.
straw *n* [strɔ:]	Strohhalm, Trinkhalm
►	
recipe *n* ['resɪpɪ]	Rezept
stir *v* [stɜ:]	umrühren
Stir well.	Gut umrühren!
whip *v* [wɪp]	schlagen
whipped cream	Schlagsahne
squeeze *v* [skwi:z]	ausdrücken, auspressen
►	
flavour *n* ['fleɪvə]	Geschmack(srichtung)
I'll buy you an ice-cream; what flavour do you want?	Ich kaufe dir ein Eis – was für eins möchtest du?
tasty *adj* ['teɪstɪ]	schmackhaft, wohlschmeckend
tender *adj* ['tendə]	zart
a tender steak	ein zartes Steak
tough *adj* [tʌf]	zäh

appetite *n* ['æpɪtaɪt]	Appetit
He's got a good appetite.	Er hat einen gesunden Appetit.
►	
saucepan *n* ['sɔːspən]	Kochtopf
pan *n* [pæn]	Pfanne
pots and pans	Töpfe und Pfannen
frying-pan	Bratpfanne
kettle *n* ['ketl]	Wasserkessel
Can you **put the kettle on**?	Setzt du das Wasser auf?
The kettle's boiling.	Das Wasser kocht.
lid *n* [lɪd]	Deckel
saucer *n* ['sɔːsə]	Untertasse
cup and saucer	Tasse und Untertasse
tray *n* [treɪ]	Tablett
baking tray	Backblech
►	
lunchtime *n* ['lʌntʃtaɪm]	Mittagspause/-zeit
Shall we meet at the pub **at lunchtime**?	Treffen wir uns in der Mittagspause in der Kneipe?
portion *n* ['pɔːʃn]	Portion
In this restaurant they serve generous portions.	In diesem Restaurant bekommt man große Portionen.
pour *v* [pɔː]	eingießen
May I pour you another drink?	Darf ich dir noch was einschenken?
remains *n* [rɪ'meɪnz]	Reste
The waiter cleared away the remains of the meal.	Der Ober räumte ab, was vom Essen übriggeblieben war.

Genußmittel, Drogen

drink *n* [drɪŋk]	(alkoholisches) Getränk
Drink and drugs are a big problem at many schools.	Alkohol und Drogen sind in vielen Schulen ein großes Problem.
drink, drank, drunk *v* [drɪŋk, dræŋk, drʌŋk]	(Alkohol) trinken
He doesn't smoke or drink.	Er raucht und trinkt nicht.
alcohol *n* ['ælkəhɒl]	Alkohol, Alkoholisches
How can you drink so much alcohol?	Wie kannst du nur soviel Alkohol vertragen?

whisky, whiskey *n* ['wɪskɪ]	Whisky
A double whisky, please.	Bitte einen doppelten Whisky!
Scotch whisky/Irish whiskey	schottischer/irischer Whisky
beer *n* [bɪə]	Bier
They had several beers.	Sie tranken einige Biere.
bitter *n* ['bɪtə]	Bitter *(halbdunkle Biersorte)*
A pint of bitter, please.	Ein großes „Bitter", bitte!
mild *n* [maɪld]	Mild *(dunkle Biersorte)*
A half of mild, please.	Ein kleines „Mild", bitte.
wine *n* [waɪn]	Wein
white/red wine	Weißwein/Rotwein
dry/medium/sweet wine	trockener/halbtrockener/lieblicher Wein
drunk *adj* [drʌŋk]	betrunken
He **got drunk**.	Er betrank sich.
give up *v* ['gɪv‿'ʌp]	aufgeben, aufhören
He finally managed to give up alcohol.	Endlich hat er es geschafft, das Trinken aufzugeben.
►	
coffee *n* ['kɒfɪ]	Kaffee
Three coffees, please.	Drei Kaffee, bitte!
tea *n* [ti:]	Tee
Do you take milk in your tea?	Nehmen Sie Milch zum Tee?
tea bags	Teebeutel
►	
tobacco *n* [tə'bækəʊ]	Tabak
a tin of tobacco	eine Dose Tabak
mild *adj* [maɪld]	mild, leicht
a mild cigar/cigarette	eine leichte Zigarre/Zigarette
cigar *n* [sɪ'gɑ:]	Zigarre
cigarette *n* [ˌsɪgə'ret]	Zigarette
packet *n* ['pækɪt]	Packung, Schachtel
a packet of cigarettes	eine Schachtel Zigaretten
pipe *n* [paɪp]	Pfeife
light, lit/lighted, lit/lighted *v* [laɪt, lɪt/'laɪtɪd]	anzünden
match *n* [mætʃ]	Streichholz
a box of matches	eine Schachtel Streichhölzer

ashtray *n* ['æʃtreɪ]	Aschenbecher
smoke *n* [sməʊk]	Rauch
I need a smoke. *inform*	Ich muß eine rauchen!
smoke *v* [sməʊk]	rauchen
►	
drug *n* [drʌg]	Rauschgift, Droge
Phil takes drugs./Phil's on drugs.	Phil nimmt Drogen.
hard drugs/soft drugs	harte Drogen *(wie Heroin)*/weiche Drogen *(wie Haschisch)*

alcoholic *n* [ˌælkə'hɒlɪk]	Alkoholiker(in)
alcoholism *n* ['ælkəhɒlɪzəm]	Alkoholismus, Alkoholkrankheit
►	
ale *n* [eɪl]	englische Biersorte
light/brown ale	helles/dunkles Flaschenbier
real ale	traditionell gebrautes Bier vom Faß
draught *adj* [drɑ:ft]	vom Faß, Faß-
draught beer	Bier vom Faß, Faßbier
cocktail *n* ['kɒkteɪl]	Cocktail
I'll mix us a cocktail, shall I?	Ich mache uns einen Cocktail, ja?
►	
smoker *n* ['sməʊkə]	Raucher(in)
He's a **heavy smoker**.	Er ist ein starker Raucher.
plain *adj* [pleɪn]	filterlos, ohne Filter
plain cigarettes	Zigaretten ohne Filter
filter *adj; n* ['fɪltə]	Filter-; Filter
filter cigarettes	Filterzigaretten
lighter *n* ['laɪtə]	Feuerzeug
►	
addict *n* ['ædɪkt]	Süchtige(r)
drug addict	Drogenabhängige(r)
marijuana, marihuana *n* [ˌmærɪ'hwɑ:nə]	Marihuana
hashish *n* ['hæʃi:ʃ]	Haschisch
heroin *n* ['herəʊɪn]	Heroin
cocaine *n* [kəʊ'keɪn]	Kokain
dealer *n* ['di:lə]	Rauschgifthändler(in), Dealer(in)
pusher *n inform* ['pʊʃə]	Pusher(in), Drogenhändler(in)
high *adj inform* [haɪ]	high, berauscht

Kleidung, Schmuck

quality *n* ['kwɒlətɪ]	Qualität
of high/poor quality	von hoher/schlechter Qualität
cloth *n* [klɒθ]	Stoff, Tuch
Various kinds of cloth are produced in this factory.	In dieser Fabrik werden ganz verschiedene Stoffe hergestellt.
cotton *adj* ['kɒtn]	baumwollen, Baumwoll-
cotton shirt/dress	Baumwollhemd/-kleid
wool *n* [wʊl]	Wolle
pure new wool	reine Schurwolle
woollen *adj* ['wʊlən]	wollen, Woll-
woollen blanket/sweater	Wolldecke/-pullover
►	
put on, put, put *v* [ˌpʊt‿'ɒn]	anziehen
Shall I put on my best suit tonight?	Soll ich heute abend meinen besten Anzug anziehen?
dress *v* [dres]	sich anziehen/kleiden
Sandra dresses well.	Sandra zieht sich gut an.
She loves to dress in white.	Sie kleidet sich sehr gern in Weiß.
Hurry up and **get dressed**!	Beeil dich mit dem Anziehen!
undress *v* [ˌʌn'dres]	sich ausziehen
►	
fashion *n* ['fæʃn]	Mode
These jeans are **the latest fashion**.	Diese Jeans sind der letzte Schrei.
in fashion/out of fashion	in Mode/aus der Mode
fashionable *adj* ['fæʃnəbl]	modisch
model *n* ['mɒdl]	Mannequin
She works as a **fashion model**.	Sie arbeitet als Mannequin.
Frank's a **male model**.	Frank ist Dressman.
►	
try on *v* [ˌtraɪ‿'ɒn]	anprobieren
Why don't you try on that yellow suit?	Warum probierst du den gelben Anzug da nicht an?
size *n* [saɪz]	Größe
This shirt is three sizes too large for me.	Dieses Hemd ist mir drei Nummern zu groß.
a small/large size	eine kleine/große Größe
standard *adj* ['stændəd]	Konfektions-, Standard-
standard sizes	Standardgrößen

fit *v* [fɪt]	passen
This suit doesn't fit (me).	Dieser Anzug paßt (mir) nicht.
suit *v* [suːt]	gut aussehen, stehen
Pink suits her very well.	Rosa steht ihr ausgezeichnet.
tight *adj* [taɪt]	eng
These shoes are too tight.	Diese Schuhe sind mir zu eng.
small *adj* [smɔːl]	klein
This dress is too small for me.	Dieses Kleid ist mir zu klein.
large *adj* [lɑːdʒ]	groß
►	
clothes *n* [kləʊðz]	Kleider, Kleidung
warm clothes	warme Kleidung
wear, wore, worn *v* [weə, wɔː, wɔːn]	tragen
cap *n* [kæp]	Mütze, Kappe
hat *n* [hæt]	Hut
dress *n* [dres]	Kleid
evening dress	Abendkleid; Abendanzug
blouse *n* [blaʊz]	Bluse
suit *n* [suːt]	Anzug; Hosenanzug
shirt *n* [ʃɜːt]	Hemd
collar *n* ['kɒlə]	Kragen
button *n* ['bʌtn]	Knopf
a row of buttons	eine Knopfreihe
spot *n* [spɒt]	Fleck, Punkt
Tina wore a yellow dress with black spots.	Tina trug ein gelbes Kleid mit schwarzen Punkten.
pullover *n* ['pʊlˌəʊvə]	Pullover
sweater *n* ['swetə]	Pullover
tie *n* [taɪ]	Krawatte
jacket *n* ['dʒækɪt]	Jacke, Sakko
coat *n* [kəʊt]	Mantel
fur coat	Pelzmantel
pocket *n* ['pɒkɪt]	Tasche
coat/trouser pocket	Mantel-/Hosentasche
handkerchief *n* ['hæŋkətʃɪf]	Taschentuch

skirt *n* [skɜ:t]	Rock
trousers *n* ['traʊzəz] Do you know where my blue trousers are? I need a new **pair of trousers**.	lange Hose(n) Weißt du, wo meine blaue Hose ist? Ich brauche eine neue Hose.
jeans *n* [dʒi:nz]	Jeans
shorts *n* [ʃɔ:ts]	Shorts, kurze Hose(n)
pair *n* [peə] **a pair of jeans/shorts**	Paar ein Paar Jeans/Shorts
belt *n* [belt]	Gürtel
►	
glove *n* [glʌv] **a pair of gloves**	Handschuh ein Paar Handschuhe
handbag *n* ['hændbæg]	Handtasche
►	
sock *n* [sɒk] **a pair of socks**	Socke ein Paar Socken
stocking *n* ['stɒkɪŋ] **a pair of stockings**	Strumpf ein Paar Strümpfe
tights *n* [taɪts] I need some new tights. **a pair of tights**	Strumpfhose(n) Ich brauche neue Strumpfhosen. eine Strumpfhose
shoe *n* [ʃu:] **a pair of shoes**	Schuh ein Paar Schuhe
boot *n* [bu:t] **leather/rubber boots** **a pair of boots**	Stiefel Leder-/Gummistiefel ein Paar Stiefel
►	
valuable *adj* ['væljʊəbl]	wertvoll
jewel *n* ['dʒu:əl]	Edelstein, Juwel
jewellery *n* ['dʒu:əlrɪ] She always wears valuable jewellery.	Schmuck Sie trägt immer wertvollen Schmuck.
ring *n* [rɪŋ] **a gold ring**	Ring ein goldener Ring
silver *adj; n* ['sɪlvə]	silbern, Silber-; Silber
gold *adj; n* [gəʊld]	golden, Gold-; Gold

style *n* [staɪl] **the latest style**	Stil, Mode die neueste Mode
design *n; v* [dɪ'zaɪn]	Entwurf, Design; entwerfen
old-fashioned *adj* [ˌəʊld'fæʃnd]	altmodisch, veraltet
pattern *n* ['pætən]	Muster; Schnittmuster
striped *adj* [straɪpt]	gestreift
stripe *n* [straɪp] He wore a blue shirt with white stripes.	Streifen Er trug ein blaues Hemd mit weißen Streifen.
ready-made *adj* [ˌredɪ'meɪd] **ready-made clothes**	seriengefertigt, Konfektions- Konfektionskleidung
match *v* [mætʃ] Your black coat and brown gloves don't match.	zusammenpassen Dein schwarzer Mantel und die braunen Handschuhe passen nicht zusammen.
►	
stain *n* [steɪn]	Schmutz-/Farbfleck
shabby *adj* ['ʃæbɪ] He was wearing a shabby old coat and dirty jeans.	abgetragen, schäbig Er trug einen abgetragenen alten Mantel und schmutzige Jeans.
►	
raincoat *n* ['reɪnkəʊt]	Regenmantel
mac *n inform* [mæk]	Regenmantel
umbrella *n* [ʌm'brelə]	Regenschirm
scarf, *pl* scarves *n* [skɑːf, skɑːvz]	Schal, Halstuch
ribbon *n* ['rɪbən] She wore a yellow ribbon in her hair.	Stoffband *(z. B. aus Seide)* Sie trug ein gelbes Band im Haar.
silk *adj; n* [sɪlk]	seiden, Seiden-; Seide
►	
nylons *n* ['naɪlɒns]	Nylonstrümpfe
underwear *n* ['ʌndəweə]	Unterwäsche
panties *n* ['pæntɪz]	Damenslip
pants *n* [pænts] He bought ten pairs of pants.	Unterhose(n) Er kaufte zehn Paar Unterhosen.
nightdress *n* ['naɪtdres]	(Frauen-)Nachthemd
pyjamas *n* [pə'dʒɑːməz] **a pair of pyjamas**	Schlafanzug ein Schlafanzug

bathing costume *n* ['beɪðɪŋ ˌkɒstju:m]	(Frauen-)Badeanzug
swimming-trunks *n* ['swɪmɪŋtrʌŋks]	(Männer-)Badehose(n)
►	
sleeve *n* [sli:v]	Ärmel
He **rolled up his sleeves** and started work.	Er krempelte die Ärmel hoch und ging an die Arbeit.
zip *n* [zɪp]	Reißverschluß
do up/undo a zip	einen Reißverschluß zu-/aufmachen
►	
disguise *n* [dɪs'gaɪz]	Verkleidung
in disguise	verkleidet
disguise *v* [dɪs'gaɪz]	verkleiden
He **disguised himself** as a woman.	Er verkleidete sich als Frau.
►	
pearl *n* [pɜ:l]	Perle
necklace *n* ['neklɪs]	Halskette
pearl necklace	Perlenkette
bracelet *n* ['breɪslɪt]	Armband
silver bracelet	Silberarmband

Hausbau, Gebäude

build, built, built *v* [bɪld, bɪlt]	bauen
built of stone	aus Naturstein gebaut
material *n* [mə'tɪərɪəl]	Material, Baustoff
Wood has become a widely used **building material** again.	Holz ist wieder zu einem häufig benutzten Baustoff geworden.
brick *adj* [brɪk]	aus Ziegel
brick building/wall	Ziegelbau/-mauer
brick *n* [brɪk]	Ziegel(stein), Backstein
paint *n* [peɪnt]	Farbe, Anstrich
Wet paint!	Vorsicht, frisch gestrichen!
paint *v* [peɪnt]	(an)streichen
Let's paint the door green.	Streichen wir die Tür doch grün!
brush *n* [brʌʃ]	Bürste, Pinsel

roof *n* [ru:f]	Dach
chimney *n* ['tʃɪmnɪ]	Schornstein
wall *n* [wɔ:l] **inside/outside walls**	Wand; Mauer Innen-/Außenwände
window *n* ['wɪndəʊ]	Fenster
floor *n* [flɔ:]	Boden; Stockwerk
ground *adj* [graʊnd] **ground floor**	Erd- Erdgeschoß
upper *adj* ['ʌpə] **the upper floors**	obere(r, s) die oberen Stockwerke
top *adj* [tɒp] **on the top floor**	Dach-, oberste(r, s) im obersten Stockwerk
►	
lift *n* [lɪft] We took the lift to the 10th floor.	Fahrstuhl, Lift, Aufzug Wir fuhren mit dem Fahrstuhl in den 10. Stock.
stair(s) *n* [steə(z)] He went up the stairs to his bedroom.	Treppe Er ging die Treppe zu seinem Schlafzimmer hinauf.
step *n* [step] **Mind the step!**	(Treppen-)Stufe Vorsicht, Stufe!
►	
entrance *n* ['entrəns]	Eingang
exit *n* ['eksɪt] **emergency exit**	Ausgang Notausgang
front *adj* [frʌnt] **front door** **front garden**	Vorder-, Straßen- Haustüre (zur Straße hin) kleiner Vorgarten
back *adj* [bæk]	Hinter-
fence *n* [fens] **garden fence**	Zaun Gartenzaun
garage *n* ['gærɑ:dʒ]	Garage
►	
building *n* ['bɪldɪŋ]	Gebäude
tall *adj* [tɔ:l] **a tall building**	hoch ein hohes Gebäude
tent *n* [tent]	Zelt
hut *n* [hʌt]	Hütte

cottage *n* ['kɒtɪdʒ] **holiday cottage**	Häuschen Ferienhaus
house *n* [haʊs]	Haus
block *n* [blɒk] **a block of flats** **an office block**	Block, Gebäudekomplex ein Wohnblock ein Bürogebäude
museum *n* [mju:'zɪəm] **the British Museum**	Museum das Britische Museum (in London)
palace *n* ['pælɪs] The Queen lives in **Buckingham Palace** when she's in London.	Palast Die Königin wohnt im Buckingham-Palast, wenn sie sich in London aufhält.
wing *n* [wɪŋ] **the east/west wing of the palace**	Seitenflügel (eines Gebäudes) der östliche/westliche Seitenflügel des Palastes
tower *n* ['taʊə] **radio/television tower** **the Tower of London**	Turm Funk-/Fernsehturm der Tower in London
ruin *n* ['rʊɪn] **in ruins**	Ruine zerstört; verfallen

area *n* ['eərɪə] **development area**	Gebiet, Gelände Erschließungs-/Sanierungsgebiet
site *n* [saɪt] **building site**	Grundstück Bauplatz
► **architect** *n* ['ɑ:kɪtekt]	Architekt(in)
architecture *n* ['ɑ:kɪtektʃə]	Architektur
construct *v* [kən'strʌkt]	bauen, errichten
construction *n* [kən'strʌkʃn] **under construction** **construction company/work**	Konstruktion; Bau im Bau Baufirma/-arbeiten
structure *n* ['strʌktʃə] The new community centre is an attractive structure.	Bauwerk; Bauform Das neue Gemeindezentrum ist ein reizvolles Bauwerk.
rebuild, rebuilt, rebuilt *v* [ˌri:'bɪld, ˌri:'bɪlt]	wiederaufbauen, nachbauen
crane *n* [kreɪn]	Kran

concrete *adj; n* ['kɒnkri:t]	Beton-; Beton
timber *n* ['tɪmbə]	Bauholz
woodwork *n* ['wʊdwɜ:k]	hölzerne Bauteile am Haus
It's time to paint the woodwork; just look at the doors and window frames.	Es wird Zeit, die Holzteile am Haus zu streichen. Sieh dir nur die Türen und Fensterrahmen an!
►	
exterior *n* [ek'stɪərɪə]	Äußeres, Fassade
interior *n* [ɪn'tɪərɪə]	Innenraum, Innengestaltung
►	
post *n* [pəʊst]	Pfosten, Stützbalken
door post	Türpfosten
support *v* [sə'pɔ:t]	tragen, stützen, ruhen
The roof of the cottage is supported by four wooden posts.	Das Dach des Bauernhauses ruht auf vier Holzpfählen.
pillar *n* ['pɪlə]	Säule
balcony *n* ['bælkənɪ]	Balkon
doorway *n* ['dɔ:weɪ]	Eingang, Tür
The Winters were waiting in the doorway to welcome their guests.	Die Winters standen am Eingang, um ihre Gäste zu begrüßen.
►	
staircase *n* ['steəkeɪs]	Treppe, Treppenhaus
landing *n* ['lændɪŋ]	Treppenabsatz, Etagenabsatz
escalator *n* ['eskəleɪtə]	Rolltreppe
►	
cabin *n* ['kæbɪn]	Hütte
shed *n* [ʃed]	Schuppen
tool shed	Geräteschuppen
farmhouse *n* ['fɑ:mhaʊs]	Bauernhaus
bungalow *n* ['bʌŋgələʊ]	Bungalow, einstöckiges Haus
detached *adj* [dɪ'tætʃt]	freistehend, Einzel-
detached house	freistehendes Haus
semi-detached house	Doppelhaushälfte
terraced *adj* ['terəst]	Reihen-
terraced house	Reihenhaus
terrace *n* ['terəs]	Terrasse; Reihenhausanlage

Wohnung, Einrichtung, Hausarbeit

home *n* [həʊm]	Wohnung, Zuhause; Heimat
I left my keys **at home**.	Ich habe meine Schlüssel daheim gelassen!
Her home's in Fort Worth, Texas.	Ihr Heimatort ist Fort Worth, Texas.
flat *n* [flæt]	Wohnung
apartment *n* [əˈpɑːtmənt]	gemietetes Zimmer
apartments	Komfortwohnung, Appartement
landlady *n* [ˈlænˌleɪdɪ]	Vermieterin
landlord *n* [ˈlænlɔːd]	Vermieter
rent *n* [rent]	Miete
rent *v* [rent]	mieten; vermieten
Do you own this flat or do you rent it?	Gehört diese Wohnung dir oder hast du sie gemietet?
Mrs White's going to rent me a room.	Frau White will mir ein Zimmer vermieten.
sale *n* [seɪl]	Verkauf
Is this house **for sale**?	Wird dieses Haus verkauft?
move *v* [muːv]	umziehen
We're **moving to** Bristol.	Wir ziehen nach Bristol.
move house	umziehen
►	
share *v* [ʃeə]	teilen, zusammen benutzen
Judy and Tim share a flat.	Judy und Tim haben eine gemeinsame Wohnung.
separate *adj* [ˈseprət]	getrennt, eigen
Each flat has a separate entrance.	Jede Wohnung hat einen eigenen Eingang.
►	
gate *n* [geɪt]	Tor
Please close the gate.	Bitte mach das Gartentor zu.
door *n* [dɔː]	Tür
front/back door	Haus-/Gartentür
bell *n* [bel]	Klingel, Glocke
ring, rang, rung *v* [rɪŋ, ræŋ, rʌŋ]	klingeln, läuten
If you come home late, please **ring the doorbell**.	Falls du spät heimkommst, klingle bitte.

open *adj* ['əʊpən]	offen, geöffnet
Please don't leave the door open.	Bitte laß die Tür nicht offen!
shut *adj* [ʃʌt]	geschlossen
Mary pushed the door shut.	Mary stieß die Tür zu.
lock *n; v* [lɒk]	Türschloß; abschließen, verschließen
key *n* [ki:]	Schlüssel
►	
cellar *n* ['selə]	Keller
basement *n* ['beɪsmənt]	Unter-/Kellergeschoß, Souterrain
basement flat	Wohnung im Souterrain
room *n* [ru:m]	Zimmer; Platz
Rooms to let!	Zimmer zu vermieten!
There isn't room for all of us in here.	Hier drin ist nicht genug Platz für uns alle.
ceiling *n* ['si:lɪŋ]	Zimmerdecke
floor *n* [flɔ:]	Fußboden
hall *n* [hɔ:l]	Diele, Flur
entrance hall	Diele, Vorplatz
living-room *n* ['lɪvɪŋrʊm]	Wohnzimmer
lounge *n* [laʊndʒ]	Wohnzimmer
dining-room *n* ['daɪnɪŋrʊm]	Eßzimmer; Speisesaal
kitchen *n* ['kɪtʃɪn]	Küche
downstairs *adv* [ˌdaʊn'steəz]	unten; hinunter
He **went downstairs** and joined the party.	Er ging ins Erdgeschoß hinunter und setzte sich zu den Gästen.
the people downstairs	die Leute, die unten wohnen
upstairs *adv* [ˌʌp'steəz]	oben, im ersten Stock; hinauf
go upstairs	hinaufgehen
view *n* [vju:]	Aussicht
We live in a house with **a fine view of** the sea.	Wir wohnen in einem Haus mit schönem Blick auf das Meer.
bedroom *n* ['bedrʊm]	Schlafzimmer
toilet *n* ['tɔɪlɪt]	Toilette
bathroom *n* ['bɑ:θrʊm]	Badezimmer
heating *n* ['hi:tɪŋ]	Heizung
central heating	Zentralheizung

furniture *n* ['fɜ:nɪtʃə]	Möbel
piece of furniture	Möbelstück
furnished *adj* ['fɜ:nɪʃt]	möbliert, eingerichtet
a furnished room/flat	ein möbliertes Zimmer/eine möblierte Wohnung
modern *adj* ['mɒdən]	modern
►	
curtain *n* ['kɜ:tn]	Vorhang
We must get some new curtains for the living-room.	Wir brauchen neue Vorhänge fürs Wohnzimmer.
carpet *n* ['kɑ:pɪt]	Teppich
fitted carpet	Teppichboden
►	
bed *n* [bed]	Bett
double/single bed	Doppel-/Einzelbett
make the beds	die Betten machen
pillow *n* ['pɪləʊ]	Kopfkissen
pillow-case	Kopfkissenbezug
sheet *n* [ʃi:t]	Bettuch
change the sheets	die Betten neu beziehen
blanket *n* ['blæŋkɪt]	Decke (zum Zudecken)
towel *n* ['taʊəl]	Handtuch
tea-towel	Geschirrtuch
paper towels	Papierhandtücher
►	
table *n* ['teɪbl]	Tisch
Everybody was sitting at the table having dinner.	Alle saßen am Tisch und aßen zu Abend.
coffee table	Couchtisch
lay, laid, laid *v* [leɪ, leɪd]	decken
lay the table	den Tisch decken
desk *n* [desk]	Schreibtisch
chair *n* [tʃeə]	Stuhl
cushion *n* ['kʊʃn]	Sofa-/Stuhlkissen
comfortable *adj* ['kʌmfətəbl]	bequem
armchair *n* [ˌɑ:m'tʃeə]	Sessel, Lehnstuhl
sofa *n* ['səʊfə]	Sofa, Couch
bench *n* [bentʃ]	Sitzbank

rubbish *n* ['rʌbɪʃ]	Abfall/Abfälle, Müll
basket *n* ['bɑ:skɪt]	Korb
shopping basket	Einkaufskorb
waste-paper basket	Papierkorb
stove *n* [stəʊv]	Kochherd
oven *n* ['ʌvn]	Backröhre, Backofen
fridge *n* [frɪdʒ]	Kühlschrank
cupboard *n* ['kʌbəd]	Schrank
kitchen cupboard	Küchenschrank
shelf, *pl* shelves *n* [ʃelf, ʃelvz]	Brett, Bord; Regal
book shelves	Bücherregal
drawer *n* ['drɔ:ə]	Schublade
box *n* [bɒks]	Schachtel, Kiste
plastic *adj* ['plæstɪk]	Plastik-
plastic bag/spoon	Plastikbeutel/-löffel
►	
light *n* [laɪt]	Licht
lamp *n* [læmp]	Lampe
switch *n* [swɪtʃ]	Schalter
light switch	Lichtschalter
switch *v* [swɪtʃ]	schalten
switch the light on/off	das Licht an-/ausmachen
►	
mirror *n* ['mɪrə]	Spiegel
picture *n* ['pɪktʃə]	Bild
►	
clock *n* [klɒk]	Wand-/Standuhr
The clock in the hall struck seven.	Die Uhr in der Diele schlug sieben.
alarm(-clock) *n* [ə'lɑ:m(klɒk)]	Wecker
I'll **set the alarm** for seven, OK?	Ich stelle den Wecker auf sieben, ja?
►	
use *v* [ju:z]	benutzen, nehmen
Please don't use the tea-towel to clean the table.	Nimm bitte nicht das Geschirrtuch zum Tischabwischen!
clean *v* [kli:n]	reinigen, putzen
We've got to clean the bathroom.	Wir müssen das Bad putzen.
cloth *n* [klɒθ]	Tuch, Lappen; Decke
dish-cloth	Spültuch
table-cloth	Tischdecke

wash *v* [wɒʃ]	waschen; spülen
I think I'd better wash these dirty clothes right away.	Ich glaube, am besten wasche ich diese schmutzigen Kleider sofort.
Why don't you wash the dishes and I'll dry.	Komm, du spülst das Geschirr, und ich trockne ab!
dry *v* [draɪ]	(ab)trocknen
The washing's drying well today.	Die Wäsche trocknet heute gut.
dry the dishes	das Geschirr abtrocknen
iron *v* ['aɪən]	bügeln
dishes *n* ['dɪʃɪz]	Geschirr
I don't mind **doing the dishes**.	Es macht mir nichts aus, das Geschirr zu spülen.
dirty *adj* ['dɜ:tɪ]	schmutzig, dreckig
dusty *adj* ['dʌstɪ]	staubig, schmutzig
dust *n* [dʌst]	Staub, Schmutz
sweep, swept, swept *v* [swi:p, swept]	kehren, fegen
I only swept the floor this morning.	Ich habe den Fußboden erst heute morgen gekehrt!
►	
mend *v* [mend]	reparieren; flicken
sew, sewed, sewn/sewed *v* [səʊ, səʊd, səʊn/səʊd]	nähen
needle *n* ['ni:dl]	Nadel
pin *n* [pɪn]	Stecknadel
safety pin	Sicherheitsnadel
scissors *n* ['sɪzəz]	Schere
a pair of scissors	eine Schere
sharp *adj* [ʃɑ:p]	scharf

doormat *n* ['dɔ:mæt]	Fußmatte, Fußabstreifer
slam *v* [slæm]	zuschlagen, zuknallen; zufallen
Don't slam the door!	Knall die Tür nicht zu!
There was a wind blowing, and suddenly the door **slammed shut**.	Ein Wind kam auf, und plötzlich knallte die Tür zu.
peg *n* [peg]	Haken; Klammer
coat peg	Kleiderhaken
clothes peg	Wäscheklammer

sitting-room *n* ['sɪtɪŋrʊm]	Wohnzimmer
study *n* ['stʌdɪ]	Arbeits-, Studierzimmer
cosy *adj* ['kəʊzɪ] **a cosy little room**	gemütlich ein gemütliches kleines Zimmer
►	
fireplace *n* ['faɪəpleɪs] **sit by the fireplace**	(offener) Kamin am (offenen) Kamin sitzen
radiator *n* ['reɪdɪeɪtə]	Heizkörper
(light) bulb *n* [('laɪt)bʌlb]	Glühbirne
socket *n* ['sɒkɪt]	Lampenfassung; Steckdose
plug *n* [plʌg]	Elektrostecker
plug in *v* [ˌplʌg‿'ɪn]	hineinstecken, anschließen
torch *n* [tɔ:tʃ]	Taschenlampe
candle *n* ['kændl] **light a candle**	Kerze eine Kerze anzünden
►	
china *n* ['tʃaɪnə]	Porzellan
vase *n* [vɑ:z]	Vase
►	
mattress *n* ['mætrɪs]	Matratze
rug *n* [rʌg]	kleiner Teppich; dicke Wolldecke
couch *n* [kaʊtʃ]	Couch, Sofa
stool *n* [stu:l]	Hocker
wardrobe *n* ['wɔ:drəʊb]	Kleiderschrank
antique *adj; n* [æn'ti:k]	antik; Antiquität
frame *n* [freɪm] **picture/window frame**	Rahmen Bilder-/Fensterrahmen
►	
decorate *v* ['dekəreɪt]	tapezieren, anstreichen
wallpaper *n* ['wɔ:lˌpeɪpə]	Tapete(n)
►	
household *n* ['haʊshəʊld] **run a household**	Haushalt einen Haushalt führen
housework *n* ['haʊswɜ:k]	Hausarbeit
cooker *n* ['kʊkə] **electric/gas cooker**	Kocher, Kochherd Elektro-/Gasherd
micro-wave oven *n* ['maɪkrəʊweɪv ˌʌvn]	Mikrowellenherd

store *v* [stɔ:] **store food**	lagern, aufbewahren Lebensmittel lagern
freezer *n* ['fri:zə]	Gefrierschrank/-truhe; Eisfach im Kühlschrank
tin-opener *n* ['tɪnˌəʊpnə]	Dosenöffner
bottle-opener *n* ['bɒtlˌəʊpnə]	Flaschenöffner
corkscrew *n* ['kɔ:kskru:]	Korkenzieher
vacuum cleaner *n* ['vækjʊəmˌkli:nə]	Staubsauger
bucket *n* ['bʌkɪt]	Eimer
laundry *n* ['lɔ:ndrɪ] **do the laundry**	Wäsche die Wäsche waschen
washing-machine *n* ['wɒʃɪŋməˌʃi:n]	Waschmaschine
sink *n* [sɪŋk] **kitchen sink**	Spülbecken, Spüle Küchenspüle
tap *n* [tæp] **turn the tap on/off** **hot-water/cold-water tap**	Wasserhahn den Hahn auf-/zudrehen Warm-/Kaltwasserhahn
washing-up *n* [ˌwɒʃɪŋ'ʌp] **do the washing-up**	Abwasch abwaschen
dishwasher *n* ['dɪʃˌwɒʃə]	Geschirrspülmaschine
sewing-machine *n* ['səʊɪŋməˌʃi:n]	Nähmaschine
thread *n* [θred] **needle and thread**	Faden Nadel und Faden
polish *v* ['pɒlɪʃ] Shall I **polish your shoes** as well? **polish the floor**	polieren, putzen Soll ich deine Schuhe auch putzen? den Boden bohnern
clear *v* [klɪə] **clear the table** **clear out a cupboard** **clear up a desk**	aufräumen, abräumen den Tisch abräumen einen Schrank ausräumen einen Schreibtisch aufräumen
tidy *adj* ['taɪdɪ]	sauber, ordentlich, aufgeräumt
mess *n* [mes] **make a mess**	Durcheinander, Unordnung Unordnung/Dreck machen
dustbin *n* ['dʌstbɪn]	Mülltonne, Abfalleimer

5 Soziale Beziehungen

Allgemeines

society *n* [sə'saɪətɪ]	Gesellschaft; Gemeinschaft
based on *adj* ['beɪst‿ɒn]	aufgebaut, beruhend auf
system *n* ['sɪstəm]	System
Western society is based on a democratic **system of government**.	Die Gesellschaften des Westens bauen auf einem demokratischen Regierungssystem auf.
social *adj* ['səʊʃl]	gesellig; sozial, Gesellschafts-
a social evening	ein geselliger Abend
social services/worker	Sozialeinrichtungen/-arbeiter
individual *adj; n* [ˌɪndɪ'vɪdjʊəl]	individuell, persönlich; Einzelne(r), Individuum
progress *n* ['prəʊgres]	Fortschritt
make progress	Fortschritte machen
► **unit** *n* ['ju:nɪt]	Einheit, Baustein
The family is the **basic unit** of society.	Die Familie ist die Kernzelle der Gesellschaft.
people *n* ['pi:pl]	Menschen, Leute; Volk
the common people	die Durchschnittsbürger
the various peoples of the world	die verschiedenen Völker der Erde
population *n* [ˌpɒpjʊ'leɪʃn]	Bevölkerung(santeil), Bewohner
generation *n* [ˌdʒenə'reɪʃn]	Generation
the coming generation	die heranwachsende Generation
background *n* ['bækgraʊnd]	soziale Herkunft, Bildungsniveau
family/social background	Familienmilieu/soziale Herkunft
role *n* [rəʊl]	Rolle
The unions **play an important role** in any industrial society.	Die Gewerkschaften spielen in jeder Industriegesellschaft eine bedeutende Rolle.
► **relationship** *n* [rɪ'leɪʃnʃɪp]	Beziehung
She's got a good **relationship with** her brother.	Sie hat ein gutes Verhältnis zu ihrem Bruder.
form *v* [fɔ:m]	aufbauen, bilden
form a relationship	eine Beziehung aufbauen

contact *n* ['kɒntækt]	Kontakt, Berührung
make contacts	Kontakte knüpfen, Leute kennenlernen
contact *v* ['kɒntækt]	Kontakt aufnehmen
get to know *v* [ˌget tə 'nəʊ]	kennenlernen
get on with *v* [ˌget‿'ɔn wɪð]	auskommen mit
We've always got on very well with her.	Wir sind immer sehr gut mit ihr ausgekommen.
join *v* [dʒɔɪn]	sich anschließen, beitreten
call *n* [kɔ:l]	Ruf; Bitte
a call for help	ein Hilferuf
call *v* [kɔ:l]	rufen
Just **call on** us if you need any help.	Wenn Sie Hilfe brauchen, wenden Sie sich einfach an uns.
call for help	um Hilfe rufen

▶

program(me) *n* ['prəʊgræm]	Programm
A US government program providing medical care for the old is called 'Medicare'.	Ein Programm der US-Regierung zur medizinischen Betreuung alter Menschen nennt sich „Medicare".
insure *v* [ɪn'ʃuə]	versichern (lassen)
insurance *n* [ɪn'ʃʊərəns]	Versicherung
life insurance	Lebensversicherung
National Insurance	die staatliche Sozialversicherung in Großbritannien

▶

aid *n* [eɪd]	Hilfe, Unterstützung
There's a sale **in aid of** the blind at the school today.	Es gibt heute in der Schule einen Basar zugunsten blinder Menschen.
foreign aid	Entwicklungshilfe
help *n* [help]	Hilfe
Can I **be of any help**?	Kann ich irgendwie behilflich sein?
help *v* [help]	helfen, fördern
look after *v* [ˌlʊk‿'ɑ:ftə]	aufpassen, beaufsichtigen
In many families, grandmothers look after the children.	In vielen Familien beaufsichtigen die Großmütter die Kinder.
care *n* [keə]	Fürsorge, Pflege
I'll **take care of** that.	Ich kümmere mich darum.
responsible *adj* [rɪ'spɒnsəbl]	verantwortlich, verantwortungsbewußt

custom *n* ['kʌstəm]	Sitte, Gewohnheit, Tradition
social customs	soziale Bräuche
celebrate *v* ['selɪbreɪt]	feiern
Mark celebrated his 18th birthday with a big party.	Mark feierte seinen 18. Geburtstag mit einem großen Fest.
structure *n* ['strʌktʃə]	Struktur, Aufbau
social structures	gesellschaftliche Strukturen
gap *n* [gæp]	Lücke, Kluft, Bruch
the generation gap	die Kluft zwischen den Generationen
process *n* ['prəʊses]	Vorgang, Prozeß, Ablauf
It's interesting to compare the different processes of social change in industrial and "developing" countries.	Es ist interessant, die unterschiedlichen Prozesse gesellschaftlichen Wandels in Industrie- und „Entwicklungsländern" zu vergleichen.
▶	
mutual *adj* ['mju:tʃʊəl]	gegenseitig, beiderseitig
mutual affection	gegenseitige Zuneigung
mutual friends	gemeinsame Freunde
acquaintance *n* [ə'kweɪntəns]	Bekannte(r); Bekanntschaft
We **made her acquaintance** in Cornwall last year.	Wir haben ihre Bekanntschaft letztes Jahr in Cornwall gemacht.
acquainted *adj* [ə'kweɪntɪd]	bekannt, vertraut
We've **been acquainted with** the Smiths for years.	Wir kennen die Smiths schon seit Jahren.
popular *adj* ['pɒpjʊlə]	beliebt, gefragt
popularity *n* [ˌpɒpjʊ'lærətɪ]	Beliebtheit
enjoy great popularity	sich großer Beliebtheit erfreuen
publicity *n* [pʌb'lɪsətɪ]	Publicity, öffentliche Aufmerksamkeit
publicity campaign	Öffentlichkeitskampagne
▶	
security *n* [sɪ'kjʊərətɪ]	Sicherheit, Geborgenheit
social security system	Sozialversicherungsnetz
welfare *n* ['welfeə]	Wohlergehen; Wohlfahrt, staatliche Sozialfürsorge
welfare state	Wohlfahrtsstaat
assist *v* [ə'sɪst]	helfen, unterstützen
assistance *n* [ə'sɪstəns]	Hilfe, Unterstützung
Can I **be of any assistance**?	Kann ich irgendwie behilflich sein?

nursery *n* [ˈnɜːsərɪ]	Kinderkrippe, Kinderhort
The company has a **day nursery** for the children of the employees.	Die Firma hat einen Kinderhort für die Kinder ihrer Beschäftigten.
nursery school	Kindergarten
retired *adj* [rɪˈtaɪəd]	pensioniert, im Ruhestand
pension *n* [ˈpenʃn]	Rente, Pension
Mrs Brown goes to town every week to collect her pension.	Frau Brown geht jede Woche in die Stadt, um ihre Rente abzuholen.
pensioner *n* [ˈpenʃənə]	Rentner(in)
old-age *adj* [ˌəʊld‿ˈeɪdʒ]	alt, Alters-
Old-age pensioners are called 'senior citizens' these days.	Rentner werden heutzutage ‚Senioren' genannt.
old-age pension	Altersrente, Pension
responsibility *n* [rɪˌspɒnsəˈbɪlətɪ]	Verantwortung; Zuständigkeit, Verantwortlichkeit
Looking after the children is not only the mother's responsibility.	Es ist nicht nur die Aufgabe der Mutter, für die Kinder zu sorgen.
► **celebration** *n* [ˌselɪˈbreɪʃn]	Feier, Fest
ceremony *n* [ˈserɪmənɪ]	Zeremonie; Zeremoniell
There's still a lot of tradition and ceremony at some British universities.	Es gibt immer noch viel Traditionspflege und Zeremoniell an einigen britischen Universitäten.

Familie

family *n* [ˈfæməlɪ]	Familie
start a family	eine Familie gründen
family planning	Familienplanung, Geburtenregelung
member *n* [ˈmembə]	Mitglied
He's a member of the family, so we must help him.	Er gehört zur Familie, deswegen müssen wir ihm helfen.
relative *n* [ˈrelətɪv]	Verwandte(r)
relation *n* [rɪˈleɪʃn]	Verwandte(r)
Amy's not a relation of mine; she's a friend of the family.	Amy ist nicht mit mir verwandt; sie ist mit meiner Familie befreundet.
► **wife**, *pl* wives *n* [waɪf, waɪvz]	Ehefrau
husband *n* [ˈhʌzbənd]	Ehemann

parents *n* ['peərənts]	Eltern
parent	Elternteil *(Vater oder Mutter)*
mother *n* ['mʌðə]	Mutter
mother tongue	Muttersprache
father *n* ['fɑ:ðə]	Vater
child, *pl* children *n* [tʃaɪld, 'tʃɪldrən]	Kind
bring up, brought, brought *v* [ˌbrɪŋ‿'ʌp, brɔ:t]	aufziehen, erziehen
It's not easy for parents to bring up children these days.	Es ist heutzutage für Eltern nicht einfach, Kinder aufzuziehen.
raise *v* [reɪz]	auf-/großziehen
Grandmother raised a large family.	Großmutter hat viele Kinder großgezogen.
►	
daughter *n* ['dɔ:tə]	Tochter
son *n* [sʌn]	Sohn
girl *n* [gɜ:l]	Mädchen
boy *n* [bɔɪ]	Junge
sister *n* ['sɪstə]	Schwester
brother *n* ['brʌðə]	Bruder
my brother(s) and sister(s)	meine Geschwister
►	
grandparents *n* ['grænˌpeərents]	Großeltern
grandmother *n* ['grænˌmʌðə]	Großmutter
grandma	Oma
grandfather *n* ['grænˌfɑ:ðə]	Großvater
grandpa/grand(d)ad	Opa
grandchild, *pl* grandchildren *n* ['grænttʃaɪld, 'grænˌtʃɪldrən]	Enkelkind
granddaughter *n* ['grænˌdɔ:tə]	Enkelin
grandson *n* ['grænsʌn]	Enkel
►	
aunt *n* [ɑ:nt]	Tante
uncle *n* ['ʌŋkl]	Onkel
cousin *n* ['kʌzn]	Cousin/Vetter, Cousine
niece *n* [ni:s]	Nichte
nephew *n* ['nevju:]	Neffe

parents-in-law *n* ['peərəntsɪnlɔ:]	Schwiegereltern
mother-in-law *n* ['mʌðərɪnlɔ:]	Schwiegermutter
father-in-law *n* ['fɑ:ðərɪnlɔ:]	Schwiegervater
daughter-in-law *n* ['dɔ:tərɪnlɔ:]	Schwiegertochter
son-in-law *n* ['sʌnɪnlɔ:]	Schwiegersohn
sister-in-law *n* ['sɪstərɪnlɔ:]	Schwägerin
brother-in-law *n* ['brʌðərɪnlɔ:]	Schwager
►	
friend *n* [frend]	Freund(in); Bekannte(r)
She's a **close friend** of mine.	Sie ist eine enge Freundin von mir.
Have you **made friends with** your new neighbours?	Haben Sie sich mit Ihren neuen Nachbarn angefreundet?
girlfriend *n* ['gɜ:lfrend]	(feste) Freundin
boyfriend *n* ['bɔɪfrend]	(fester) Freund
►	
engaged *adj* [ɪn'geɪdʒd]	verlobt
John's **engaged to** my sister.	John ist mit meiner Schwester verlobt.
get engaged	sich verloben
marry *v* ['mærɪ]	heiraten
Jennifer, will you marry me?	Jennifer, willst du meine Frau werden?
marriage *n* ['mærɪdʒ]	Ehe
My parents' marriage was very happy.	Die Ehe meiner Eltern war sehr glücklich.
married *adj* ['mærɪd]	verheiratet
There were only **married couples** at the party.	Auf dem Fest waren nur Ehepaare.
get married	heiraten
couple *n* ['kʌpl]	Paar
together *adv* [tə'geðə]	zusammen
Are Pat and Joe **living together**?	Leben Pat und Joe zusammen?
►	
break up, broke, broken *v* [ˌbreɪk‿'ʌp, brəʊk, 'brəʊkən]	zerbrechen, auseinandergehen
Their marriage has broken up.	Ihre Ehe ist zerbrochen.
separate *v* ['sepəreɪt]	sich trennen, auseinandergehen
divorced *adj* [dɪ'vɔ:st]	geschieden

related *adj* [rɪ'leɪtɪd] We call him Uncle John, but he's not really related to us.	verwandt Wir nennen ihn Onkel John, aber er ist eigentlich nicht mit uns verwandt.
kid *n inform* [kɪd] The Gibsons are having a birthday party for the kids tomorrow.	kleines Kind Die Gibsons machen morgen für die Kinder eine Geburtstagsfeier.
twin *adj; n* [twɪn]	Zwillings-; Zwilling
adopt *v* [ə'dɒpt]	adoptieren
maintain *v* [meɪn'teɪn] **maintain good relations with sb**	unterhalten; pflegen gute Beziehungen zu jdm pflegen
elder *adj* ['eldə] My elder brother's 21, and my younger one's only 12.	ältere(r, s) Mein älterer Bruder ist 21, der jüngere ist erst 12.
eldest *adj* ['eldɪst]	älteste(r, s)
►	
bachelor *n* ['bætʃələ]	Junggeselle
engagement *n* [ɪn'geɪdʒmənt] Anne and Christopher have broken off their engagement.	Verlobung Anne und Christopher haben ihr Verlöbnis gelöst.
fiancé, fiancée *n* [fɪ'ɑ̃:ŋseɪ]	Verlobter, Verlobte
bride *n* [braɪd]	Braut
bridegroom *n* ['braɪdgrʊm]	Bräutigam
wedding *n* ['wedɪŋ] **wedding-cake** **wedding-ring**	Hochzeit Hochzeitskuchen Ehering
divorce *n* [dɪ'vɔ:s]	Ehescheidung
widow *n* ['wɪdəʊ]	Witwe
widower *n* ['wɪdəʊə]	Witwer

Soziale Gruppen, soziale Bindungen

nation *n* ['neɪʃn] **the Sioux nation**	Nation, Volk das Volk der Sioux
national *adj* ['næʃənl] **National Health (Service)**	national, National- staatlicher Gesundheitsdienst in Großbritannien
national *n* ['næʃənl] Sheila's a British national and lives in Canada.	Staatsbürger(in) Sheila ist britische Staatsangehörige und lebt in Kanada.
nationality *n* [ˌnæʃə'nælətɪ]	Nationalität, Staatsangehörigkeit
race *n* [reɪs] **race relations**	Rasse Beziehungen zwischen den Rassen
black *adj; n* [blæk]	schwarz; Schwarze(r)
white *adj; n* [waɪt]	weiß; Weiße(r)
► **class** *n* [klɑ:s] **the ruling class** **the working class**	 soziale Klasse, Schicht die herrschende Klasse die Arbeiterklasse
upper *adj* ['ʌpə] British society can be divided into the upper, middle and working classes.	Ober- Die britische Gesellschaft läßt sich in Ober-, Mittel- und Unterschicht einteilen.
middle *adj* ['mɪdl]	Mittel-
lower *adj* ['ləʊə] **lower middle class**	Unter- untere Mittelschicht
► **group** *n* [gru:p] **a group of people**	 Gruppe eine Gruppe von Menschen
count *v* [kaʊnt] There are about 50 people coming today, **not counting** the children.	zählen, rechnen Heute kommen etwa 50 Leute, die Kinder nicht mitgerechnet.
movement *n* ['mu:vmənt] **the Labour Movement**	Bewegung die Arbeiterbewegung
party *n* ['pɑ:tɪ]	politische Partei
member *n* ['membə] **party/union member**	Mitglied Partei-/Gewerkschaftsmitglied

foreigner *n* ['fɒrənə]	Ausländer(in)
stranger *n* ['streɪndʒə] Sorry, I can't help you. I'm a stranger here myself.	Fremde(r) Tut mir leid, ich kann Ihnen nicht helfen. Ich bin hier selbst fremd.
neighbour *n* ['neɪbə]	Nachbar(in)
►	
poor *adj* [pʊə] **the poor**	arm, mittellos die Armen
slums *n* [slʌmz]	Slums, Elendsviertel
slang *n* [slæŋ]	Slang, Jargon
well off *adj* [ˌwel‿'ɒf] Compared with the Wilsons, we're well off.	gut dran, begütert Im Vergleich zu Wilsons geht's uns finanziell gut.
rich *adj* [rɪtʃ] **the rich**	reich, wohlhabend die Reichen
►	
meet, met, met *v* [mi:t, met] We met at the local last night. Come and meet my sister.	(sich) treffen, kennenlernen Wir haben uns gestern abend in unserer Stammkneipe getroffen. Komm, ich mache dich mit meiner Schwester bekannt!
meeting *n* ['mi:tɪŋ]	Treffen, Versammlung, Sitzung

tribe *n* [traɪb] The inhabitants of most African countries belong to many different tribes.	Volksstamm Die Einwohner der meisten afrikanischen Länder gehören vielen verschiedenen Stämmen an.
immigrant *n* ['ɪmɪgrənt]	Einwanderer *(meist aus Übersee)*
racial *adj* ['reɪʃl] There are serious **racial problems** between whites and blacks in Britain today.	Rassen- Es gibt heute ernste Rassenkonflikte zwischen Weißen und Schwarzen in Großbritannien.
minority *n* [maɪ'nɒrətɪ] **racial minorities**	Minderheit(sgruppe) rassische Minderheiten
ghetto *n* ['getəʊ]	Ghetto
outsider *n* [ˌaʊt'saɪdə]	Außenseiter(in)
prejudice *n* ['predʒʊdɪs] **racial prejudice**	Vorurteil(e) Rassenvorurteile

progressive *adj* [prə'gresɪv]	fortschrittlich
There are many people who have progressive ideas but don't act accordingly.	Es gibt viele Leute, die fortschrittlich denken, aber nicht entsprechend handeln.
►	
membership *n* ['membəʃɪp]	Mitgliedschaft
supporter *n* [sə'pɔ:tə]	Anhänger(in)
The president was cheered by his supporters.	Der Präsident wurde von seinen Anhängern bejubelt.
gang *n* [gæŋ]	Bande; Haufen
There was a whole gang of them.	Es war ein ganzer Haufen von ihnen!
►	
status *n* ['steɪtəs]	Status, Prestige
social status	sozialer Status
status symbol	Statussymbol
prominent *adj* ['prɒmɪnənt]	prominent, sehr bekannt
privilege *n* ['prɪvɪlɪdʒ]	Privileg, Vorzug
Members of the club enjoy certain privileges.	Klubmitglieder haben bestimmte Privilegien.
servant *n* ['sɜ:vənt]	Diener(in), Bedienstete(r)
►	
neighbourhood *n* ['neɪbəhʊd]	Nachbarschaft
partnership *n* ['pɑ:tnəʃɪp]	Partnerschaft
friendship *n* ['frenʃɪp]	Freundschaft
He did it out of friendship, not for money.	Er hat es aus Freundschaft getan, nicht wegen Geld!
date *v* [deɪt]	mit jdm (aus)gehen
John's dating Sandra, you know.	John geht mit Sandra, weißt du.
►	
poverty *n* ['pɒvətɪ]	Armut
live in poverty	in Armut leben
starve *v* [stɑ:v]	hungern
starve to death	verhungern
wealth *n* [welθ]	Reichtum, Vermögen
wealthy *adj* ['welθɪ]	reich, wohlhabend
a wealthy family	eine wohlhabende Familie
luxury *n* ['lʌkʃərɪ]	Luxus, Überfluß
live a life of luxury	ein Leben im Luxus führen

Soziales Verhalten, Kriminalität

share *n* [ʃeə]	Anteil
All members must **pay their share of** the cost of the new club house.	Alle Mitglieder müssen ihren Anteil an den Kosten für das neue Klubheim tragen.
► **argue** *v* ['ɑ:gju:]	(sich) streiten
Parents and children often **argue about** politics.	Eltern streiten oft mit ihren Kindern über Politik.
argument *n* ['ɑ:gjʊment]	Streit, Auseinandersetzung
react *v* [rɪ'ækt]	reagieren
How did your boss **react to** your suggestion?	Wie hat dein Chef auf deinen Vorschlag reagiert?
► **crowd** *n* [kraʊd]	Menschenmenge
crowds of people	Menschenmassen
risk *n* [rɪsk]	Risiko, Gefahr
He **ran the risk of** being arrested by the police.	Er ging das Risiko ein, von der Polizei verhaftet zu werden.
I won't **take any risks**.	Ich gehe keinerlei Risiko ein.
mistake *n* [mɪ'steɪk]	Fehler
by mistake	aus Versehen
trick *n* [trɪk]	Trick, Streich, Falle
Children like **playing tricks on** their parents.	Kinder spielen ihren Eltern gerne Streiche.
► **scene** *n* [si:n]	Szene; Schauplatz
Dr Palmer knows the London drug scene very well.	Dr. Palmer kennt die Drogenszene von London sehr gut.
the scene of the crime	der Schauplatz des Verbrechens
crime *n* [kraɪm]	Verbrechen, Straftat
the crime rate	die Verbrechensrate
steal, stole, stolen *v* [sti:l, stəʊl, 'stəʊlən]	stehlen
thief, *pl* thieves *n* [θi:f, θi:vz]	Dieb(in)
murder *n; v* ['mɜ:də]	Mord, Ermordung; ermorden
murderer *n* ['mɜ:dərə]	Mörder(in)

lead, led, led *v* [li:d, led]	führen
lead an honest life	ein ehrliches Leben führen
ruin *v* ['rʊɪn]	zerstören
His life was **ruined by** drugs.	Sein Leben wurde durch Drogen zerstört.
difficulty *n* ['dɪfɪkəltɪ]	Schwierigkeit, Problem
Sam **got into difficulties** because of drugs.	Sam kam wegen Drogen in Schwierigkeiten.
trouble *n* ['trʌbl]	Ärger, Probleme
He **got into trouble** with the police.	Er bekam Ärger mit der Polizei.
punish *v* ['pʌnɪʃ]	(be)strafen
prison *n* ['prɪzn]	Gefängnis
They were **sent to prison** for five years.	Sie mußten für fünf Jahre ins Gefängnis.
criminal *n* ['krɪmɪnl]	Kriminelle(r), Verbrecher(in)
► **prevent** *v* [prɪ'vent]	verhindern
Our main concern is not to punish criminals but to prevent crime.	Es ist nicht unsere Hauptaufgabe, Straftäter zu bestrafen, sondern Verbrechen zu verhindern.
chance *n* [tʃɑ:ns]	Chance, Gelegenheit
John was never **given a chance** to lead an honest life.	John bekam nie eine Chance, ein ehrliches Leben zu führen.
aid *n* [eɪd]	Hilfe
With the aid of his friends he found his way back into society.	Mit Hilfe seiner Freunde fand er in die Gesellschaft zurück.
circumstances *n* ['sɜ:kəmstənsɪz]	Umstände, Bedingungen
You can't blame him for stealing food, **under the circumstances**.	Man kann ihm unter diesen Umständen kaum vorwerfen, daß er Lebensmittel gestohlen hat.
under no circumstances	unter gar keinen Umständen
► **communicate** *v* [kə'mju:nɪkeɪt]	kommunizieren, sich austauschen
cooperate *v* [kəʊ'ɒpəreɪt]	zusammenarbeiten
cooperation *n* [kəʊˌɒpə'reɪʃn]	Zusammenarbeit
Many thanks for your cooperation.	Vielen Dank für Ihre Hilfe!
contribute *v* [kən'trɪbju:t]	beitragen; spenden
contribution *n* [ˌkɒntrɪ'bju:ʃn]	Beitrag; Spende
make a contribution (to sth)	einen Beitrag (zu etwas) leisten

adapt *v* [ə'dæpt]	(sich) anpassen, gewöhnen
She found it difficult to **adapt to** country life.	Sie fand es schwierig, sich an das Leben auf dem Land zu gewöhnen.
accompany *v* [ə'kʌmpənɪ]	begleiten
link *n* [lɪŋk]	Verbindung
The police couldn't find any link between the youths and the crime.	Die Polizei konnte die Jugendlichen nicht mit dem Verbrechen in Verbindung bringen.
►	
conduct *n* ['kɒndʌkt]	Verhalten, Benehmen, Führung
At the end of the school year, she won a prize for good conduct.	Am Schuljahrsende gewann sie einen Preis für gutes Betragen.
moral *adj* ['mɒrəl]	moralisch
moral support	moralische Unterstützung
moral values/principles	moralische Werte/Grundsätze
principle *n* ['prɪnsəpl]	Grundsatz, Prinzip
She has no principles; she'd do anything for money.	Sie hat keinerlei Prinzipien; für Geld würde sie alles tun.
►	
demonstrate *v* ['demənstreɪt]	demonstrieren
demonstrator *n* ['demənstreɪtə]	Demonstrant(in)
demonstration *n* [ˌdemən'streɪʃn]	Demonstration, Kundgebung
►	
powerless *adj* ['paʊəlɪs]	machtlos
That's the law; we're powerless to change it.	So ist das Gesetz. Wir haben nicht die Macht, es zu ändern.
neglect *v* [nɪ'glekt]	vernachlässigen
isolation *n* [ˌaɪsə'leɪʃn]	Isolation, Abgeschiedenheit
live in isolation	zurückgezogen leben
pressure *n* ['preʃə]	Druck
be under pressure	unter Druck stehen
put pressure on sb	jdn unter Druck setzen
►	
involved *adj* [ɪn'vɒlvd]	verwickelt, beteiligt
The police think he's involved in this crime.	Die Polizei meint, daß er in dieses Verbrechen verwickelt ist.
mislead, misled, misled *v* [ˌmɪs'li:d, ˌmɪs'led]	irreführen, täuschen
I was misled into thinking they would help me.	Ich nahm fälschlicherweise an, daß sie mir helfen würden.

trick *v* [trɪk] He was tricked and lost everything he owned.	hereinlegen Er wurde hereingelegt und verlor alles, was er besaß.
suppress *v* [sə'pres] **suppress the facts/the truth**	unterdrücken, unterschlagen die Tatsachen/die Wahrheit unterdrücken
►	
incident *n* ['ɪnsɪdənt]	Vorfall, Zwischenfall, Ereignis
affair *n* [ə'feə] Can you remember that famous affair when the defence minister was accused of being a spy?	Affäre, sensationeller Vorgang Können Sie sich noch an die berühmte Affäre erinnern, als der Verteidigungsminister der Spionage beschuldigt wurde?
conflict *n* ['kɒnflɪkt]	Konflikt, Auseinandersetzung
riot *n* ['raɪət] **race riots**	Krawall, Aufruhr Rassenkrawalle
vandal *n* ['vændəl]	Rowdy
vandalism *n* ['vændəlɪzm]	Vandalismus, Zerstörungswut
►	
illegal *adj* [ɪ'li:gl] **illegal immigration**	ungesetzlich, illegal illegale Einwanderung
offence *n* [ə'fens] **commit an offence**	Straftat, Vergehen eine Straftat begehen
offender *n* [ə'fendə] Young offenders are not always sent to prison.	Straftäter(in) Junge Straftäter werden nicht immer ins Gefängnis geschickt.
commit *v* [kə'mɪt] **commit a crime**	begehen, verüben ein Verbrechen begehen
motive *n* ['məʊtɪv]	(Tat-)Motiv
suspect *n* ['sʌspekt]	Verdächtige(r)
suspect *v* [sə'spekt] They suspected him wrongly of stealing the money.	verdächtigen Sie verdächtigten ihn zu Unrecht, das Geld gestohlen zu haben.
suspicious *adj* [sə'spɪʃəs]	verdächtig
suspicion *n* [sə'spɪʃn] **I have a suspicion** that something's wrong here.	Verdacht Ich habe den Verdacht, daß hier was faul ist!
►	
smuggle *v* ['smʌgl]	schmuggeln
theft *n* [θeft]	Diebstahl

shoplifter *n* [ˈʃɒpˌlɪftə]	Ladendieb(in)
pickpocket *n* [ˈpɪkˌpɒkɪt]	Taschendieb(in)
mug *v* [mʌg]	überfallen, niederschlagen, ausrauben
mugger *n* [ˈmʌgə]	Straßenräuber(in)
mugging *n* [ˈmʌgɪŋ] There were five muggings in Central Park last night.	Straßenraub Gestern nacht gab es fünf Raubüberfälle im Central Park.
burglar *n* [ˈbɜːglə]	Einbrecher(in)
rob *v* [rɒb] The bank was robbed by three armed men.	überfallen und berauben Die Bank wurde von drei bewaffneten Männern ausgeraubt.
robber *n* [rɒbə] **bank robber**	Räuber(in) Bankräuber(in)
robbery *n* [ˈrɒbərɪ]	Raubüberfall
► **hijack** *v* [ˈhaɪdʒæk]	(Flugzeug) entführen
hijacker *n* [ˈhaɪdʒækə]	Flugzeugentführer(in)
kidnap *v* [ˈkɪdnæp]	entführen, kidnappen
kidnapper *n* [ˈkɪdnæpə]	Entführer(in), Kidnapper(in)
terrorist *n* [ˈterərɪst]	Terrorist(in)
► **racist** *n* [ˈreɪsɪst]	Rassist(in), Rassenfanatiker(in)
racism *n* [ˈreɪsɪzəm]	Rassismus, Rassenwahn
► **rape** *n; v* [reɪp]	Vergewaltigung; vergewaltigen
violence *n* [ˈvaɪələns] **Robbery with violence** is a serious crime.	Gewalt(anwendung) Gewaltsamer Raub ist ein schweres Verbrechen.
violent *adj* [ˈvaɪələnt]	gewalttätig
torture *n; v* [ˈtɔːtʃə]	Folter, Qual; foltern, quälen
victim *n* [ˈvɪktɪm] The muggers left their victim lying in the road.	Opfer (eines Verbrechens) Die Straßenräuber ließen ihr Opfer auf der Straße liegen.
revenge *n* [rɪˈvenʒ] **take revenge on sb**	Rache, Vergeltung sich an jdm rächen

interfere *v* [ˌɪntəˈfɪə]	eingreifen, sich einmischen
When there's a demonstration, the police don't normally interfere unless it gets violent.	Bei einer Demonstration greift die Polizei normalerweise nicht ein, außer wenn es zu Gewalttätigkeiten kommt.
raid *n* [reɪd]	Razzia; Überfall
bank raid	Banküberfall
police raid	Razzia
raid *v* [reɪd]	durchkämmen, durchsuchen; überfallen
Several houses were raided by the police.	Mehrere Häuser wurden von der Polizei durchsucht.
The shop that was raided yesterday is in a mess.	Der Laden, der gestern überfallen wurde, ist ein einziges Chaos.
protection *n* [prəˈtekʃn]	Schutz
protection money	Schutzgeld *(erpreßte Abgabe an Verbrechersyndikate)*
under police protection	unter Polizeischutz

"Excuse me, madam, but I have reason to suspect ..."

6 Staat, Politik, Gesellschaftsordnung

Gesetze, Rechtsprechung

power *n* ['paʊə]	Macht; Vollmacht
No political party should **be in power** for too long.	Keine politische Partei sollte zu lange an der Macht sein.
The police have the power to arrest people.	Die Polizei hat das Recht, Personen zu verhaften.
right *n* [raɪt]	Recht, Berechtigung
human rights	die Menschenrechte
freedom *n* ['fri:dəm]	Freiheit
freedom of the press	Pressefreiheit
►	
rule *n* [ru:l]	Regel, Vorschrift
law *n* [lɔ:]	Recht; Gesetz
There are **laws against** the pollution of our environment.	Es gibt Gesetze gegen die Verschmutzung unserer Umwelt.
law and order	Recht und Ordnung
legal *adj* ['li:gl]	rechtmäßig, legal; Rechts-
take legal advice	sich juristisch beraten lassen
permission *n* [pə'mɪʃn]	Erlaubnis, Genehmigung
observe *v* [əb'zɜ:v]	befolgen, einhalten
In any society there are rules and laws which have to be observed.	In jeder Gesellschaft gibt es Regeln und Gesetze, die eingehalten werden müssen.
responsible *adj* [rɪ'spɒnsəbl]	verantwortlich
►	
justice *n* ['dʒʌstɪs]	Gerechtigkeit
court *n* [kɔ:t]	Gericht
Nancy **took** her neighbours **to court**.	Nancy verklagte ihre Nachbarn vor Gericht.
appear in court	vor Gericht erscheinen
judge *n* [dʒʌdʒ]	Richter(in)
lawyer *n* ['lɔ:jə]	Rechtsanwalt, Rechtsanwältin
accuse *v* [ə'kju:z]	anklagen, beschuldigen
She was **accused of** murder.	Sie wurde des Mordes angeklagt.
accused *n* [ə'kju:zd]	Angeklagte(r)
the accused	der/die Angeklagte(r)

fair *adj* [feə]	gerecht, angemessen, fair
The accused must get **a fair chance** to defend themselves.	Die Angeklagten müssen eine angemessene Möglichkeit zu ihrer Verteidigung bekommen.
defence *n* [dɪ'fens]	Verteidigung; Rechtfertigung
The defence produced a convincing argument.	Die Verteidigung brachte ein überzeugendes Argument vor.
Her only defence was that she was very young.	Entlastend für sie war nur, daß sie sehr jung war.
►	
innocent *adj* ['ɪnəsnt]	unschuldig
The judge realized she was **innocent of** the crime.	Der Richter erkannte, daß sie an dem Verbrechen unschuldig war.
guilty *adj* ['gɪltɪ]	schuldig
He **was found guilty of** stealing the money.	Er wurde für schuldig befunden, das Geld gestohlen zu haben.
judg(e)ment *n* ['dʒʌdʒmənt]	Urteil
The judgment was in the accused's favour.	Das Urteil fiel zugunsten des Angeklagten aus.
sentence *n* ['sentəns]	Strafe, Urteilsspruch
a life sentence	eine lebenslängliche Freiheitsstrafe
sentence *v* ['sentəns]	verurteilen
He was sentenced to 14 years in prison.	Er wurde zu 14 Jahren Gefängnis verurteilt.
fine *n* [faɪn]	Geldbuße, -strafe
pay a fine	eine Geldstrafe bezahlen
fine *v* [faɪn]	mit einer Geldstrafe belegen
The car driver was fined £20.	Der Autofahrer erhielt eine Geldbuße von 20 Pfund.
punish *v* ['pʌnɪʃ]	bestrafen
prison *n* ['prɪzn]	Gefängnis
He was **sent to prison** for 10 years.	Er wurde zu 10 Jahren Gefängnis verurteilt.
She's been **in prison** for 8 years.	Sie ist jetzt schon 8 Jahre im Gefängnis.
prisoner *n* ['prɪznə]	Strafgefangene(r), Häftling

legislation *n* [ˌledʒɪsˈleɪʃn]	Gesetze, Gesetzgebung
Alcoholism is not a problem that can be solved by legislation.	Alkoholismus ist ein Problem, das sich nicht durch Gesetze lösen läßt.
order *v* [ˈɔ:də]	anweisen, auferlegen
The accused was ordered to pay a fine of £200.	Dem Angeklagten wurde eine Geldstrafe von 200 Pfund auferlegt.
abolish *v* [əˈbɒlɪʃ]	abschaffen
Slavery in the USA was abolished in the 19th century.	In den USA wurde die Sklaverei im 19. Jahrhundert abgeschafft.
illegal *adj* [ɪˈli:gl]	illegal, verboten
respect *v* [rɪˈspekt]	einhalten, befolgen
Every citizen must respect the law.	Jeder Bürger muß sich ans Gesetz halten.
strictly *adv* [ˈstrɪktlɪ]	streng, absolut
Swimming strictly prohibited!	Baden streng verboten!
► **violation** *n* [ˌvaɪəˈleɪʃn]	Verletzung, Verstoß
a violation of the law	ein Gesetzesverstoß
traffic violation	Verkehrswidrigkeit
commit *v* [kəˈmɪt]	begehen, ausführen
commit a crime	ein Verbrechen begehen
commit suicide	Selbstmord begehen
► **prosecution** *n* [ˌprɒsɪˈkju:ʃn]	Strafverfolgung; Anklage
witness for the prosecution	Zeuge, Zeugin der Anklage
case *n* [keɪs]	Rechtsfall, Streitsache
She won her case because she had a very good solicitor.	Sie gewann ihren Rechtsstreit, weil sie einen sehr guten Anwalt hatte.
trial *n* [ˈtraɪəl]	Gerichtsverfahren, Prozeß
try *v* [traɪ]	vor Gericht stellen; verhandeln
He's to be tried for mugging.	Er wird wegen Straßenraubs vor Gericht gestellt.
jury *n* [ˈdʒʊərɪ]	die Schöffen, die Geschworenen
Serious crimes are tried by a judge and jury.	Schwere Verbrechen werden vor einem Richter und Geschworenen verhandelt.
sit on the jury	Schöffe/Geschworene(r) sein
magistrate *n* [ˈmædʒɪstreɪt]	Friedensrichter(in)
magistrates' court	Friedensgericht

attorney *n* [ə'tɜ:nɪ] **power of attorney**	Rechtsvertreter(in) Rechtsvollmacht
solicitor *n* [sə'lɪsɪtə]	Rechtsanwalt, Rechtsanwältin *(mit Zulassung nur für die untere Instanz, die „Magistrates' Courts")*
barrister *n* ['bærɪstə]	Rechtsanwalt, Rechtsanwältin *(mit Zulassung für alle höheren Gerichtsinstanzen)*
client *n* ['klaɪənt]	Mandant(in)
charge *n* [tʃɑ:dʒ] **be arrested on a charge of murder**	Anklage; Tatverdacht unter Mordverdacht verhaftet werden
► **evidence** *n* ['evɪdəns] We haven't got any evidence against him. **give evidence in court**	Beweismaterial; beweiskräftige Aussage Wir haben keinerlei Beweise gegen ihn. vor Gericht aussagen
proof *n* [pru:f] A person cannot be found guilty if there is no proof that he committed a crime.	Beweis, Nachweis Niemand kann schuldig gesprochen werden ohne den Beweis, daß er ein Verbrechen begangen hat.
valid *adj* ['vælɪd] **a valid argument** **valid documents**	stichhaltig; rechtlich gültig ein stichhaltiges Argument rechtsgültige Dokumente
document *n* ['dɒkjʊmənt]	Dokument, Unterlage, Papier
witness *n* ['wɪtnɪs]	Zeuge, Zeugin
testify *v* ['testɪfaɪ] **testify against/in favour of sb**	bezeugen, eine Zeugenaussage machen gegen/für jdn aussagen
swear, swore, sworn *v* [sweə, swɔ:, swɔ:n] Before giving evidence in court, you have to swear to tell the truth.	(be)schwören Bevor man vor Gericht aussagt, muß man beschwören, daß man die Wahrheit sagt.
► **deny** *v* [dɪ'naɪ] He denied stealing the money.	leugnen, bestreiten Er leugnete, das Geld gestohlen zu haben.
confess *v* [kən'fes] She **confessed to** stealing the car.	(ein)gestehen Sie gab zu, das Auto gestohlen zu haben.

guilt *n* [gɪlt]	Schuld
self-defence *n* [ˌselfdɪ'fens] **act in self-defence**	Selbstverteidigung, Notwehr in Notwehr handeln
► **withdraw**, withdrew, withdrawn *v* [wɪð'drɔː, wɪð'druː, wɪð'drɔːn] The **charges were withdrawn** after they had settled the matter out of court.	zurückziehen/-nehmen Die Anklage wurde zurückgezogen, nachdem sie die Angelegenheit außergerichtlich beigelegt hatten.
verdict *n* ['vɜːdɪkt] The verdict of the jury was "Not guilty".	Urteil(sspruch) Das Urteil der Geschworenen lautete „Unschuldig".
clear *v* [klɪə] The accused was cleared of the charges.	freisprechen Der Angeklagte wurde freigesprochen.
penalty *n* ['penltɪ] There is a penalty of two months' imprisonment for this crime.	Strafmaß, Strafhöhe Auf dieses Verbrechen steht eine Gefängnisstrafe von zwei Monaten.
punishment *n* ['pʌnɪʃmənt]	Strafe, Bestrafung
imprisonment *n* [ɪm'prɪznmənt]	Gefängnis-/Haftstrafe
jail *n* [dʒeɪl] **go to jail**	Gefängnis ins Gefängis wandern
► **injustice** *n* [ɪn'dʒʌstɪs] **do sb an injustice**	Unrecht, Ungerechtigkeit jdm ein Unrecht zufügen
mercy *n* ['mɜːsɪ] The judge **showed mercy on** the accused.	Gnade, Milde, Barmherzigkeit Der Richter zeigte Milde gegenüber der Angeklagten.
release *v* [rɪ'liːs] Harold B. was **released from prison** yesterday.	entlassen Gestern wurde Harold B. aus dem Gefängnis entlassen.
► **will** *n* [wɪl] He left his sister £5000 in his will. **make a will**	Testament, letzter Wille In seinem Testament vermachte er seiner Schwester 5000 Pfund. sein Testament machen

Verwaltung, Polizei

public *adj* ['pʌblɪk]	öffentlich, staatlich
public life	das öffentliche Leben
public services	staatliche Dienstleistungen
civil *adj* ['sɪvl]	öffentlich, staatlich
civil servant	Staatsbeamter/-beamtin
civil service	öffentlicher Dienst
private *adj* ['praɪvɪt]	privat, persönlich
private citizen/life	Privatperson/-leben
property *n* ['prɒpətɪ]	Eigentum, Besitz
private property	Privatbesitz
public property	öffentliches Eigentum, Staatsbesitz
►	
official *adj* [ə'fɪʃl]	offiziell, amtlich
staff *n* [stɑ:f]	Mitarbeiter(stab), Personal
The White House staff had a meeting with the President.	Die Mitarbeiter des Weißen Hauses hatten eine Sitzung mit dem Präsidenten.
officer *n* ['ɒfɪsə]	Beamter, Beamtin
customs officer	Zollbeamter/-beamtin
police officer	Polizeibeamter/-beamtin
police *n* [pə'li:s]	Polizei
In Britain, the police don't usually carry guns.	In Großbritannien tragen Polizisten normalerweise keine Schußwaffen.
police station	Polizeiwache
policeman, *pl* policemen *n* [pə'li:smən, pə'li:smən]	Polizeibeamter
policewoman, *pl* policewomen *n* [pə'li:sˌwʊmən, pə'li:sˌwɪmɪn]	Polizeibeamtin
►	
district *n* ['dɪstrɪkt]	Gebiet, Stadtteil, Revier
inhabitant *n* [ɪn'hæbɪtənt]	Einwohner(in)
passport *n* ['pɑ:spɔ:t]	(Reise-)Paß
tax *n* [tæks]	Steuer, Abgabe
tax-payer	Steuerzahler(in)
income tax	Lohn-/Einkommensteuer
value-added tax (VAT)	Mehrwertsteuer

warn *v* [wɔːn]	warnen, hinweisen
Tourists have been **warned not to** swim near here.	Die Touristen sind davor gewarnt worden, hier zu baden.
forbid, forbade/forbad, forbidden *v* [fəˈbɪd, fəˈbeɪd/fəˈbæd, fəˈbɪdn]	verbieten
►	
crime *n* [kraɪm]	Verbrechen, Straftat
criminal *n* [ˈkrɪmɪnl]	Verbrecher(in), Straftäter(in)
►	
control *n* [kənˈtrəʊl]	Kontrolle
out of/under control	außer/unter Kontrolle
control *v* [kənˈtrəʊl]	kontrollieren, regeln
control the traffic	den Verkehr regeln
search *v* [sɜːtʃ]	suchen, durchsuchen
The police searched the house for stolen goods.	Die Polizei durchsuchte das Haus nach Diebesgut.
missing *adj* [ˈmɪsɪŋ]	vermißt
missing person	Vermißte(r)
escape *v* [ɪˈskeɪp]	fliehen, entkommen
escape from prison	aus dem Gefängnis entkommen
arrest *v* [əˈrest]	festnehmen, verhaften

administration *n* [ədˌmɪnɪˈstreɪʃn]	Verwaltung
authority *n* [ɔːˈθɒrətɪ]	Autorität; Behörde, Amt
the local authorities	die Gemeindeverwaltung
council *n* [ˈkaʊnsl]	Rat(sversammlung)
town council	Stadtrat
council house	Sozialwohnung *(meist Reihen- oder Doppelhaus)*
county *n* [ˈkaʊntɪ]	Regierungsbezirk, Grafschaft
A county is the largest unit of local government in Britain.	Eine Grafschaft ist die größte Einheit der Regionalverwaltung in Großbritannien.
committee *n* [kəˈmɪtɪ]	Ausschuß, Komitee
on the committee	im Ausschuß
chairperson *n* [ˈtʃeəpɜːsn]	Vorsitzende(r)
chairman *n* [ˈtʃeəmən]	Vorsitzender
chairwoman *n* [ˈtʃeəˌwʊmən]	Vorsitzende

appoint *v* [ə'pɔɪnt]	ernennen, berufen
In Britain, judges are appointed by the crown.	In Großbritannien werden die Richter von der Krone berufen.
official *n* [ə'fɪʃl]	Beamter, Beamtin; Funktionär(in)
government officials	Regierungsbeamte, -vertreter
mayor *n* [meə]	Bürgermeister(in)
mayoress *n* ['meərɪs]	Frau des Bürgermeisters; Bürgermeisterin
personnel *n* [ˌpɜːsə'nel]	Personal, Beschäftigte
personnel officer	Personalchef(in)/-beauftragte(r)
►	
town-hall *n* [ˌtaʊn'hɔːl]	Rathaus
register *v* ['redʒɪstə]	registrieren, melden
Births, deaths and marriages must be registered with the local authority.	Geburten, Todesfälle und Eheschließungen müssen bei der Gemeindebehörde gemeldet werden.
require *v* [rɪ'kwaɪə]	verlangen, fordern, vorschreiben
The law requires that citizens pay taxes.	Es ist gesetzlich vorgeschrieben, daß die Bürger Steuern zahlen.
questionnaire *n* [ˌkwestɪə'neə]	Fragebogen, Formblatt
permit *n* ['pɜːmɪt]	Erlaubnis, Genehmigung
residence/work permit	Aufenthalts-/Arbeitserlaubnis
permit *v* [pə'mɪt]	erlauben, genehmigen
►	
force *n* [fɔːs]	Gewalt; Truppe, Einheit
by force	mit Gewalt
police force	Polizei(einheit)
inspector *n* [ɪn'spektə]	Inspektor(in)
police inspector	Polizeiinspektor(in), Kommissar(in)
customs inspector	Zollinspektor(in)
detective *n* [dɪ'tektɪv]	Detektiv(in), Kriminalbeamter/-beamtin
private detective	Privatdetektiv(in)
guard *v* [gɑːd]	bewachen
rescue *v* ['reskjuː]	retten
A police officer rescued a 4-year-old child from drowning yesterday.	Ein Polizeibeamter rettete gestern ein 4jähriges Kind vorm Ertrinken.
observation *n* [ˌɒbzə'veɪʃn]	Beobachtung
The police kept the suspect **under observation**.	Die Polizei hielt den Verdächtigen unter Beobachtung.

Politik, politische Systeme

politics *n* ['pɒlɪtɪks]	Politik
local/party politics	Lokal-/Parteipolitik
political *adj* [pə'lɪtɪkl]	politisch
for political reasons	aus politischen Gründen
political prisoner	politische(r) Gefangene(r)
policy *n* ['pɒləsɪ]	politisches Ziel, Programm, Plan
economic/foreign policy	Wirtschafts-/Außenpolitik
►	
labour *n* ['leɪbə]	die Arbeitnehmerschaft, Arbeitskräfte
the Labour Party	die britische sozialistische Arbeiterpartei
struggle *n* ['strʌgl]	Kampf, Ringen
The **struggle for** equal opportunities for women has been going on for quite some time.	Das Ringen um die Gleichberechtigung der Frau geht schon seit ziemlich langer Zeit vor sich.
progress *n* ['prəʊgres]	Fortschritt
make progress	Fortschritte machen
free *adj* [fri:]	frei
freedom *n* ['fri:dəm]	Freiheit
freedom of the press	Pressefreiheit
►	
system *n* ['sɪstəm]	System
system of government	Regierungssystem
democrat *n* ['deməkræt]	Demokrat(in)
social democrat	Sozialdemokrat(in)
democracy *n* [dɪ'mɒkrəsɪ]	Demokratie
democratic *adj* [ˌdemə'krætɪk]	demokratisch
the Democratic Party	die Demokratische Partei in den USA
►	
vote *n* [vəʊt]	Stimme; Abstimmung
Let's **take a vote on** it.	Stimmen wir doch darüber ab!
vote *v* [vəʊt]	wählen, abstimmen
vote against sb/sth	gegen jdn/etwas stimmen
vote for sb/sth	für jdn/etwas stimmen

support *n; v* [sə'pɔ:t]	Unterstützung; unterstützen, Anhänger sein
elect *v* [ɪ'lekt]	wählen
Ronald Reagan was first elected President of the USA in 1980.	Ronald Reagan wurde 1980 erstmals zum amerikanischen Präsidenten gewählt.
election *n* [ɪ'lekʃn]	Wahl(en)
general election	Parlamentswahlen
party *n* ['pɑ:tɪ]	Partei
a political party	eine politische Partei
party leader	Parteivorsitzende(r)
parliament *n* ['pɑ:ləmənt]	Parlament, Volksvertretung
member *n* ['membə]	Mitglied
Member of Parliament (MP)	britische(r) Parlamentsabgeordnete(r)
house *n* [haʊs]	Kammer (des Parlaments)
The British Parliament consists of the **House of Commons** and the **House of Lords**.	Das britische Parlament besteht aus dem Unterhaus und dem Oberhaus.
the Houses of Parliament	das Parlamentsgebäude in London
►	
kingdom *n* ['kɪŋdəm]	Königreich
crown *n* [kraʊn]	Krone
king *n* [kɪŋ]	König
queen *n* [kwi:n]	Königin
lord *n* [lɔ:d]	Lord, Adliger
lady *n* ['leɪdɪ]	Dame; Adlige
Lord and Lady Ashley	Lord und Lady Ashley
►	
politician *n* [ˌpɒlɪ'tɪʃn]	Politiker(in)
leader *n* ['li:də]	Vorsitzende(r), Führer(in)
union leader	Gewerkschaftsvorsitzende(r)
minister *n* ['mɪnɪstə]	Minister(in)
prime minister	Premierminister(in); Ministerpräsident(in)
president *n* ['prezɪdənt]	Präsident(in)
the US President	der amerikanische Präsident
government *n* ['gʌvnmənt]	Regierung
govern *v* ['gʌvn]	regieren

citizen *n* ['sɪtɪzn]	Bürger(in), Staatsbürger(in)
community *n* [kə'mju:nətɪ]	Gemeinschaft; Gemeinde
people, *pl* peoples *n* ['pi:pl, 'pi:plz]	Volk
The peoples of Europe don't want another war.	Die Völker Europas wollen keinen weiteren Krieg.
nation *n* ['neɪʃn]	Nation, Volk
national *adj* ['næʃənl]	national; staatlich
international *adj* [ˌɪntə'næʃənl]	international
an international meeting	ein internationales Treffen
international law	Völkerrecht
flag *n* [flæg]	Flagge
The British national flag is called the "Union Jack".	Die britische Nationalflagge heißt „Union Jack".
state *n* [steɪt]	Staat; Bundesstaat
Many national airlines are owned by the state.	Viele nationale Fluggesellschaften gehören dem Staat.
There are 50 states in the USA.	Die USA bestehen aus 50 Bundesstaaten.
country *n* ['kʌntrɪ]	Land
my home country	mein Heimatland
mother country	Vaterland
border *n* ['bɔ:də]	Staatsgrenze
capital *n* ['kæpɪtl]	Hauptstadt
►	
independent *adj* [ˌɪndɪ'pendənt]	(politisch) unabhängig, selbständig
The USA **became independent** in 1776.	Amerika wurde 1776 unabhängig.
independence *n* [ˌɪndɪ'pendəns]	Unabhängigkeit, Selbständigkeit
On July 4th, Americans celebrate **Independence Day**.	Am 4. Juli feiern die Amerikaner den Unabhängigkeitstag.
united *adj* [ju:'naɪtɪd]	verein(ig)t
the United Nations (Organization)	die Vereinten Nationen
organization *n* [ˌɔ:gənaɪ'zeɪʃn]	Vereinigung; Organisation
agreement *n* [ə'gri:mənt]	Abkommen, Vereinbarung
come to an agreement	eine Vereinbarung schließen
►	
West *n* [west]	der Westen
The political leaders of the West and of the East should meet more often.	Die führenden Politiker des Westens und des Ostens sollten öfter zusammentreffen.

western *adj* ['westən]	westlich; West-
Western Europe	Westeuropa
the Western World	die westliche Welt
East *n* [i:st]	der Osten
the Middle East	der Nahe Osten
the Far East	der Ferne Osten
eastern *adj* ['i:stən]	östlich; Ost-
Eastern Europe	Osteuropa
North *n* [nɔ:θ]	der Norden, die nördliche Hemisphäre
northern *adj* ['nɔ:ðn]	nördlich; Nord-
Northern Europe	Nordeuropa
Northern Ireland	Nordirland
South *n* [saʊθ]	der Süden, die südliche Hemisphäre
the South (of the USA)	die Südstaaten (der USA)
southern *adj* ['sʌðən]	südlich; Süd-
Southern Europe	Südeuropa
► **develop** *v* [dɪ'veləp]	(wirtschaftlich) entwickeln
developing countries	Entwicklungsländer
development *n* [dɪ'veləpmənt]	Entwicklung
new developments in world politics	neue Entwicklungen in der Weltpolitik
declaration *n* [ˌdeklə'reɪʃn]	Erklärung, Ausrufung
declaration of human rights	Menschenrechtserklärung
declaration of independence	Unabhängigkeitserklärung
constitution *n* [ˌkɒnstɪ'tju:ʃn]	Verfassung, Grundgesetz
► **territory** *n* ['terɪtərɪ]	Hoheitsgebiet, Staatsgebiet
British territory	britisches Hoheitsgebiet
republic *n* [rɪ'pʌblɪk]	Republik
republican *adj* [rɪ'pʌblɪkən]	republikanisch
the Republican Party	die Republikanische Partei in den USA
federal *adj* ['fedərəl]	föderal, Bundes-
the federal government	die Bundesregierung

conservative *adj* [kən'sɜ:vətɪv]	konservativ
have conservative ideas/views	konservative Ansichten haben
the Conservative Party	die Konservative Partei, die Konservativen in Großbritannien
conservative *n* [kən'sɜ:vətɪv]	Konservative(r)
liberal *adj* ['lɪbərəl]	liberal, freiheitlich gesinnt, offen
have liberal ideas	liberal denken
the Liberal Party	die Liberale Partei, die Liberalen in Großbritannien
liberal *n* ['lɪbərəl]	Liberale(r)
progressive *adj* [prə'gresɪv]	fortschrittlich, progressiv
reform *n* [rɪ'fɔ:m]	Reform, Erneuerung
land reform	Land-/Bodenreform
radical *adj; n* ['rædɪkl]	radikal; Radikale(r)
wing *n* [wɪŋ]	Flügel *(z. B. einer Partei)*
right/left wing	rechter/linker Flügel
socialist *adj; n* ['səʊʃəlɪst]	sozialistisch; Sozialist(in)
communist *adj; n* ['kɒmjʊnɪst]	kommunistisch; Kommunist(in)
capitalist *adj; n* ['kæpɪtəlɪst]	kapitalistisch; Kapitalist(in)
►	
institution *n* [ˌɪnstɪ'tju:ʃn]	Institution, Einrichtung
The British House of Lords is a very old institution.	Das britische Oberhaus ist eine sehr alte Institution.
representative *n* [ˌreprɪ'zentətɪv]	Vertreter(in)
Members of Parliament are elected representatives of the people.	Parlamentsabgeordnete sind gewählte Volksvertreter.
administration *n* [ədˌmɪnɪ'streɪʃn]	Regierung, Exekutive
the Administration	die (amerikanische) Regierung
►	
candidate *n* ['kændɪdət]	Kandidat(in)
nominate *v* ['nɒmɪneɪt]	aufstellen, nominieren
nominate a candidate	einen Kandidaten aufstellen
nomination *n* [ˌnɒmɪ'neɪʃn]	Aufstellung, Nominierung
campaign *n* [kæm'peɪn]	Kampagne, Kampf
election campaign	Wahlkampf
voter *n* ['vəʊtə]	Wähler(in)
registered voter	Wahlberechtigte(r)
supporter *n* [sə'pɔ:tə]	Anhänger(in)

poll *n* [pəʊl]	Abstimmung; Umfrage
opinion poll	Meinungsumfrage
polling-station *n* ['pəʊlɪŋˌsteɪʃn]	Wahllokal
majority *n* [mə'dʒɒrətɪ]	Mehrheit
overall majority	absolute Mehrheit
minority *n* [maɪ'nɒrətɪ]	Minderheit, kleinerer Anteil
minority government	Minderheitsregierung
oppose *v* [ə'pəʊz]	sich widersetzen, dagegen sein
opposed *adj* [ə'pəʊzd]	dagegen eingestellt
Most people **are opposed to** nuclear and chemical weapons.	Die meisten Menschen sind gegen atomare und chemische Waffen.
opposition *n* [ˌɒpə'zɪʃn]	Opposition (im Parlament)
be in opposition	in der Opposition sein
►	
propose *v* [prə'pəʊz]	vorschlagen
proposal *n* [prə'pəʊzl]	Vorschlag, Antrag
make a proposal	einen Vorschlag machen
debate *n* [dɪ'beɪt]	Debatte, formelle Diskussion
speech *n* [spi:tʃ]	Rede
make a speech	eine Rede halten
►	
monarchy *n* ['mɒnəkɪ]	Monarchie
royal *adj* ['rɔɪəl]	königlich
the Royal Family	die königliche Familie
prince *n* [prɪns]	Prinz; Fürst
princess *n* [prɪn'ses]	Prinzessin; Fürstin
duke *n* [dju:k]	Herzog
the Duke of York	der Herzog von York
duchess *n* ['dʌtʃɪs]	Herzogin
empire *n* ['empaɪə]	Kaiserreich, Imperium
the Roman Empire	das Römische Reich
the British Empire	das (frühere) britische Weltreich
►	
ministry *n* ['mɪnɪstrɪ]	Ministerium
Ministry of Defence	Verteidigungsministerium
embassy *n* ['embəsɪ]	Botschaft
the US Embassy	die amerikanische Botschaft
ambassador *n* [æm'bæsədə]	Botschafter(in)

diplomat *n* ['dɪpləmæt]	Diplomat(in)
diplomatic *adj* [ˌdɪplə'mætɪk]	diplomatisch
the diplomatic service	der diplomatische Dienst
diplomatic relations	diplomatische Beziehungen
break off, broke, broken *v* ['breɪk‿ˌɒf, brəʊk, 'brəʊkən]	abbrechen
The government **broke off diplomatic relations** with South Africa.	Die Regierung brach die diplomatischen Beziehungen zu Südafrika ab.
►	
dictator *n* [dɪk'teɪtə]	Diktator(in), Alleinherrscher(in)
dictatorship *n* [dɪk'teɪtəʃɪp]	Diktatur
exploit *v* [ɪk'splɔɪt]	ausbeuten
suppress *v* [sə'pres]	unterdrücken
In many countries throughout the world, political opposition is being suppressed by the military.	In vielen Ländern auf der ganzen Welt wird die politische Opposition vom Militär unterdrückt.
oppression *n* [ə'preʃn]	Druck, Unterdrückung
victims of oppression	Opfer der Unterdrückung
torture *n; v* ['tɔ:tʃə]	Folter; foltern
overcome, overcame, overcome *v* [ˌəʊvə'kʌm, ˌəʊvə'keɪm, ˌəʊvə'kʌm]	überwinden, bezwingen
overthrow, overthrew, overthrown *v* [ˌəʊvə'θrəʊ, ˌəʊvə'θru:, ˌəʊvə'θrəʊn]	absetzen, stürzen
The dictator was finally overthrown by a group of officers.	Der Diktator wurde schließlich von einer Gruppe von Offizieren gestürzt.
rid of, rid/ridded, rid/ridded *v* ['rɪd‿ˌɒv, rɪd/'rɪdɪd]	befreien von
The world must be rid of racism.	Die Welt muß vom Rassismus befreit werden.
get rid of sth/sb	etwas/jdn loswerden
sanction *n* ['sæŋkʃn]	Sanktion, Strafmaßnahme
economic sanctions	wirtschaftliche Sanktionen
►	
stable *adj* ['steɪbl]	stabil, dauerhaft
a stable government	eine stabile Regierung
stability *n* [stə'bɪlətɪ]	Stabilität, Beständigkeit
summit *n* ['sʌmɪt]	Gipfel(treffen)

Frieden, Krieg

peace *n* [piːs]	Frieden
peace talks	Friedensverhandlungen
movement *n* [ˈmuːvmənt]	Bewegung
peace movement	Friedensbewegung
protest *n* [ˈprəʊtest]	Protest
in protest	aus Protest
protest *v* [prəˈtest]	protestieren, demonstrieren
safe *adj* [seɪf]	sicher, geschützt
All peoples of the world want to be **safe from** war and destruction.	Alle Völker der Erde wollen vor Krieg und Zerstörung sicher sein.
►	
enemy *n* [ˈenəmɪ]	Feind, Gegner
The enemy crossed the border, but they were forced back.	Der Gegner überschritt die Grenze, wurde aber zum Rückzug gezwungen.
risk *n* [rɪsk]	Risiko
Peace is **at risk**.	Der Frieden steht auf dem Spiel.
run/take the risk of being killed	es riskieren, getötet zu werden
danger *n* [ˈdeɪndʒə]	Gefahr
threaten *v* [ˈθretn]	(be)drohen
power *n* [ˈpaʊə]	Macht
the super-powers	die Supermächte
the balance of power	das Machtgleichgewicht
►	
war *n* [wɔː]	Krieg
declare war (on)	den Krieg erklären
be at war	sich im Kriegszustand befinden
prisoner of war (POW)	Kriegsgefangene(r)
World War I/II	der 1./2. Weltkrieg
attack *n; v* [əˈtæk]	Angriff; angreifen
aim *v* [eɪm]	zielen; richten
The first attack was **aimed at** the airport.	Der erste Angriff richtete sich gegen den Flughafen.
defend *v* [dɪˈfend]	verteidigen
defence *n* [dɪˈfens]	Verteidigung

shelter *n* ['ʃeltə] — Schutzraum, Luftschutzkeller

shelter *v* ['ʃeltə] — (be)schützen; Deckung nehmen
During the Second World War, thousands of Londoners **sheltered from** the bombs in underground stations. — Während des Zweiten Weltkriegs suchten Tausende von Londonern in U-Bahnhöfen Schutz vor den Bomben.

fight *n* [faɪt] — Kampf, Gefecht
put up a good fight — sich tapfer schlagen

fight, fought, fought *v* [faɪt, fɔːt] — (be)kämpfen
The Americans **fought for** their independence against the British in the 18th century. — Die Amerikaner kämpften im 18. Jahrhundert gegen die Briten um ihre Unabhängigkeit.

struggle *n* ['strʌgl] — schwerer Kampf, Ringen
a life-and-death struggle — ein Kampf auf Leben und Tod

battle *n* ['bætl] — Schlacht
The **Battle of Hastings** was fought in 1066. — Die Schlacht von Hastings fand im Jahr 1066 statt.
die in battle — in der Schlacht fallen

►
army *n* ['ɑːmɪ] — Militär; Armee
Their son has been **in the army** for two years. — Ihr Sohn ist seit zwei Jahren beim Militär.
the British Army — die britische Armee

unit *n* ['juːnɪt] — Truppeneinheit

soldier *n* ['səʊldʒə] — Soldat(in)

officer *n* ['ɒfɪsə] — Offizier

captain *n* ['kæptɪn] — Hauptmann

camp *n* [kæmp] — Feldlager
The soldiers were **in camp** all summer. — Die Soldaten waren den ganzen Sommer über im Feldlager.

►
arms *n* [ɑːmz] — Waffen
arms control — Rüstungskontrolle
arms race — Wettrüsten

weapon *n* ['wepən] — Waffe

secret *adj* ['siːkrɪt] — geheim
secret weapon — Geheimwaffe
top secret — streng geheim

secret *n* ['siːkrɪt] — Geheimnis
keep a secret — ein Geheimnis für sich behalten

atom *adj* ['ætəm]	Atom-
atom bomb	Atombombe
nuclear *adj* ['nju:klɪə]	Atom-, Kern-
nuclear war	Atomkrieg
nuclear weapons	Atom-/Kernwaffen
bomb *n* [bɒm]	Bombe
drop bombs	Bomben abwerfen
bomb *v* [bɒm]	bombardieren
Coventry was bombed by German planes in 1940.	Coventry wurde 1940 von deutschen Flugzeugen bombardiert.
gun *n* [gʌn]	Feuerwaffe *(Kanone, Gewehr, Pistole usw.)*
fire *v* ['faɪə]	feuern, schießen
fire (a gun) at sb	auf jdn schießen
shoot, shot, shot *v* [ʃu:t, ʃɒt]	(er)schießen
shoot down a plane	ein Flugzeug abschießen
wound *n; v* [wu:nd]	Wunde, Verletzung; verwunden, verletzen
kill *v* [kɪl]	töten
destroy *v* [dɪ'strɔɪ]	zerstören, vernichten
destruction *n* [dɪ'strʌkʃn]	Zerstörung, Vernichtung
win, won, won *v* [wɪn, wʌn]	gewinnen, siegen
win the war	den Krieg gewinnen
defeat *v* [dɪ'fi:t]	besiegen
lose, lost, lost *v* [lu:z, lɒst]	verlieren
lose the war	den Krieg verlieren

survive *v* [sə'vaɪv]	überleben
Hardly anyone would survive a nuclear war.	Kaum irgendjemand würde einen Atomkrieg überleben.
survival *n* [sə'vaɪvl]	Überleben
survival techniques	Überlebenstechniken
détente *n* [deɪ'tɑ̃:nt]	politische Entspannung
policy of détente	Entspannungspolitik
freeze *n* [fri:z]	Einfrieren, Stop
arms freeze	Rüstungsstop
conference *n* ['kɒnfərəns]	Konferenz
peace conference	Friedenskonferenz

global *adj* ['gləʊbl]	weltweit
global disarmament	weltweite Abrüstung
disarmament *n* [dɪs'ɑːməmənt]	Abrüstung
nuclear disarmament	atomare Abrüstung
neutral *adj* ['njuːtrəl]	neutral, blockfrei
Austria and Switzerland are neutral countries.	Österreich und die Schweiz sind neutrale Länder.
treaty *n* ['triːtɪ]	Vertrag
sign a peace treaty	einen Friedensvertrag unterzeichnen
conscientious objector *n* [ˌkɒnʃɪ'enʃəs‿əb'dʒektə]	Kriegs-/Wehrdienstverweigerer
►	
resist *v* [rɪ'zɪst]	widerstehen, sich wehren
resistance *n* [rɪ'zɪstəns]	Widerstand, Gegenwehr
resistance fighter	Widerstandskämpfer(in)
sacrifice *n; v* ['sækrɪfaɪs]	Opfer; opfern
►	
threat *n* [θret]	Drohung, Bedrohung
We've been living with the **threat of** nuclear war since 1945.	Wir leben seit 1945 unter der Drohung eines Atomkriegs.
crisis, *pl* crises *n* ['kraɪsɪs, 'kraɪsiːz]	Krise
provoke *v* [prə'vəʊk]	provozieren, herausfordern
provocation *n* [ˌprɒvə'keɪʃn]	Provokation, Herausforderung
aggression *n* [ə'greʃn]	Angriff, Übergriff, Aggression
an act of aggression	ein aggressiver Akt
►	
frontier *n* ['frʌnˌtɪə]	(Landes-)Grenze
force *n* [fɔːs]	militärische Gewalt; Truppe(n)
use force	Gewalt anwenden
the armed forces	die bewaffneten Streitkräfte
the Royal Air Force (RAF)	die britische Luftwaffe
troops *n* [truːps]	Truppen; Soldaten
advance *v* [əd'vɑːns]	vordringen
invade *v* [ɪn'veɪd]	einmarschieren, eindringen
invasion *n* [ɪn'veɪʒn]	Invasion, Einmarsch
march *n; v* [mɑːtʃ]	Marsch; marschieren
parade *n* [pə'reɪd]	(Truppen-)Parade
be on parade	eine Parade abhalten

occupy *v* ['ɒkjʊpaɪ]	besetzen, in Besitz nehmen
surround *v* [sə'raʊnd]	umzingeln, einschließen
► **withdraw**, withdrew, withdrawn *v* [wɪð'drɔː, wɪð'druː, wɪð'drɔːn]	(sich) zurückziehen
withdraw troops	Truppen abziehen
retreat *v* [rɪ'triːt]	sich zurückziehen
The invading army retreated after losing the first battle.	Das Invasionsheer zog sich zurück, nachdem es die erste Schlacht verloren hatte.
flee, fled, fled *v* [fliː, fled]	fliehen, flüchten
flee from sb/sth	vor jdm/etwas fliehen
terror *n* ['terə]	Schrecken, Entsetzen, Todesangst
The inhabitants of the village fled in terror from their burning houses.	Die Dorfbewohner flüchteten in Todesangst aus ihren brennenden Häusern.
surrender *v* [sə'rendə]	sich ergeben, kapitulieren
victim *n* ['vɪktɪm]	Opfer, Leidtragende(r)
refugee *n* [ˌrefjʊ'dʒiː]	Flüchtling
shortage *n* ['ʃɔːtɪdʒ]	Mangel, Knappheit
Wars have always been accompanied by **food shortages**.	Kriege bringen immer Lebensmittelknappheit mit sich.
famine *n* ['fæmɪn]	Hungersnot
► **military** *adj* ['mɪlɪtərɪ]	militärisch, Militär-
do military service	Wehrdienst ableisten
military police (MP)	Militärpolizei
volunteer *n; v* [ˌvɒlən'tɪə]	Freiwillige(r); sich freiwillig melden
uniform *n* ['juːnɪfɔːm]	Uniform
headquarters (HQ) *n* [ˌhed'kwɔːtəz (ˌeɪtʃ'kjuː)]	Hauptquartier
base *n* [beɪs]	Stützpunkt, Garnison
air base	Luftwaffenstützpunkt
naval base	Marinestützpunkt/-basis
► **navy** *n* ['neɪvɪ]	Marine, Seestreitkräfte
naval *adj* ['neɪvl]	See-, Marine-
naval battle	Seeschlacht
naval officer	Marineoffizier
submarine *n* [ˌsʌbmə'riːn]	Unterseeboot, U-Boot

tank *n* [tæŋk]	Panzer
missile *n* ['mɪsaɪl]	Rakete
shell *n* [ʃel]	Granate
machine-gun *n* [mə'ʃi:ngʌn]	Maschinengewehr
rifle *n* ['raɪfl]	Gewehr
bullet *n* ['bʊlɪt]	(Gewehr-, Pistolen-)Kugel
shot *n* [ʃɒt]	Schuß
target *n* ['tɑ:gɪt] **shoot/aim at a target**	Ziel auf ein Ziel schießen/zielen
blow up, blew, blown *v* [ˌbləʊ‿'ʌp, blu:, bləʊn]	in die Luft jagen, sprengen
explode *v* [ɪk'spləʊd]	explodieren
explosion *n* [ɪk'spləʊʒn]	Explosion
cover *n* ['kʌvə] The people **took cover from** the bombs in underground stations. The spy **worked under cover** as a diplomat. **give sb cover**	Deckung, Schutz; Tarnung Die Menschen suchten in U-Bahnhöfen Deckung vor den Bomben. Der Spion arbeitete als Diplomat getarnt. jdm Deckung geben
►	
carry out *v* ['kærɪ‿ˌaʊt] **carry out a plan/orders**	ausführen, erfüllen einen Plan/Befehle ausführen
victory *n* ['vɪktərɪ]	Sieg
glory *n* ['glɔ:rɪ]	Ruhm
hero, *pl* heroes *n* ['hɪərəʊ(z)]	Held
heroine *n* ['herəʊɪn]	Heldin
►	
code *n* [kəʊd] Secret messages are usually sent **in code**. **code-name**	Kode, Verschlüsselung Geheimbotschaften werden üblicherweise verschlüsselt gesendet. Deckname
spy *n* [spaɪ]	Spion(in)
agent *n* ['eɪdʒənt] The CIA and the KGB have **secret agents** all over the world.	Agent(in) Die CIA und der KGB haben in der ganzen Welt Geheimagenten.
traitor *n* ['treɪtə]	Verräter(in)

Geschichte

history *n* ['hɪstərɪ]	Geschichte
for the first time in history	zum erstenmal in der Geschichte
original *adj* [ə'rɪdʒənl]	ursprünglich
The Red Indians were the **original inhabitants** of America.	Die Indianer sind die Ureinwohner Amerikas.
modern *adj* ['mɒdən]	modern, heutig
modern history	die neuere/jüngste Geschichte
modern society	die heutige Gesellschaft
►	
rule *n* [ru:l]	Herrschaft, Regierungszeit
Many countries used to be **under British rule**.	Viele Länder waren einmal unter britischer Herrschaft.
rule *v* [ru:l]	regieren, herrschen
Queen Elizabeth I ruled England from 1558 to 1603.	Königin Elisabeth I. regierte England von 1558 bis 1603.
succeed *v* [sək'si:d]	nachfolgen
The king was succeeded by his eldest son.	Dem König folgte sein ältester Sohn nach.

historic *adj* [hɪ'stɒrɪk]	historisch; bedeutend
a historic event	ein historisches Ereignis
historical *adj* [hɪ'stɒrɪkl]	historisch, geschichtlich, Geschichts-
historical novel	historischer Roman
of historical interest	von geschichtlicher Bedeutung
legend *n* ['ledʒənd]	Legende, Sage
►	
origin *n* ['ɒrɪdʒɪn]	Ursprung, Herkunft
mankind *n* [mæn'kaɪnd]	Menschheit
the early history of mankind	die frühe Menschheitsgeschichte
explore *v* [ɪk'splɔ:]	entdecken, erkunden, erforschen
discover *v* [dɪ'skʌvə]	entdecken
Christopher Columbus discovered America in 1492.	Christopher Kolumbus entdeckte Amerika im Jahre 1492.
discovery *n* [dɪ'skʌvərɪ]	Entdeckung
ancient *adj* ['eɪnʃənt]	uralt, Früh-, Vor-
ancient history	Frühgeschichte

civilization *n* [ˌsɪvɪlaɪˈzeɪʃn]	Kultur; Zivilisation
ancient civilizations	alte Kulturen
colony *n* [ˈkɒlənɪ]	Kolonie
colonize *v* [ˈkɒlənaɪz]	kolonisieren, sich aneignen
slave *n* [sleɪv]	Sklave, Sklavin
slavery *n* [ˈsleɪvərɪ]	Sklaverei
settlement *n* [ˈsetlmənt]	Siedlung; Besiedlung, Ansiedlung
conquer *v* [ˈkɒŋkə]	erobern, unterwerfen
The Normans conquered Britain in 1066.	Die Normannen eroberten Britannien im Jahre 1066.
►	
immigrate *v* [ˈɪmɪgreɪt]	einwandern
immigration *n* [ˌɪmɪˈgreɪʃn]	Einwanderung
immigrant *n* [ˈɪmɪgrənt]	Einwanderer
emigrate *v* [ˈemɪgreɪt]	auswandern
emigration *n* [ˌemɪˈgreɪʃn]	Auswanderung
emigrant *n* [ˈemɪgrənt]	Auswanderer
►	
Middle Ages *n* [ˌmɪdlˈeɪdʒɪz]	Mittelalter
medieval *adj* [ˌmedɪˈiːvl]	mittelalterlich
a medieval castle	eine mittelalterliche Burg
medieval history	Geschichte des Mittelalters
knight *n* [naɪt]	Ritter
sword *n* [sɔːd]	Schwert
shield *n* [ʃiːld]	Schild
treasure *n* [ˈtreʒə]	Schatz
buried treasure	vergrabener Schatz
►	
tradition *n* [trəˈdɪʃn]	Tradition
traditional *n* [trəˈdɪʃənl]	traditionell
revolution *n* [ˌrevəˈluːʃn]	Revolution
the French Revolution	die Französische Revolution
the Industrial Revolution	die Industrielle Revolution

religion *n* [rɪ'lɪdʒən]	Religion
religious *adj* [rɪ'lɪdʒəs]	religiös
soul *n* [səʊl]	Seele
good *adj; n* [gʊd]	gut; das Gute
evil *adj; n* ['i:vl]	böse; das Böse
forbid, forbad(e), forbidden *v* [fə'bɪd, fə'bæd, fə'bɪdn]	verbieten
The Koran forbids the eating of pork.	Der Koran verbietet es, Schweinefleisch zu essen.
exist *v* [ɪg'zɪst]	existieren
Do you believe that God exists?	Glauben Sie, daß Gott existiert?
belief *n* [bɪ'li:f]	Glaube
believe *v* [bɪ'li:v]	glauben
Christians **believe in** a life after death.	Christen glauben an ein Leben nach dem Tod.
prayer *n* [preə]	Gebet
The children **say their prayers** every night.	Die Kinder sprechen jeden Abend ihr Nachtgebet.
silent prayer	Andacht
pray *v* [preɪ]	beten
Let us pray.	Lasset uns beten.
►	
Lord *n* [lɔ:d]	Herr
the Lord's Prayer	das Vaterunser
God *n* [gɒd]	Gott
devil *n* ['devl]	Teufel
heaven *n* ['hevn]	Himmel
hell *n* [hel]	Hölle
►	
church *n* [tʃɜ:tʃ]	Kirche
We **go to church** every Sunday.	Wir gehen jeden Sonntag in die Kirche.
service *n* ['sɜ:vɪs]	Gottesdienst
Sunday services are at nine, eleven and six o'clock.	Der Sonntagsgottesdienst findet jeweils um 9, 11 und 18 Uhr statt.
bell *n* [bel]	Glocke
The church bells ring out on Sunday mornings.	Die Kirchenglocken läuten jeden Sonntagmorgen.

Christian *adj; n* ['krɪstjən]	christlich; Christ(in)
organization *n* [ˌɔ:gənaɪ'zeɪʃn] **Social organizations** are very often run by a church.	Organisation Wohltätigkeitsorganisationen werden oft von einer Kirche getragen.
►	
holy *adj* ['həʊlɪ] **the Holy Bible**	heilig die Heilige Schrift
Bible *n* ['baɪbl]	Bibel
cross *n* [krɒs] Jesus Christ died on the cross.	Kreuz Christus starb am Kreuz.
Buddhist *adj; n* ['bʊdɪst]	buddhistisch; Buddhist(in)
Hindu *adj; n* [ˌhɪn'du:]	hinduistisch; Hindu
Muslim *adj; n* ['mʊslɪm]	moslemisch; Moslem
Jew *n* ['dʒu:]	Jude, Jüdin
Jewish *adj* ['dʒu:ɪʃ]	jüdisch
Catholic *adj; n* ['kæθəlɪk]	katholisch; Katholik(in)
Protestant *adj; n* ['prɒtɪstənt]	evangelisch, protestantisch; Protestant(in)
atheist *n* ['eɪθɪɪst]	Atheist(in)
pagan *adj; n* ['peɪgən]	heidnisch; Heide, Heidin
goddess *n* ['gɒdɪs]	Göttin
►	
clergy *n* ['klɜ:dʒɪ] The clergy in our country are very much against the idea of abortion.	Geistlichkeit Die Geistlichen sind hierzulande entschieden gegen Abtreibung.
clergyman *n* ['klɜ:dʒɪmən]	Geistlicher
priest *n* [pri:st]	Priester
monk *n* [mʌŋk]	Mönch
nun *n* [nʌn]	Nonne
bishop *n* ['bɪʃəp]	Bischof
archbishop *n* [ˌɑ:tʃ'bɪʃəp] **the Archbishop of Canterbury**	Erzbischof der Erzbischof von Canterbury *(Oberhaupt der Anglikanischen Kirche)*
Pope *n* [pəʊp]	Papst

vicar *n* ['vɪkə]	Pfarrer
In the Church of England the vicar is the clergyman responsible for a parish.	In der anglikanischen Kirche ist der Pfarrer der Geistliche, der für die Pfarrgemeinde verantwortlich ist.
Reverend *n* ['revərənd]	Herr Pfarrer *(Anrede)*
The Rev. John Baxton	Pfarrer John Baxton
rabbi *n* ['ræbaɪ]	Rabbiner, Rabbi
► **chapel** *n* ['tʃæpl]	Kapelle; freikirchliche/unabhängige Kirche
Our wedding will take place in the local chapel.	Unsere Hochzeit findet in der hiesigen Kapelle statt.
Many people in Wales go to chapel instead of to church.	Viele Menschen in Wales gehen nicht in die anglikanische oder katholische Kirche, sondern in eine unabhängige Kirche.
synagogue *n* ['sɪnəgɒg]	Synagoge *(jüdisches Gotteshaus)*
mosque *n* [mɒsk]	Moschee *(moslemisches Gotteshaus)*
temple *n* ['templ]	Tempel
convent *n* ['kɒnvənt]	Frauenkloster
monastery *n* ['mɒnəstrɪ]	Männerkloster
parish *n* ['pærɪʃ]	Pfarrgemeinde
congregation *n* [ˌkɒŋgrɪ'geɪʃn]	in der Kirche versammelte Gemeinde
worship *v* ['wɜːʃɪp]	anbeten
preach *v* [priːtʃ]	predigen
sermon *n* ['sɜːmən]	Predigt
pulpit *n* ['pʊlpɪt]	Kanzel
mass *n* [mæs]	Messe
go to mass	zur Messe gehen
hymn *n* [hɪm]	Kirchenlied
verse *n* [vɜːs]	Bibelvers
The vicar quoted a verse from the Bible.	Der Prediger zitierte einen Bibelvers.
collection *n* [kə'lekʃn]	Kollekte

wedding *n* ['wedɪŋ]	Hochzeit
wedding ceremony	Trauung
christen *v* ['krɪsn]	taufen
christening *n* ['krɪsnɪŋ]	Taufe
funeral *n* ['fju:nərəl]	Beerdigung
funeral service	Trauergottesdienst
solemn *adj* ['sɒləm]	ernst, feierlich
There was a solemn silence as they lowered her brother's body into the grave.	Es herrschte eine feierliche Stille, als der Leichnam ihres Bruders ins Grab hinabgelassen wurde.
►	
confession *n* [kən'feʃn]	Beichte; Bekenntnis, Konfession
She goes to confession regularly.	Sie geht regelmäßig zur Beichte.
What confession are you? – I'm Church of England.	Welcher Konfession gehören Sie an? – Ich bin Anglikaner.
mercy *n* ['mɜ:sɪ]	Gnade, Barmherzigkeit
God **has mercy on** sinners.	Gott ist Sündern gnädig.
praise *v* [preɪz]	loben
Praise the Lord!	Lobet den Herrn!
miracle *n* ['mɪrəkl]	Wunder
Christ **performed a miracle**.	Christus vollbrachte ein Wunder.
sin *n* [sɪn]	Sünde
the seven deadly sins	die sieben Todsünden
sin *v* [sɪn]	sündigen
sinner *n* [sɪnə]	Sünder(in)
damn *v* [dæm]	verdammen
repent *v* [rɪ'pent]	bereuen, Buße tun
convert *v* [kən'vɜ:t]	bekehren
►	
creation *n* [kri:'eɪʃn]	die Schöpfung
paradise *n* ['pærədaɪs]	das Paradies
angel *n* ['eɪndʒəl]	Engel
ghost *n* [gəʊst]	Geist
in the name of the Father, the Son and the Holy Ghost	im Namen des Vaters, des Sohnes und des Heiligen Geistes

faith *n* [feɪθ]	Glaube; Bekenntnis
faith in God	der Glaube an Gott
the Catholic faith	der katholische Glaube
pious *adj* ['paɪəs]	fromm
gospel *n* ['gɒspl]	das Evangelium
►	
Saviour *n* ['seɪvjə]	Heiland, Erlöser
saint *n* [seɪnt]	Heilige(r)
apostle *n* [ə'pɒsl]	Apostel
disciple *n* [dɪ'saɪpl]	Jünger; Anhänger(in)
prophet *n* ['prɒfɪt]	Prophet(in)
pilgrim *n* ['pɪlgrɪm]	Pilger(in)
►	
philosophy *n* [fɪ'lɒsəfɪ]	Philosophie
philosophical *adj* [ˌfɪlə'sɒfɪkl]	philosophisch
ethics *n* ['eθɪks]	Ethik
doctrine *n* ['dɒktrɪn]	Doktrin, Lehre
morals *n* ['mɒrəlz]	Moral
►	
superstition *n* [ˌsu:pə'stɪʃn]	Aberglaube
superstitious *adj* [ˌsu:pə'stɪʃəs]	abergläubisch
fate *n* [feɪt]	Schicksal
fanatic *n* [fə'nætɪk]	Fanatiker(in)
sect *n* [sekt]	Sekte

8 Berufs- und Arbeitswelt

Allgemeines

work *n* [wɜːk]	Arbeit
out of work	arbeitslos
work *v* [wɜːk]	arbeiten
He works very hard at the office.	Er ist im Büro sehr eingespannt.
stop *v* [stɒp]	(be)enden
stop work	Feierabend machen
opportunity *n* [ˌɒpəˈtjuːnətɪ]	Gelegenheit, Chance
equal opportunities	Chancengleichheit
manage *v* [ˈmænɪdʒ]	leiten
She has managed the company since her husband's death.	Seit dem Tod ihres Mannes leitet sie die Firma.
management *n* [ˈmænɪdʒmənt]	Geschäftsleitung; Arbeitgeber
labour *n* [ˈleɪbə]	die Arbeitnehmer(schaft)
management and labour	Arbeitgeber und Arbeitnehmer
professional *adj* [prəˈfeʃənl]	fachmännisch, Berufs-
He's a professional footballer.	Er ist Profi-Fußballer.
professional advice	fachmännischer Rat
expert *n* [ˈekspɜːt]	Experte, Expertin
skill *n* [skɪl]	Fertigkeit
Typing is a skill that is very useful in many jobs.	Maschineschreiben ist eine Fertigkeit, die in vielen Berufen von Nutzen ist.
basic *adj* [ˈbeɪsɪk]	Grund-, Basis-
basic skills	Grundfertigkeiten
►	
employed *adj* [ɪmˈplɔɪd]	beschäftigt, angestellt
unemployed *adj* [ˌʌnɪmˈplɔɪd]	arbeitslos, ohne Stellung
the unemployed	die Arbeitslosen
employment *n* [ɪmˈplɔɪmənt]	Beschäftigung, Arbeit
unemployment *n* [ˌʌnɪmˈplɔɪmənt]	Arbeitslosigkeit
unemployment rate	Arbeitslosenquote

matter(s) *n* ['mætə(z)]	Angelegenheit(en)
discuss business matters	geschäftliche Fragen besprechen
career *n* [kə'rɪə]	Karriere
careers officer	Berufsberater(in)
occupation *n* [ˌɒkjʊ'peɪʃn]	Beruf, Tätigkeit
profession *n* [prə'feʃn]	Beruf; Berufsstand
the medical profession	der Arztberuf; die Ärzteschaft
the teaching profession	der Lehrerberuf; die Lehrerschaft
trade *n* [treɪd]	Handwerksberuf; Branche
He's a plumber **by trade**.	Er ist Installateur von Beruf.
She's **in the book trade**.	Sie ist in der Buchbranche.
►	
apprentice *n* [ə'prentɪs]	Lehrling, Auszubildende(r)
After leaving school, he became an apprentice in a carpenter's shop.	Nachdem er die Schule verlassen hatte, fing er als Auszubildender in einer Schreinerei an.
apprenticeship *n* [ə'prentɪsʃɪp]	Lehre, Lehrzeit
vacancy *n* ['veɪkənsɪ]	offene Stelle
There's a vacancy in the accounts department.	In der Buchhaltung ist eine Stelle frei.
qualification *n* [ˌkwɒlɪfɪ'keɪʃn]	Qualifikation
qualify *v* ['kwɒlɪfaɪ]	geeignet sein; sich qualifizieren
In order to qualify for the job, you need previous experience.	Man braucht Berufserfahrung, um für diese Stelle geeignet zu sein.
She passed her exam and qualified as a doctor.	Sie legte ihr Examen ab und bekam damit die Berufsbefähigung als Ärztin.
►	
personnel *n* [ˌpɜːsə'nel]	Personal
personnel department/manager	Personalabteilung/-chef(in)
department *n* [dɪ'pɑːtmənt]	Abteilung
junior *adj* ['dʒuːnjə]	Junior-; untergeordnet
junior partner	Juniorpartner(in)
senior *adj* ['siːnjə]	Senior-; vorgesetzt
senior partner	Seniorpartner(in)
senior management	Geschäftsleitung
supervisor *n* ['suːpəvaɪzə]	(Gruppen-)Leiter(in)
foreman *n* ['fɔːmən]	Vorarbeiter
forewoman *n* ['fɔːˌwʊmən]	Vorarbeiterin

white-collar worker *n* [ˌwaɪtˈkɒlə ˈwɜːkə]	Büroangestellte(r)
blue-collar worker *n* [ˌbluːˈkɒlə ˈwɜːkə]	Arbeiter(in)
skilled *adj* [skɪld]	ausgebildet, gelernt
skilled worker	Facharbeiter(in)

Arbeit, Arbeitsbedingungen

job *n* [dʒɒb]	Arbeit, Stellung
She's got a good job in a transport company.	Sie hat eine gute Stellung bei einer Speditionsfirma.
living *n* [ˈlɪvɪŋ]	Lebensunterhalt
What do you do for a living?	Was machen Sie beruflich?
part-time *adj; adv* [ˈpɑːtˌtaɪm]	Teilzeit-; Teilzeit
He only works part-time.	Er arbeitet nur Teilzeit.
full-time *adj; adv* [ˈfʊlˌtaɪm]	Vollzeit-; ganztags
She's got a full-time job with British Rail.	Sie arbeitet ganztags bei British Rail.
flexitime *n* [ˈfleksɪtaɪm]	gleitende Arbeitszeit
►	
offer *n* [ˈɒfə]	Angebot
There was a **job offer** in today's paper for a part-time motor mechanic.	In der heutigen Zeitung war eine Teilzeitstelle für einen Kfz-Mechaniker ausgeschrieben.
apply *v* [əˈplaɪ]	sich bewerben
I'm thinking of **applying for** that job in Australia.	Ich überlege, ob ich mich um die Stelle in Australien bewerben soll.
She's **applied to** several companies, but she still hasn't got a job.	Sie hat sich bei einigen Firmen beworben, aber sie hat immer noch keine Stelle.
application *n* [ˌæplɪˈkeɪʃn]	Bewerbung
interview *n* [ˈɪntəvjuː]	Interview
job interview	Vorstellungsgespräch
►	
staff *n* [stɑːf]	Personal
boss *n* [bɒs]	Chef(in), Vorgesetzte(r)

worker *n* ['wɜːkə]	Arbeiter(in)
The factory employs 2000 workers.	Die Fabrik beschäftigt 2000 Arbeiter und Arbeiterinnen.
employee *n* [ˌemplɔɪ'iː]	Arbeitnehmer(in)
employer *n* [ɪm'plɔɪə]	Arbeitgeber(in)
employ *v* [ɪm'plɔɪ]	beschäftigen
hire *v* ['haɪə]	einstellen
fire *v* ['faɪə]	feuern, entlassen
He was fired for drinking on the job.	Er wurde wegen Alkohol am Arbeitsplatz gefeuert.
►	
noisy *adj* ['nɔɪzɪ]	laut
stress *n* [stres]	Streß
busy *adj* ['bɪzɪ]	beschäftigt
His job keeps him very busy.	Seine Arbeit nimmt ihn sehr in Anspruch.
variety *n* [və'raɪətɪ]	Abwechslung
boring *adj* ['bɔːrɪŋ]	langweilig
►	
office *n* ['ɒfɪs]	Büro
type *v* [taɪp]	Maschine schreiben
organize *v* ['ɔːgənaɪz]	organisieren
organization *n* [ˌɔːgənaɪ'zeɪʃn]	Organisation
Good organization makes office work much easier.	Gute Organisation erleichtert die Arbeit im Büro erheblich.
appointment *n* [ə'pɔɪntmənt]	Termin
They had an appointment for four o'clock.	Sie hatten um vier Uhr einen Termin.
cancel *n* ['kænsl]	absagen
cancel an appointment	einen Termin absagen
diary *n* ['daɪərɪ]	Terminkalender
►	
earn *v* [ɜːn]	verdienen
earn a living	sich seinen Lebensunterhalt verdienen
income *n* ['ɪŋkʌm]	Einkommen
income tax	Einkommensteuer
pay *n* [peɪ]	Bezahlung, Lohn
pay, paid, paid *v* [peɪ, peɪd]	(aus)zahlen

wages *n* ['weɪdʒɪz]	Lohn
salary *n* ['sælərɪ]	Gehalt
weekly *adj; adv* ['wi:klɪ]	wöchentlich
monthly *adj; adv* ['mʌnθlɪ]	monatlich
rise *n* [raɪz] **get a rise**	Gehaltserhöhung eine Gehaltserhöhung bekommen
increase *v* [ɪn'kri:s] Salaries for office workers were increased by only two per cent this year.	erhöhen Die Gehälter für Büroangestellte wurden dieses Jahr lediglich um zwei Prozent erhöht.
overtime *n* ['əʊvətaɪm] **work overtime**	Überstunden Überstunden machen
regular *adj* ['regjʊlə] She's got **a regular job** now.	regelmäßig, geregelt Sie hat jetzt eine feste Arbeit.
holiday(s) *n* ['hɒlədɪ(z)] **bank holiday**	Feiertag(e), Urlaub gesetzlicher Feiertag
break *n* [breɪk] My **lunch break** is at 12 o'clock. **tea break**	Pause Ich habe um 12 Uhr Mittagspause. (Tee-/Kaffee-)Pause
►	
strike *n* [straɪk] **be on strike** **go on strike**	Streik streiken in den Streik treten
union *n* ['ju:njən]	Gewerkschaft

steady *adj* ['stedɪ] **a steady job**	fest eine feste Stelle
promote *v* [prə'məʊt] **be promoted**	befördern befördert werden
promotion *n* [prə'məʊʃn] **get promotion**	Beförderung befördert werden
benefit *n* ['benɪfɪt] **unemployment benefit**	Unterstützung Arbeitslosenunterstützung
reward *n* [rɪ'wɔ:d] He worked very hard for the company, but got little reward.	Belohnung, Gegenleistung Er hat sehr hart für seine Firma gearbeitet und wenig dafür bekommen.
reward *v* [rɪ'wɔ:d]	belohnen

distribute *v* [dɪ'strɪbju:t]	verteilen
Some companies distribute their profits among their employees.	Manche Firmen verteilen ihren Gewinn an ihre Mitarbeiter.
earnings *n* ['ɜ:nɪŋz]	Verdienst, Einkommen
►	
canteen *n* [kæn'ti:n]	Kantine
shop-steward *n* [ˌʃɒp'stjʊəd]	Vertrauensmann/-frau der Gewerkschaft
regulation *n* [ˌregjʊ'leɪʃn]	Vorschrift
company regulations	Betriebsvorschriften
shift *n* [ʃɪft]	Schicht
do shift work	Schicht arbeiten
night shift	Nachtschicht
commuter *n* [kə'mju:tə]	Pendler(in)
►	
dismiss *v* [dɪs'mɪs]	entlassen
sack *n* [sæk]	Rausschmiß
get the sack	rausgeschmissen werden
give sb the sack	jdn rausschmeißen
sack *v* [sæk]	feuern, rausschmeißen
notice *n* ['nəʊtɪs]	Kündigung
give sb notice	jdm kündigen
give in one's notice	(die eigene Stelle) kündigen
resign *v* [rɪ'zaɪn]	kündigen
The book-keeper suddenly resigned from his job.	Der Buchhalter kündigte ganz plötzlich.
resignation *n* [ˌrezɪg'neɪʃn]	Kündigung
retire *v* [rɪ'taɪə]	in Ruhestand gehen
Raymond retired at the age of sixty.	Mit sechzig ging Raymond in Ruhestand.
retired *adj* [rɪ'taɪəd]	im Ruhestand

Berufe

actor *n* ['æktə]	Schauspieler
actress *n* ['æktrɪs]	Schauspielerin
artist *n* ['ɑ:tɪst]	Künstler(in)
painter *n* ['peɪntə]	Maler(in)
author *n* ['ɔ:θə]	Autor
authoress *n* ['ɔ:θərɪs]	Autorin
critic *n* ['krɪtɪk]	Kritiker(in)
journalist *n* ['dʒɜ:nəlɪst]	Journalist(in)
social worker *n* ['səʊʃl ˌwɜ:kə]	Sozialarbeiter(in)
teacher *n* ['ti:tʃə]	Lehrer(in)
►	
baker *n* ['beɪkə]	Bäcker(in)
butcher *n* ['bʊtʃə]	Metzger(in), Fleischer(in)
grocer *n* ['grəʊsə]	Lebensmittelhändler(in)
greengrocer *n* ['gri:nˌgrəʊsə]	Gemüsehändler(in)
salesman *n* ['seɪlzmən]	Verkäufer; Vertreter
saleswoman *n* ['seɪlzˌwʊmən]	Verkäuferin; Vertreterin
shop assistant *n* ['ʃɒpəˌsɪstənt]	Verkäufer(in)
►	
barber *n* ['bɑ:bə]	Herrenfriseur
hairdresser *n* ['heəˌdresə]	Damenfriseur, Damenfriseuse
►	
manager *n* ['mænɪdʒə]	leitende(r) Angestellte(r)
clerk *n* [klɑ:k]	kaufmännische(r) Angestellte(r)
secretary *n* ['sekrətrɪ]	Sekretär(in)
typist *n* ['taɪpɪst]	Schreibkraft
computer operator *n* [kəm'pju:tər‿ˌɒpəreɪtə]	Operator(in)
telephone operator *n* ['telɪfəʊn‿ˌɒpəreɪtə]	Telefonist(in)

dentist *n* ['dentɪst]	Zahnarzt, Zahnärztin
doctor *n* ['dɒktə]	Arzt, Ärztin
nurse *n* [nɜ:s]	Krankenschwester
male nurse *n* ['meɪl 'nɜ:s]	Krankenpfleger
►	
engineer *n* [ˌendʒɪ'nɪə]	Techniker(in), Ingenieur(in)
mechanic *n* [mɪ'kænɪk]	Mechaniker(in)
►	
bus conductor *n* ['bʌs kən'dʌktə]	Busschaffner
bus conductress *n* ['bʌs kən'dʌktrɪs]	Busschaffnerin
bus driver *n* ['bʌsˌdraɪvə]	Busfahrer(in)
taxi driver *n* ['tæksɪˌdraɪvə]	Taxifahrer(in)
train driver *n* ['treɪnˌdraɪvə]	Lokführer(in)
guard *n* [gɑ:d]	Zugbegleiter(in)
pilot *n* ['paɪlət]	Pilot(in)
stewardess *n* ['stjʊədɪs]	Stewardeß
steward *n* ['stjʊəd]	(Schiffs-)Steward
►	
farmer *n* ['fɑ:mə]	Landwirt(in)
gardener *n* ['gɑ:dnə]	Gärtner(in)
housewife *n* ['haʊswaɪf]	Hausfrau
househusband *n* ['hausˌhʌzbənd]	Hausmann
cook *n* [kʊk]	Koch, Köchin
landlord *n* ['lænlɔ:d]	Wirt
landlady *n* ['lænˌleɪdɪ]	Wirtin
►	
policeman *n* [pə'li:smən]	Polizist
policewoman *n* [pə'li:sˌwʊmən]	Polizistin
soldier *n* ['səʊldʒə]	Soldat(in)

architect *n* ['ɑ:kɪtekt]	Architekt(in)
musician *n* [mju:'zɪʃn]	Musiker(in)
►	
interpreter *n* [ɪn'tɜ:prɪtə]	Dolmetscher(in)
translator *n* [træns'leɪtə]	Übersetzer(in)

nursery-school teacher *n* [ˈnɜːsərɪˌskuːl ˈtiːtʃə]	Kindergärtner(in)
lecturer *n* [ˈlektʃərə]	Dozent(in)
►	
chemist *n* [ˈkemɪst]	Drogist(in); Apotheker(in)
surgeon *n* [ˈsɜːdʒən]	Chirurg(in)
vet *n* [vet]	Tierarzt, Tierärztin
psychologist *n* [saɪˈkɒlədʒɪst]	Psychologe, Psychologin
►	
photographer *n* [fəˈtɒgrəfə]	Fotograf(in)
reporter *n* [rɪˈpɔːtə]	Reporter(in)
►	
book-keeper *n* [ˈbʊkˌkiːpə]	Buchhalter(in)
cashier *n* [kæˈʃɪə]	Kassierer(in)
receptionist *n* [rɪˈsepʃənɪst]	Empfangschef/-dame
►	
carpenter *n* [ˈkɑːpəntə]	Schreiner(in), Tischler(in)
electrician *n* [ˌɪlekˈtrɪʃn]	Elektriker(in)
plumber *n* [plʌmə]	Installateur(in), Klempner(in)
programmer *n* [ˈprəʊgræmə]	Programmierer(in)
technician *n* [tekˈnɪʃn]	Techniker(in)
►	
tailor *n* [ˈteɪlə]	(Herren-)Schneider(in)
dressmaker *n* [ˈdresˌmeɪkə]	(Damen-)Schneider(in)
►	
miner *n* [ˈmaɪnə]	Bergmann
steelworker *n* [ˈstiːlˌwɜːkə]	Stahlarbeiter(in)
►	
milkman *n* [ˈmɪlkmən]	Milchmann
porter *n* [ˈpɔːtə]	Pförtner(in); Gepäckträger(in)
(sales) representative *n* [(ˈseɪlz) ˌreprɪˈzentətɪv]	(Handels-)Vertreter(in)
►	
sailor *n* [ˈseɪlə]	Matrose
cabin attendant *n* [ˈkæbɪn‿əˈtendənt]	Steward, Stewardeß
astronaut *n* [ˈæstrənɔːt]	Astronaut(in)

Allgemeines

equipment *n* [ɪ'kwɪpmənt]	Maschinen, Geräte
office equipment	Büromaschine, -geräte
machine *n* [mə'ʃi:n]	Maschine
switch *n* [swɪtʃ]	Schalter
light switch	Lichtschalter
switch *v* [swɪtʃ]	schalten
switch on/off	ein-/ausschalten
tool *n* [tu:l]	Werkzeug
electric tools	Elektrowerkzeuge
wire *n* ['waɪə]	Draht, Kabel
pipe *n* [paɪp]	Rohr
►	
spare *adj* [speə]	extra, Ersatz-
spare part	Ersatzteil
service *n* ['sɜ:vɪs]	Service, Wartung
An important thing to consider when buying equipment is the quality of service offered.	Eine wichtige Überlegung beim Kauf von Geräten ist der angebotene Kundendienst.
repair *v* [rɪ'peə]	in Ordnung bringen, reparieren
►	
calculate *v* ['kælkjʊleɪt]	(aus)rechnen, kalkulieren
The salesman **calculated the cost** of the new machines on his computer.	Der Verkäufer rechnete die Kosten der neuen Maschinen am Computer aus.
order *n; v* ['ɔ:də]	Bestellung, Auftrag; bestellen
►	
standard *adj* ['stændəd]	(handels)üblich, Standard-
standard size	Standardgröße
standard *n* ['stændəd]	Standard, Norm
All the products tested were **up to standard**.	Alle getesteten Produkte entsprachen der Norm.
be above/below standard	über/unter der Norm liegen
model *adj; n* ['mɒdl]	Modell-; Modell
type *n* [taɪp]	Typ, Marke
What type of personal computer have you got?	Was für einen PC hast du?

agency *n* ['eɪdʒənsɪ]	Agentur; Geschäftsstelle
advertising agency	Werbeagentur
employment agency	(private) Stellenvermittlung
association *n* [əˌsəʊsɪ'eɪʃn]	Verband, Vereinigung
headquarters *n* [ˌhed'kwɔ:təz]	Hauptgeschäftsstelle, Zentrale
partnership *n* ['pɑ:tnəʃɪp]	(gemeinsame) Gesellschaft, Kooperation
►	
decrease *v* [di:'kri:s]	abnehmen, zurückgehen
The company's profits **decreased by** 20 per cent last year.	Die Gewinne der Firma gingen letztes Jahr um 20 % zurück.
delivery *n* [dɪ'lɪvərɪ]	Lieferung
cash on delivery (COD)	per Nachnahme
output *n* ['aʊtpʊt]	Ausstoß, Produktion
target *n* ['tɑ:gɪt]	Ziel
The company's target for next year is to double its sales.	Die Firma hat sich zum Ziel gesetzt, ihre Verkaufszahlen im nächsten Jahr zu verdoppeln.
schedule *n* ['ʃedju:l]	Zeitplan
according to schedule	nach Plan
ahead of schedule	dem Zeitplan voraus
behind schedule	im Rückstand
►	
engineering *n* [ˌendʒɪ'nɪərɪŋ]	Technik; Maschinenbau
process *n* ['prəʊses]	Verfahren
develop a new process	ein neues Verfahren entwickeln
manufacture *v* [ˌmænjʊ'fæktʃə]	herstellen
manufacturer *n* [ˌmænjʊ'fæktʃərə]	Hersteller
car manufacturer	Automobilhersteller
producer *n* [prə'dju:sə]	Hersteller
►	
design *n; v* [dɪ'zaɪn]	Design, Entwurf; entwerfen
device *n* [dɪ'vaɪs]	Gerät, Vorrichtung
Richard has designed a new device that will change the whole computer industry.	Richard hat ein neues Gerät entworfen, das die gesamte Computerindustrie verändern wird.
invent *v* [ɪn'vent]	erfinden
invention *n* [ɪn'venʃn]	Erfindung

manual *n* ['mænjʊəl]	Handbuch, Bedienungsanleitung
car/computer manual	Auto-/Computerhandbuch
patent *n; v* ['peɪtənt]	Patent; patentieren
trademark *n* ['treɪdmɑ:k]	Markenzeichen
►	
plant *n* [plɑ:nt]	Industrieanlage, Werk
works *n* [wɜ:ks]	Fabrik, Werk
workshop *n* ['wɜ:kʃɒp]	Werkstatt

Büro

office *n* ['ɒfɪs]	Büro
manage *v* ['mænɪdʒ]	leiten
manager *n* ['mænɪdʒə]	Manager(in), leitende(r) Angestellte(r)
management *n* ['mænɪdʒmənt]	Geschäftsleitung
clerk *n* [klɑ:k]	Büroangestellte(r)
secretary *n* ['sekrətrɪ]	Sekretär(in)
typist *n* ['taɪpɪst]	Schreibkraft
type *v* [taɪp]	Maschine schreiben
typing pool	Schreibzentrale
typewriter *n* ['taɪpˌraɪtə]	Schreibmaschine
calculator *n* ['kælkjʊleɪtə]	Rechenmaschine
pocket calculator	Taschenrechner
copy *n* ['kɒpɪ]	Kopie
Could you please **make me a copy** of this letter?	Könnten Sie mir bitte eine Kopie dieses Schreibens anfertigen?
copy *v* ['kɒpɪ]	kopieren
organize *v* ['ɔ:gənaɪz]	organisieren
organization *n* [ˌɔ:gənaɪ'zeɪʃn]	Organisation

in *adv* [ɪn] I'm very sorry, but Mr Jenkins **is not in** at the moment.	da Es tut mir leid, aber Herr Jenkins ist im Moment nicht da.
out *adv* [aʊt] Yes, that's correct. Ms Potter **will be out** most of the day.	aus Ja, das stimmt. Frau Potter wird den größten Teil des Tages außer Haus sein.
briefcase *n* ['bri:fkeɪs]	Aktentasche, Aktenkoffer
dictate *v* [dɪk'teɪt] Jim dictated a letter into his dictating machine so that his secretary could type it later.	diktieren Jim diktierte einen Brief auf das Diktiergerät, damit seine Sekretärin ihn später schreiben konnte.
enclose *v* [ɪn'kləʊz] She enclosed a cheque with the letter.	beilegen Sie legte dem Brief einen Scheck bei.
photocopy *n; v* ['fəʊtəʊˌkɒpɪ]	Fotokopie; fotokopieren
book-keeping *n* ['bʊkˌki:pɪŋ]	Buchhaltung

Industrie

industry *n* ['ɪndəstrɪ] **heavy industry** **service industry**	Industrie, Gewerbe Schwerindustrie Dienstleistungsgewerbe
industrial *adj* [ɪn'dʌstrɪəl] The Ruhr Valley is West Germany's biggest **industrial area**.	industriell, Industrie- Das Ruhrgebiet ist das größte Industriegebiet der Bundesrepublik Deutschland.
produce *v* [prə'djʊ:s]	produzieren, herstellen
product *n* ['prɒdʌkt]	Produkt, Erzeugnis
production *n* [prə'dʌkʃn]	Produktion, Herstellung
factory *n* ['fæktərɪ]	Fabrik
►	
oil *n* [ɔɪl]	Öl
paper *n* ['peɪpə]	Papier
plastic *n* ['plæstɪk]	Kunststoff
steel *n* [sti:l]	Stahl

temperature *n* ['temprətʃə]	Temperatur
melt *v* [melt] Iron melts at a temperature of 1536° Centigrade.	schmelzen Eisen schmilzt bei 1536° Celsius.
chain *n* [tʃeɪn]	Kette
power *n* ['paʊə]	Kraft, Energie
powerful *adj* ['paʊəfʊl]	kraftvoll, leistungsstark
steam *n* [sti:m] **steam engine**	Dampf Dampfmaschine; Dampflok

laboratory *n* [lə'bɒrətrɪ]	Labor
robot *n* ['rəʊbɒt]	Roboter
assembly line *n* [ə'semblɪ ˌlaɪn]	Fließband
►	
mill *n* [mɪl] **cotton mill** **saw mill**	Mühle; Fabrik Spinnerei; Weberei Sägemühle
mine *n* [maɪn] **coal/gold mine**	Bergwerk, Mine Kohlebergwerk, Zeche/Goldmine
miner *n* ['maɪnə]	Bergmann
pipeline *n* ['paɪplaɪn] **gas/oil pipeline**	Rohrleitung; Pipeline Gas-/Ölpipeline
pump *n; v* [pʌmp]	Pumpe; pumpen

Handwerk

workman *n* ['wɜ:kmən]	Handwerker, Arbeiter
mend *v* [mend] She mended the broken toy with a piece of wire.	in Ordnung bringen, reparieren Sie reparierte das kaputte Spielzeug mit einem Stück Draht.
fix *v* [fɪks] The lights on her car were not working, so she had to have them fixed.	in Ordnung bringen, reparieren Da das Licht an ihrem Auto nicht funktionierte, mußte sie es in Ordnung bringen lassen.
hand *n* [hænd] Very few products are still produced **by hand**.	Hand Nur noch wenige Produkte werden von Hand hergestellt.

hammer *n* ['hæmə]	Hammer
nail *n; v* [neɪl]	Nagel; nageln
ladder *n* ['lædə]	Leiter

axe *n* [æks]	Axt
saw *n* [sɔː] **chain/circular saw**	Säge Ketten-/Kreissäge
saw *v* [sɔː] **saw sth in two**	sägen etwas auseinandersägen
screw *n; v* [skruː]	Schraube; schrauben
screwdriver *n* ['skruːˌdraɪvə]	Schraubenzieher
pliers *n* ['plaɪəz] **a pair of pliers**	Zange eine Zange
glue *n* [gluː]	Klebstoff
rope *n* [rəʊp]	Seil
►	
tailor *n* ['teɪlə]	(Herren-)Schneider(in)
dressmaker *n* ['dresˌmeɪkə]	(Damen-)Schneider(in)
carpenter *n* ['kɑːpəntə]	Schreiner, Zimmerer, Tischler

Technik

progress *n* ['prəʊgres]	Fortschritt
technical *adj* ['teknɪkl] **technical term**	technisch Fachausdruck
method *n* ['meθəd]	Methode
complicated *adj* ['kɒmplɪkeɪtɪd]	kompliziert
►	
engine *n* ['endʒɪn]	Motor; Maschine
motor *n* ['məʊtə]	Motor
automatic *adj* [ˌɔːtə'mætɪk]	automatisch
electric *adj* [ɪ'lektrɪk] **electric motor**	elektrisch, Elektro- Elektromotor
electricity *n* [ˌɪlek'trɪsətɪ]	Elektrizität, Strom

electrical *adj* [ɪ'lektrɪkl]	elektrisch, Elektro-
electrical equipment	Elektrogeräte
nuclear *adj* ['nju:klɪə]	Kern-, Atom-
nuclear power	Kernkraft
nuclear power station	Kernkraftwerk
electronic *adj* [ˌɪlek'trɒnɪk]	elektronisch
electronics *n* [ˌɪlek'trɒnɪks]	Elektronik
technique *n* [tek'ni:k]	(Arbeits-)Technik, Methode
There are standardized techniques of computer programming.	Es gibt Standardtechniken der Computerprogrammierung.
scientific *adj* [ˌsaɪən'tɪfɪk]	wissenschaftlich
scientific research	wissenschaftliche Forschung
sensitive *adj* ['sensɪtɪv]	empfindlich
Some radio equipment is so sensitive that it can receive signals from the other side of the world.	Bestimmte Radioempfänger sind so empfindlich, daß sie Signale von der anderen Seite der Erde empfangen können.
meter *n* ['mi:tə]	Zähler
►	
rocket *n* ['rɒkɪt]	Rakete
satellite *n* ['sætəlaɪt]	Satellit
orbit *n* ['ɔ:bɪt]	Umlaufbahn
go into orbit	in die Umlaufbahn eintreten
spacecraft *n* ['speɪskrɑ:ft]	Raumfahrzeug
spaceship *n* ['speɪsʃɪp]	Raumschiff
space shuttle *n* ['speɪs ˌʃʌtl]	Raumfähre
space-station *n* ['speɪsˌsteɪʃn]	Raumstation
space-suit *n* ['speɪssu:t]	Raumanzug
astronaut *n* ['æstrənɔ:t]	Astronaut(in)
►	
performance *n* [pə'fɔ:məns]	Leistung
trial *n* ['traɪəl]	Versuch, Erprobung
trial flight	Testflug
regulate *v* ['regjʊleɪt]	regulieren
The air in the spacecraft was regulated to give the astronauts the proper amount of oxygen.	Die Luft im Raumschiff wurde so reguliert, daß die Astronauten die richtige Menge Sauerstoff bekamen.

10 Geld, Handel, Wirtschaft

Allgemeines

business *n* ['bɪznɪs]	Geschäft(e)
the business world	die Geschäftswelt
growth *n* [grəʊθ]	Wachstum
economic *adj* [ˌi:kə'nɒmɪk]	ökonomisch, Wirtschafts-
Economic growth in the UK has increased since the beginning of the year.	Das Wirtschaftswachstum in Großbritannien ist seit Jahresbeginn gestiegen.
economy *n* [ɪ'kɒnəmɪ]	Ökonomie, Wirtschaft
►	
insurance *n* [ɪn'ʃʊərns]	Versicherung
life insurance	Lebensversicherung
tax *n* [tæks]	Steuer
profit *n* ['prɒfɪt]	Gewinn, Profit
loss *n* [lɒs]	Verlust
make, made, made *v* [meɪk, meɪd]	machen, tun
make a profit/loss	Gewinn/Verlust machen
make money	Geld verdienen
increase *v* [ɪn'kri:s]	zunehmen, steigen
►	
trade *n* [treɪd]	Handel
world trade	der Welthandel
fair *n* [feə]	Messe
trade fair	Handelsmesse
market *n* ['mɑ:kɪt]	Markt
world market	Weltmarkt
buy, bought, bought *v* [baɪ, bɔ:t]	kaufen
sell, sold, sold *v* [sel, səʊld]	verkaufen
export *n; v* ['ekspɔ:t; ek'spɔ:t]	Export; exportieren
import *n; v* ['ɪmpɔ:t; ɪm'pɔ:t]	Import; importieren
cost *n* [kɒst]	Kosten
cost of living	Lebenshaltungskosten
running costs	Betriebskosten
standard *n* ['stændəd]	Standard, Norm
standard of living	Lebensstandard

financial *adj* [faɪ'nænʃl]	finanziell
the financial year	das Rechnungsjahr
boom *n* [bu:m]	Boom, Hochkonjunktur
commerce *n* ['kɒmɜ:s]	Handel; (Handels-)Verkehr
commerce and industry	Handel und Gewerbe
commercial *adj* [kə'mɜ:ʃl]	Handels-; kommerziell
economical *adj* [ˌi:kə'nɒmɪkl]	wirtschaftlich, sparsam
It's more economical to buy things at the sales.	Es ist günstiger, Sachen im Schlußverkauf zu kaufen.
economics *n* [ˌi:kə'nɒmɪks]	Wirtschaft; Wirtschaftswissenschaften
economics expert	Wirtschaftsexperte(-expertin)
study economics	Wirtschaftswissenschaften studieren
profitable *adj* ['prɒfɪtəbl]	rentabel
surplus *n* ['sɜ:pləs]	Überschuß
fortune *n* ['fɔ:tʃu:n]	Vermögen, Reichtum
He **made a fortune** on the stock exchange.	Er verdiente ein Vermögen an der Börse.
wealth *n* [welθ]	Reichtum
Canada's wealth is largely due to a rich supply of natural resources.	Kanadas Reichtum beruht zum großen Teil auf dem großen Vorrat an Naturschätzen.
►	
competitor *n* [kəm'petɪtə]	Konkurrent(in), Konkurrenz
major competitor	Hauptkonkurrent
consumer *n* [kən'sju:mə]	Verbraucher(in)
consumer goods	Konsumgüter, Verbrauchsgüter
consumer society	Konsumgesellschaft
►	
estimate *n* ['estɪmeɪt]	Kostenvoranschlag
estimate *v* ['estɪmeɪt]	schätzen
We must **estimate the cost of** the project before we can agree to it.	Wir müssen die Kosten des Projekts abschätzen, bevor wir zustimmen können.
payment *n* ['peɪmənt]	Bezahlung, Zahlung
The goods will be delivered **on payment of** the bill.	Die Waren werden nach Bezahlung der Rechnung geliefert.
Sandy makes **monthly payments** on her loan.	Sandy zahlt ihr Darlehen in monatlichen Raten ab.

expense *n* [ɪk'spens]	Kosten
at great expense	unter hohem Kostenaufwand
on expenses	auf Spesen
allowance *n* [ə'laʊəns]	Zuschuß
travelling allowance	Fahrtkostenzuschuß
budget *n* ['bʌdʒɪt]	Etat, Budget

Geld, Banken

bank *n* [bæŋk]	Bank
bank clerk	Bankangestellte(r)
bank manager	Bankdirektor(in)
branch *n* [brɑːnʃ]	Filiale
account *n* [ə'kaʊnt]	Konto
current account	Girokonto
open *v* ['əʊpən]	eröffnen
Anyone over the age of 18 can **open an account** at our bank.	Jeder über 18 kann bei unserer Bank ein Konto eröffnen.
lend, lent, lent *v* [lend, lent]	verleihen
It's a bank's business to lend money.	Das Verleihen von Geld gehört zum Bankgeschäft.
borrow *n* ['bɒrəʊ]	leihen
He borrowed a large amount of money from the bank last month.	Im letzten Monat hat er eine größere Summe von der Bank geliehen.
owe *v* [əʊ]	schulden
She now owes the bank over £5000.	Jetzt schuldet sie der Bank mehr als 5000 Pfund.
debt *n* [det]	Schulden
in debt	verschuldet
settle *v* ['setl]	begleichen
settle a bill/one's debts	eine Rechnung/seine Schulden begleichen
pay, paid, paid *v* [peɪ, peɪd] ►	(be)zahlen
charge *n* [tʃɑːdʒ]	Gebühr
bank charges	Kontogebühren
interest *n* ['ɪntrɪst]	Zins(en)

rate *n* [reɪt]	Kurs, Satz
rate of exchange	Wechselkurs
rate of interest	Zinssatz
terms *n* [tɜ:mz]	Konditionen, Bedingungen
terms of payment	Zahlungsbedingungen
average *adj* ['ævərɪdʒ]	durchschnittlich
The average rate of interest at our bank is 7%.	Bei unserer Bank beträgt der durchschnittliche Zinssatz 7%.
exchange *n; v* [ɪks'tʃeɪndʒ]	Wechsel; wechseln
save *v* [seɪv]	sparen
amount *n* [ə'maʊnt]	Summe
value *n* ['vælju:]	Wert
worth *adj* [wɜ:θ]	wert
What's your house worth?	Wieviel ist Ihr Haus wert?
►	
share *n* [ʃeə]	Aktie
gold *n* [gəʊld]	Gold
money *n* ['mʌnɪ]	Geld
cheque *n* [tʃek]	Scheck
Will you accept a cheque?	Nehmen Sie Schecks an?
cheque-book	Scheckheft
cash *n* [kæʃ]	Bargeld
Will you be paying cash or by cheque?	Zahlen Sie bar oder mit Scheck?
cash *v* [kæʃ]	(einen Scheck) einlösen
A cheque can only be cashed when you have signed it.	Ein Scheck kann nur dann eingelöst werden, wenn man ihn unterschrieben hat.
sign *v* [saɪn]	unterschreiben
►	
banknote *n* ['bæŋknəʊt]	Geldschein
dollar *n* ['dɒlə]	Dollar
pound *n* [paʊnd]	Pfund Sterling
coin *n* [kɔɪn]	Münze
cent *n* [sent]	Cent *(1/100 eines Dollars)*
penny, *pl* pence *n* ['penɪ, pens]	Penny *(1/100 eines britischen Pfund Sterling)*
count *v* [kaʊnt]	zählen

statement *n* ['steɪtmənt] **monthly statement**	Kontoauszug Monatsauszug
deposit *n; v* [dɪ'pɒzɪt] **deposit account**	Einzahlung; einzahlen Sparkonto
withdraw, withdrew, withdrawn *v* [wɪð'drɔ:, wɪð'dru:, wɪð'drɔ:n]	abheben
overdraft *n* ['əʊvədrɑ:ft] Stella has **an overdraft of** £100 on her account this month.	Überziehung Stella hat diesen Monat ihr Konto um 100 Pfund überzogen.
transfer *v* [træns'fɜ:] Anne had to transfer money from her deposit account to her current account to cover the overdraft.	überweisen Anne mußte Geld von ihrem Sparkonto auf ihr Girokonto überweisen, um es auszugleichen.
► **safe** *n* [seɪf]	Tresor
savings *n* ['seɪvɪŋs] **savings account/bank**	Ersparnisse Sparkonto/-kasse
loan *n* [ləʊn] We applied to the bank for a loan.	Darlehen, Kredit Wir beantragten ein Darlehen bei der Bank.
mortgage *n* ['mɔ:gɪdʒ]	Hypothek
credit *n* ['kredɪt] **on credit** **credit-card**	Kredit auf Kredit Kreditkarte
advance *n* [əd'vɑ:ns] Can I have **an advance on** next month's salary? I'd like to pay **in advance**.	Vorschuß Kann ich einen Vorschuß auf mein nächstes Monatsgehalt haben? Ich möchte im voraus bezahlen.
hire purchase *n* [ˌhaɪə'pɜ:tʃəs] He bought the TV **on hire purchase**.	Ratenkauf Er kaufte den Fernseher auf Raten.
balance *n* ['bæləns] **balance sheet**	Bilanz, Saldo Bilanzaufstellung
► **currency** *n* ['kʌrənsɪ] **local currency**	Währung Landeswährung
quarter *n* ['kwɔ:tə] We are now in the second quarter of the financial year.	Quartal Wir befinden uns jetzt im zweiten Quartal des Rechnungsjahrs.

stock *n* [stɒk]	Aktie(n)
stocks and shares	Wertpapiere
stock exchange	Börse
securities *n* [sɪ'kjʊərətɪz]	Wertpapiere, Effekten
government securities	Staatsanleihen
moderate *adj* ['mɒdərət]	moderat, mäßig
We are in for a day of **moderate trading** on Wall Street.	Wir sehen einem Tag mit mäßiger Börsenbewegung in Wall Street entgegen.

Großhandel, Einzelhandel

demand *n* [dɪ'mɑːnd]	Nachfrage
supply *n* [sə'plaɪ]	Lieferung; Versorgung
supply and demand	Angebot und Nachfrage
supply *v* [sə'plaɪ]	(be)liefern; versorgen
deliver *v* [dɪ'lɪvə]	liefern
Can you deliver the furniture by Tuesday?	Können Sie die Möbel bis Dienstag liefern?
available *adj* [ə'veɪləbl]	erhältlich, lieferbar, vorrätig
►	
business *n* ['bɪznɪs]	Unternehmen, Geschäft
small business	Kleinunternehmen
businessman *n* ['bɪznɪsmən]	Geschäftsmann
businesswoman *n* ['bɪznɪsˌwʊmən]	Geschäftsfrau
firm *n* [fɜːm]	Firma
company *n* ['kʌmpənɪ]	Firma
She runs the company.	Sie ist Geschäftsführerin der Firma.
director *n* [dɪ'rektə]	Direktor(in)
►	
counter *n* ['kaʊntə]	Ladentisch
customer *n* ['kʌstəmə]	Kunde, Kundin
regular customer	Stammkunde
shop assistant *n* ['ʃɒpəˌsɪstənt]	Verkäufer(in)
A good shop assistant knows a lot about the things he sells.	Ein guter Verkäufer ist gut informiert über die Waren, die er verkauft.

goods *n* [gʊdz]	Waren, Güter
article *n* ['ɑːtɪkl] I'm sorry, but we don't have that particular article.	Artikel Es tut mir leid, aber diesen Artikel führen wir nicht.
►	
order *n* ['ɔːdə] **place an order**	Bestellung, Auftrag einen Auftrag erteilen
order *v* ['ɔːdə]	bestellen
bill *n* [bɪl] The bill was higher than we expected.	Rechnung Die Rechnung fiel höher aus als erwartet.
wholesaler *n* ['həʊlˌseɪlə]	Großhändler(in)
retailer *n* ['riːteɪlə]	Einzelhändler(in)
shopkeeper *n* ['ʃɒpˌkiːpə]	Ladenbesitzer(in)
merchant *n* ['mɜːtʃənt] **fruit merchant**	Händler(in) Obsthändler(in)
deal in *v* ['diːl‿ɪn] Fred started a company that only deals in imported goods.	handeln mit Fred gründete eine Firma, die nur mit Importprodukten handelt.
►	
package *n* ['pækɪdʒ] **package deal**	Paket Pauschalangebot
sample *n* ['sɑːmpl]	Muster, Probe
display *n* [dɪ'spleɪ] **window display**	Ausstellung Schaufensterdekoration
display *v* [dɪ'spleɪ]	zeigen, ausstellen, präsentieren
advertise *v* ['ædvətaɪz]	werben, ankündigen
►	
dry cleaner's *n* [ˌdraɪ'kliːnəz]	chemische Reinigung
tobacconist's *n* [tə'bækənɪsts]	Tabakladen
stationer's *n* ['steɪʃnəs]	Schreibwarengeschäft
stall *n* [stɔːl] Alex **runs a stall** at the local market.	(Markt-)Stand, Bude Alex hat einen Stand hier am Markt.
stand *n* [stænd] There's a stand at the bookfair that sells German wine.	Verkaufsstand Es gibt einen Stand auf der Buchmesse, der deutschen Wein ausschenkt.

warehouse *n* ['weəhaʊs]	Lagerhaus
mail-order firm *n* ['meɪl,ɔ:də fɜ:m]	Versandhaus
catalogue *n* ['kætəlɒg] **mail-order catalogue**	Katalog Versandhauskatalog

Einkaufen

shopping *n* ['ʃɒpɪŋ] He left **the shopping** in the car. **do one's shopping**	Einkaufen; Einkäufe Er ließ die Einkäufe im Wagen. einkaufen, Einkäufe machen
shop *n* [ʃɒp] **shop window**	Laden Schaufenster
shop *v* [ʃɒp] Linda wanted to **shop around** before she decided what to buy. **go shopping**	einkaufen Linda wollte sich vor dem Kauf ein bißchen umsehen. einkaufen gehen
bookshop *n* ['bʊkʃɒp]	Buchhandlung
second-hand *adj* [,sekənd'hænd] **second-hand clothes** **second-hand shop**	Gebraucht- gebrauchte Kleider Gebrauchtwarenladen
department store *n* [dɪ'pɑ:tmənt ,stɔ:]	Warenhaus
supermarket *n* ['su:pə,mɑ:kɪt]	Supermarkt
self-service *n* [,self'sɜ:vɪs]	Selbstbedienung
market *n* ['mɑ:kɪt] **street market**	Markt Straßenmarkt
serve *v* [sɜ:v] Are you being served?	bedienen Werden Sie schon bedient?
open *adj* ['əʊpən] The shops in most towns are always open on Saturday till 6 p.m.	geöffnet In den meisten Städten sind die Läden samstags immer bis 18 Uhr geöffnet.

►

sale(s) *n* [seɪl(z)]	Schlußverkauf, Ausverkauf
bargain *n* ['bɑ:gɪn]	Gelegenheitskauf
special offer *n* ['speʃl‿'ɒfə]	Sonderangebot

include *v* [ɪn'klu:d] — einschließen
In countries of the European Community the price of nearly all products includes VAT. — In den Ländern der EG ist im Preis von fast allen Waren die Mehrwertsteuer eingeschlossen.

total *adj; n* ['təʊtl] — gesamt, total; (Gesamt-)Summe

change *n* [tʃeɪndʒ] — Wechselgeld
Excuse me, but you haven't given me the correct change. — Entschuldigung, aber Sie haben mir nicht richtig herausgegeben.

►

free *adj* [fri:] — kostenlos

cheap *adj* [tʃi:p] — billig

expensive *adj* [ɪk'spensɪv] — teuer

reasonable *adj* ['ri:znəbl] — vernünftig
At our shop, you get good quality at a reasonable price. — In unserem Geschäft bekommen Sie gute Qualität zu einem vernünftigen Preis.

quality *n* ['kwɒlətɪ] — Qualität

price *n* [praɪs] — Preis
price list — Preisliste
price rise — Preiserhöhung

cost *v* [kɒst] — kosten
Excuse me, how much does this tin of tomatoes cost? — Entschuldigen Sie, was kostet diese Dose Tomaten?

charge *v* [tʃɑ:dʒ] — in Rechnung stellen, berechnen
Do you charge extra for the plastic bags? — Berechnen Sie die Plastiktüten zusätzlich?

receipt *n* [rɪ'si:t] — Kassenbon; Quittung

►

complaint *n* [kəm'pleɪnt] — Reklamation
All complaints should be made to the manager. — Bei Reklamationen wenden Sie sich bitte an den Geschäftsführer.

try *v* [traɪ] — versuchen, (aus)probieren
I never buy jeans without **trying them on** first. — Ich kaufe nie Jeans, ohne sie vorher anzuprobieren.

►

wallet *n* ['wɒlɪt] — Brieftasche

purse *n* [pɜ:s] — Geldbörse

spend, spent, spent *v* [spend, spent]	(Geld) ausgeben
Most people spend the largest part of their income on food and rent.	Die meisten Menschen geben den größten Teil ihres Einkommens für Lebensmittel und Miete aus.
buy, bought, bought *v* [baɪ, bɔ:t]	kaufen
waste *v* [weɪst]	verschwenden
waste money	Geld verschwenden
afford *v* [ə'fɔ:d]	sich leisten
It's a shame I can't afford that coat.	Schade, daß ich mir den Mantel nicht leisten kann.
shopper *n* ['ʃɒpə]	Käufer(in)
shopping centre *n* ['ʃɒpɪŋˌsentə]	Einkaufszentrum
cash-desk *n* ['kæʃdesk]	Kasse
►	
reduction *n* [rɪ'dʌkʃn]	Reduzierung, Senkung
price reduction	Preissenkung
guarantee *n; v* [ˌgærən'ti:]	Garantie; garantieren
modest *adj* ['mɒdɪst]	maßvoll, bescheiden
There has only been **a modest increase** in prices this year.	Dieses Jahr hat es nur maßvolle Preiserhöhungen gegeben.

"I see the cost of living's going up again."

11 Transport, Verkehr

Allgemeines

traffic *n* ['træfɪk]	Verkehr
traffic jam	Verkehrsstau
traffic light(s)	Verkehrsampel(n)
use *v* [ju:z]	benutzen
If more people used public transport the fares would be cheaper.	Wenn mehr Menschen öffentliche Verkehrsmittel benutzen würden, wären die Fahrpreise niedriger.
transport *n; v* ['trænspɔ:t; træn'spɔ:t]	Transport; transportieren
load *v* [ləʊd]	(be)laden
Volkswagen cars for America are loaded on ships in the port of Emden.	VWs, die für die USA bestimmt sind, werden im Emder Hafen verladen.
lorry *n* ['lɒrɪ]	Lastwagen
van *n* [væn]	Lieferwagen
by *prep* [baɪ]	mit
Sending goods **by rail** is a cheap and quick means of transport.	Der Gütertransport mit der Bahn ist preiswert und schnell.
go by car	mit dem Auto fahren
go by plane	fliegen
go by train	mit der Bahn fahren
►	
map *n* [mæp]	Landkarte; Stadtplan
street *n* [stri:t]	Straße *(in der Stadt)*
road *n* [rəʊd]	Straße
Main roads are generally better than **country roads**.	Hauptverkehrsstraßen sind im allgemeinen besser als Landstraßen.
road works	Straßenbauarbeiten
motorway *n* ['məʊtəweɪ]	Autobahn
bridge *n* [brɪdʒ]	Brücke
bend *n* [bend]	Kurve
Watch out! There's a sharp bend in the road up ahead.	Paß auf! Da vorn ist eine scharfe Kurve.
corner *n* ['kɔ:nə]	Ecke
street corner	Straßenecke

narrow *adj* ['nærəʊ]	schmal
wide *adj* [waɪd]	breit
straight *adj* [streɪt]	gerade
►	
accident *n* ['æksɪdənt]	Unfall
road accident	Verkehrsunfall
crash *n* [kræʃ]	Zusammenstoß
My uncle was in a serious **car crash** on the motorway last week.	Mein Onkel war letzte Woche in einen schweren Unfall auf der Autobahn verwickelt.
plane crash	Flugzeugabsturz
risk *n* [rɪsk]	Risiko
The risk of having a road accident is much greater than the risk of being in a plane crash.	Das Risiko, einen Verkehrsunfall zu haben, ist größer, als mit dem Flugzeug abzustürzen.
safe *adj* [seɪf]	sicher
safety *n* ['seɪftɪ]	Sicherheit
road safety	Verkehrssicherheit
seat-belt *n* ['si:tbelt]	Sicherheitsgurt
fasten *v* ['fɑ:sn]	festmachen
Please fasten your seat-belt.	Schnallen Sie sich bitte an.
prevent *v* [prɪ'vent]	verhindern; vorbeugen
If you want to prevent accidents, you should drive more slowly.	Um Unfälle zu vermeiden, sollte man langsamer fahren.
slow *adj* [sləʊ]	langsam
fast *adj* [fɑ:st]	schnell

network *n* ['netwɜ:k]	Netz
There's a huge **underground network** throughout the city.	Es gibt ein riesiges U-Bahnnetz in der ganzen Stadt.
canal *n* [kə'næl]	Kanal, Wasserweg
tunnel *n* ['tʌnl]	Tunnel
signal *n* ['sɪgnl]	Signal
signal box	Stellwerk
route *n* [ru:t]	Route, Weg, Strecke
via *prep* ['vaɪə]	über, durch
They travelled to Ireland via Bangor and Holyhead.	Sie reisten über Bangor und Holyhead nach Irland.

schedule *n* [ˈʃedjuːl]	Zeitplan
on schedule	planmäßig, pünktlich
behind schedule	mit Verspätung
depart *v* [dɪˈpɑːt]	abfahren
The train departed on schedule.	Der Zug fuhr planmäßig ab.
destination *n* [ˌdestɪˈneɪʃn]	Ziel
Our final destination is Brussels.	Unser Reiseziel ist Brüssel.
► **distribute** *v* [dɪˈstrɪbjuːt]	verteilen, zustellen
The goods are distributed to the shops by lorry.	Die Waren werden den Läden per Lastwagen zugestellt.

Öffentliche Verkehrsmittel

public *adj* [ˈpʌblɪk]	öffentlich
public transport	öffentliche Verkehrsmittel
service *n* [ˈsɜːvɪs]	Verkehrsverbindung(en)
There is a regular **bus service** in this area.	In diesem Stadtteil gibt es regelmäßige Busverbindungen.
taxi *n* [ˈtæksɪ]	Taxi
taxi driver	Taxifahrer(in)
station *n* [ˈsteɪʃn]	Bahnhof
bus station	Busbahnhof
queue *n* [kjuː]	(Menschen-)Schlange
The queue at the bus stop was very long.	Die Schlange an der Bushaltestelle war sehr lang.
queue *v* [kjuː]	sich anstellen, Schlange stehen
miss *v* [mɪs]	verpassen
If you don't hurry, you'll miss your bus.	Wenn du dich nicht beeilst, verpaßt du noch den Bus.
► **timetable** *n* [ˈtaɪmˌteɪbl]	Fahrplan; Flugplan
arrive *v* [əˈraɪv]	ankommen
arrival *n* [əˈraɪvl]	Ankunft
departure *n* [dɪˈpɑːtʃə]	Abfahrt; Abflug
delay *n* [dɪˈleɪ]	Verzögerung; Verspätung
cancel *v* [ˈkænsl]	absagen, streichen

bus *n* [bʌs]	Bus
bus conductor/conductress	Busschaffner/-in
bus driver	Busfahrer(in)
bus stop	Bushaltestelle
tram *n* [træm]	Straßenbahn
underground *n* ['ʌndəgraʊnd]	Untergrundbahn, U-Bahn
get on/off, got, got *v* [ˌget‿'ɒn/'ɒf, gɒt]	ein-/aussteigen
seat *n* [si:t]	Sitz, Sitzplatz
Excuse me, is this seat taken?	Verzeihung, ist dieser Platz frei?
passenger *n* ['pæsɪndʒə]	Passagier, Fahrgast
fare *n* [feə]	Fahrpreis
What's the bus fare from Heathrow to Victoria Station?	Was kostet die Busfahrt von Heathrow zum Victoria-Bahnhof?
ticket *n* ['tɪkɪt]	Fahrkarte; Flugticket
return (ticket)	Rückfahrkarte
single (ticket)	Einzelfahrkarte
season ticket	Zeitkarte
class *n* [klɑ:s]	Klasse
first/second class	erste/zweite Klasse
tourist/economy class	Touristenklasse im Flugzeug
►	
airport *n* ['eəpɔ:t]	Flughafen
airline *n* ['eəlaɪn]	Fluglinie, Fluggesellschaft
plane *n* [pleɪn]	Flugzeug
jet *n* [dʒet]	Düsenflugzeug
pilot *n* ['paɪlət]	Pilot(in)
stewardess *n* ['stjʊədɪs]	Stewardeß
take off, took, taken *v* [ˌteɪk‿'ɒf, tʊk, 'teɪkən]	starten
land *v* [lænd]	landen
landing *n* ['lændɪŋ]	Landung
It was a very rough landing.	Es war eine sehr harte Landung.
fly, flew, flown *v* [flaɪ, flu:, fləʊn]	fliegen
flight *n* [flaɪt]	Flug
return flight	Rückflug
announce *v* [ə'naʊns]	ansagen
check in *v* [ˌtʃek‿'ɪn]	einchecken

rail *n* [reɪl]	Schiene, Gleis
go by rail	mit dem Zug fahren
British Rail	die britische Eisenbahngesellschaft
railway *n* ['reɪlweɪ]	Eisenbahn
railway station	Bahnhof
train *n* [treɪn]	Zug
express train	Schnellzug
goods train	Güterzug
train driver	Lokführer(in)
carriage *n* ['kærɪdʒ]	Wagen; Waggon
compartment *n* [kəm'pɑ:tmənt]	(Zug-)Abteil
guard *n* [gɑ:d]	Schaffner(in) im Zug, Zugbegleiter(in)
platform *n* ['plætfɔ:m]	Bahnsteig
change *v* [tʃeɪnʒ]	umsteigen
change trains	in einen anderen Zug umsteigen
connection *n* [kə'nekʃn]	Verbindung
Connections to Bangor are very good in the summer.	Im Sommer sind die Verbindungen nach Bangor sehr gut.
run, ran, run *v* [rʌn, ræn, rʌn]	fahren, verkehren
How often do the trains to Cambridge run?	Wie oft fahren die Züge nach Cambridge?
due *adj* [dju:]	fällig
When's the next train from Brighton due?	Wann soll der nächste Zug aus Brighton ankommen?
from *prep* [frɒm]	von, aus
Trains from Chester to Liverpool are running late today.	Die Züge von Chester nach Liverpool haben heute Verspätung.
to *prep* [tʊ]	nach
stop *n; v* [stɒp]	Halt, Haltestelle, Bahnhof; anhalten

►

boat *n* [bəʊt]	Boot, Schiff
motorboat	Motorboot
ship *n* [ʃɪp]	Schiff
ferry *n* ['ferɪ]	Fähre
harbour *n* ['hɑ:bə]	Hafen
port *n* [pɔ:t]	Hafen; Hafenstadt
Holland's most famous port is Rotterdam.	Die berühmteste Hafenstadt der Niederlande ist Rotterdam.

sail *v* [seɪl] The Queen Elizabeth **sails for** New York on Friday.	ablegen, auslaufen Die Queen Elizabeth läuft am Freitag nach New York aus.
sink, sank, sunk *v* [sɪŋk, sæŋk, sʌŋk]	sinken
terminal *n* ['tɜ:mɪnl] British Airways flights from London Heathrow to the USA leave from Terminal 4.	Terminal Die British Airways-Flüge von London Heathrow nach den USA gehen von Terminal 4 ab.
board *v* [bɔ:d] **board a bus/train** **board a plane/ship**	einsteigen, an Bord gehen in einen Bus/Zug einsteigen an Bord eines Flugzeuges/Schiffes gehen
take-off *n* ['teɪkɒf] The plane's engines were warm and it was **ready for take-off**.	Start Die Triebwerke waren warm, und das Flugzeug war startbereit.
stop-over *n* ['stɒpˌəʊvə]	Zwischenlandung
transfer *n* ['trænsfɜ:] **transfer passengers**	Umsteigen, Transfer Passagiere, die mit einer anderen Maschine weiterfliegen
baggage claim *n* ['bægɪdʒˌkleɪm]	Gepäckausgabe
helicopter *n* ['helɪkɒptə]	Hubschrauber
crew *n* [kru:]	Mannschaft
cockpit *n* ['kɒkpɪt]	Pilotenkanzel, Cockpit
► **collide** *v* [kə'laɪd]	zusammenprallen
collision *n* [kə'lɪʒn]	Zusammenstoß, Zusammenprall
► **frequent** *adj* ['fri:kwənt] There's a frequent train service from London to Brighton.	häufig, regelmäßig Es gibt eine regelmäßige Zugverbindung von London nach Brighton.
track *n* [træk]	Schiene, Gleis
sleeper *n* ['sli:pə]	Schlafwagen; Bett im Schlafwagen
couchette *n* [ku:'ʃet]	Bett im Liegewagen
dining-car *n* ['daɪnɪŋkɑ:]	Speisewagen
container *n* [kən'teɪnə]	Container

voyage *n* ['vɔɪɪdʒ]	Seereise
cruise *n* [kruːz] **go on a cruise**	Kreuzfahrt eine Kreuzfahrt machen
aboard *adv* [ə'bɔːd] They just managed to **get aboard** before the ship left the harbour.	an Bord Sie schafften es gerade noch, an Bord zu kommen, bevor das Schiff auslief.

Individualverkehr

bicycle, bike *n* ['baɪsɪkl, baɪk]	Fahrrad
motorcycle, motorbike *n* ['məʊtə͵saɪkl, 'məʊtəbaɪk]	Motorrad
ride, rode, ridden *v* [raɪd, rəʊd, 'rɪdn] My cousin's just learned to **ride a bike.**	fahren Meine Kusine hat gerade radfahren gelernt.
ride *n* [raɪd] Let's **go for a ride** in the car.	Fahrt Laß uns eine Spazierfahrt machen.
car *n* [kɑː]	Auto
get in *v* [͵get‿'ɪn] She got in her car and drove off.	einsteigen Sie stieg ins Auto und fuhr weg.
get out *v* [͵get‿'aʊt] We had to **get out of** the car quickly before the light turned green.	aussteigen Wir mußten schnell aus dem Auto steigen, bevor die Ampel grün wurde.
drive *n* [draɪv] **go for a drive**	Spazierfahrt eine Spazierfahrt machen
drive, drove, driven *v* [draɪv, drəʊv, 'drɪvn]	fahren, lenken
driver *n* ['draɪvə]	Fahrer(in)
licence *n* ['laɪsns] **driving licence**	Lizenz, Erlaubnis Führerschein
pick up *v* [͵pɪk 'ʌp] My train gets in at 2 o'clock. Can you pick me up at the station?	abholen Mein Zug kommt um zwei Uhr an. Kannst du mich vom Bahnhof abholen?

petrol *n* ['petrəl]	Benzin
two-star/four-star petrol	Normal-/Superbenzin.
petrol station	Tankstelle
self-service *n* [ˌself'sɜ:vɪs]	Selbstbedienung
breakdown *n* ['breɪkdaʊn]	(Auto-)Panne
break down, broke, broken *v* [ˌbreɪk 'daʊn, brəʊk, 'brəʊkn]	eine Panne haben
change *v* [tʃeɪnʒ]	wechseln
change a tyre	einen Reifen wechseln
tyre *n* ['taɪə]	Reifen
flat tyre	Reifenpanne
spare tyre	Ersatzreifen
wheel *n* [wi:l]	Rad
steering-wheel	Lenkrad
brake *n* [breɪk]	Bremse
hand-brake	Handbremse
brake *v* [breɪk]	bremsen
He had to brake suddenly when a dog ran in front of the car.	Er mußte ganz plötzlich bremsen, als ihm ein Hund vors Auto lief.
park *v* [pɑ:k]	parken
car park *n* ['kɑ:pɑ:k]	(großer) Parkplatz; Parkhaus
garage *n* ['gærɑ:ʒ]	Garage; Autowerkstatt
check *v* [tʃek]	überprüfen
rent *v* [rent]	mieten
rent a car	ein Auto mieten
turn *v* [tɜ:n]	abbiegen
turn right/left	rechts/links abbiegen
turning *n* ['tɜ:nɪŋ]	Abbiegung, Abzweigung
Drive straight on. Then **take the next turning** on your right.	Fahren Sie geradeaus, dann biegen Sie in die nächste Straße rechts ein.
sign *n* [saɪn]	Schild
road/traffic sign	Straßen-/Verkehrsschild
speed limit *n* ['spi:dˌlɪmɪt]	Geschwindigkeitsbegrenzung
rush-hour *n* ['rʌʃˌaʊə]	Hauptverkehrszeit

avoid *v* [ə'vɔɪd]	(ver)meiden
Most people avoid rush-hour traffic problems by using public transport.	Die meisten Menschen umgehen die Probleme der Hauptverkehrszeit, indem sie mit öffentlichen Verkehrsmitteln fahren.
►	
cross *v* [krɒs]	überqueren
Always look both ways before crossing the street!	Vor dem Überqueren der Straße immer nach links und rechts schauen!
crossing *n* ['krɒsɪŋ]	Übergang; Kreuzung
pedestrian crossing	Fußgängerübergang
zebra crossing	Zebrastreifen
pedestrian *n* [pɪ'destrɪən]	Fußgänger(in)
pavement *n* ['peɪvmənt]	Gehweg, Bürgersteig
path *n* [pɑ:θ]	Pfad, Weg
walk *n* [wɔ:k]	Spaziergang
go for a walk	einen Spaziergang machen
walk *v* [wɔ:k]	gehen, laufen

vehicle *n* ['vi:ɪkl]	Fahrzeug
motorist *n* ['məʊtərɪst]	Autofahrer(in)
station wagon *n* ['steɪʃnˌwægən]	Kombi
trailer *n* ['treɪlə]	Anhänger
caravan *n* ['kærəvæn]	Wohnwagen
hitch-hike *v* ['hɪtʃhaɪk]	per Anhalter fahren, trampen
hitch-hiker *n* ['hɪtʃˌhaɪkə]	Anhalter(in), Tramper(in)
►	
wreck *n* [rek]	Wrack, Schrotthaufen
The car he's driving is an old wreck.	Der Wagen, den er fährt, ist ein alter Schrotthaufen.
wreck *v* [rek]	zu Schrott fahren, zerstören
tow *v* [təʊ]	schleppen
tow away	abschleppen
►	
regulation *n* [ˌregjʊ'leɪʃn]	Regel, Vorschrift
traffic regulations	Verkehrsregeln
slippery *adj* ['slɪpərɪ]	rutschig, glatt
Be careful! The roads are very slippery tonight.	Sei vorsichtig! Die Straßen sind heute nacht sehr glatt.

sign-post *n* ['saɪnpəʊst]	Wegweiser
traffic-warden *n* ['træfɪkˌwɔ:dn]	Politesse, Verkehrswächter(in)
parking-meter *n* ['pɑ:kɪŋˌmɪtə]	Parkuhr
dual carriageway *n* ['dju:əl 'kærɪdʒweɪ]	Schnellstraße *(mit getrennten Fahrbahnen)*
lane *n* [leɪn]	Spur
change lanes	die Spur wechseln
fast lane	Überholspur
crossroads *n* ['krɒsrəʊdz]	Kreuzung
detour *n* ['di:ˌtʊə]	Umleitung
►	
windscreen *n* ['wɪndskri:n]	Windschutzscheibe
windscreen-wiper	Scheibenwischer
tank *n* [tæŋk]	Tank
petrol tank	Benzintank
speedometer *n* [spɪ'dɒmɪtə]	Tachometer
ignition *n* [ɪg'nɪʃn]	Zündung
clutch *n* [klʌtʃ]	Kupplung
gear *n* [gɪə]	Gang
change gears	schalten
accelerator *n* [ək'seləreɪtə]	Gaspedal
horn *n* [hɔ:n]	Hupe
radiator *n* ['reɪdɪeɪtə]	Kühler
bonnet *n* ['bɒnɪt]	Motorhaube
exhaust *n* [ɪg'zɔ:st]	Auspuff
exhaust pipe	Auspuffrohr
headlights *n* ['hedlaɪts]	Scheinwerfer
number-plate *n* ['nʌmbəˌpleɪt]	Nummernschild, Autokennzeichen
pressure *n* ['preʃə]	Druck
tyre pressure	Reifendruck
puncture *n* ['pʌŋkʃə]	Reifenpanne

signal *v* ['sɪgnl]	blinken
The driver signalled that he was going to turn left, but then he suddenly turned right.	Der Fahrer blinkte links, bog dann aber plötzlich nach rechts ab.
slow down *v* [ˌsləʊ'daʊn]	langsamer fahren, abbremsen
overtake, overtook, overtaken *v* [ˌəʊvə'teɪk, ˌəʊvə'tʊk, ˌəʊvə'teɪkən]	überholen
reverse *v* [rɪ'vɛ:s]	rückwärts fahren
fail *v* [feɪl]	versagen
When he tried to stop, the brakes failed.	Als er versuchte anzuhalten, versagten die Bremsen.
►	
cyclist *n* ['saɪklɪst]	Radfahrer(in)
moped *n* ['məʊped]	Moped
pedal *n; v* ['pedl]	Pedal; radeln
crash-helmet *n* ['kræʃˌhelmɪt]	Schutzhelm

Allgemeines

communication *n* [kəˌmjuːnɪˈkeɪʃn]	Kommunikation
system *n* [ˈsɪstəm]	System
system of communications	Nachrichtensysteme
means *n* [miːnz]	Mittel
means of communication	Kommunikationsmittel
media *n* [ˈmiːdjə]	Medien
mass media	Massenmedien
inform *v* [ɪnˈfɔːm]	informieren
The main job of the press is to inform people about what is going on in the world.	Die Hauptaufgabe der Presse ist es, die Leute darüber zu informieren, was in der Welt passiert.
influence *n* [ˈɪnflʊəns]	Einfluß
Some people believe that the influence of the mass media in our society is too great.	Einige Leute finden, daß der Einfluß der Massenmedien in unserer Gesellschaft zu groß ist.

Post

post *n* [pəʊst]	Post
What time do you receive your post on Mondays?	Wann wird bei dir die Post montags zugestellt?
by post	mit der Post
post-box	Postkasten, Briefkasten
post *v* [pəʊst]	(Post) abschicken
I've got to post this letter by this afternoon.	Ich muß diesen Brief spätestens heute nachmittag abschicken.
postman *n* [ˈpəʊstmən]	Briefträger
post office *n* [ˈpəʊstˌɒfɪs]	Postamt
letter *n* [ˈletə]	Brief
letter-box	(Haus-)Briefkasten
envelope *n* [ˈenvələʊp]	Briefumschlag
address *n* [əˈdres]	Adresse

postage *n* ['pəʊstɪdʒ] What's the postage for an airmail letter to New Zealand?	Porto Wie teuer ist ein Luftpostbrief nach Neuseeland?
stamp *n* [stæmp]	Briefmarke
stick, stuck, stuck *v* [stɪk, stʌk] You forgot to stick a stamp on the letter.	(auf)kleben Du hast vergessen, eine Briefmarke auf den Brief zu kleben.
airmail *n* ['eəmeɪl]	Luftpost
express *adj* [ɪk'spres] **express letter**	Eil- Eilbrief
postcard *n* ['pəʊstkɑ:d]	Postkarte
parcel *n* ['pɑ:sl]	Paket
contents *n* ['kɒntents] You must declare the contents of a parcel you want to send to a foreign country.	Inhalt Der Inhalt eines Pakets ins Ausland muß angegeben werden.
telegram *n* ['telɪgræm]	Telegramm
reply *n* [rɪ'plaɪ] Her mother's written her three letters, but still hasn't received a reply.	Antwort Ihre Mutter hat ihr schon drei Briefe geschrieben, aber immer noch keine Antwort erhalten.
reply *v* [rɪ'plaɪ]	(be)antworten
receive *v* [rɪ'si:v]	bekommen, erhalten
send, sent, sent *v* [send, sent]	schicken, abschicken, verschicken

✉

Dear ..., [dɪə]	Liebe(r) ..., *(Anrede im Brief)*
Mr ... ['mɪstə]	Herr ... *(Anrede)*
Mrs ... ['mɪsɪz]	Frau ... *(Anrede)*
Miss ... [mɪs]	Fräulein ... *(Anrede)*
Ms ... [mɪz]	Frau/Fräulein ... *(neutrale Anrede)*
Yours sincerely, ['jɔ:z sɪn'sɪəlɪ]	Mit freundlichen Grüßen *(Briefschluß)*
Love, [lʌv]	Liebe Grüße, Dein(e) *(Briefschluß)*

delivery *n* [dɪ'lɪvərɪ]	Zustellung
There's no delivery on Sundays.	An Sonntagen wird keine Post zugestellt.
cash on delivery (COD)	per Nachnahme
savings *n* ['seɪvɪŋz]	Ersparnisse
post-office savings account	Postsparkonto
telex *n* ['teleks]	Telex, Fernschreiben
► **stationery** *n* ['steɪʃnərɪ]	Briefpapier; Schreibwaren
enclose *v* [ɪn'kləʊz]	beilegen, beifügen
Enclosed please find a cheque for £10.	Ein Scheck über 10 Pfund liegt bei.
postcode *n* ['pəʊstkəʊd]	Postleitzahl
registered *adj* ['redʒɪstəd]	per Einschreiben
registered letter	Einschreiben

Telefon

(tele)phone *n* [('telɪ)fəʊn]	Telefon
She's **on the phone**.	Sie telefoniert gerade.
phone box	Telefonzelle
phone number	Telefonnummer
phone *v* [fəʊn]	anrufen
Phone me any time after six.	Rufen Sie mich irgendwann nach 18 Uhr an.
operator *n* ['ɒpəreɪtə]	Telefonist(in)
call *n; v* [kɔ:l]	Anruf; anrufen
call-box	Telefonzelle
urgent *adj* ['ɜ:dʒənt]	dringend
urgent call	dringender Anruf
dial *v* ['daɪəl]	(eine Telefonnummer) wählen
Dial 999 in an emergency.	Im Notfall wählen Sie 999.
dial a wrong number	sich verwählen
0 *num* [əʊ]	Null

ring, rang, rung *v* [rɪŋ, ræŋ, rʌŋ]	klingeln, läuten; anrufen
I'm afraid I must **ring off** now.	Ich fürchte, ich muß jetzt auflegen.
answer *v* ['ɑːnsə]	antworten
answer the phone	ans Telefon gehen
reply *n* [rɪ'plaɪ]	Antwort
I phoned her yesterday, but there was no reply.	Ich rief sie gestern an, aber niemand ging ans Telefon.
engaged *adj* [ɪn'geɪdʒd]	besetzt
busy *adj* ['bɪzɪ]	besetzt
I can't get through. The line's busy.	Ich komme nicht durch. Die Leitung ist besetzt.
connection *n* [kə'nekʃn]	Verbindung; Leitung
a bad connection	eine schlechte Verbindung
► **message** *n* ['mesɪdʒ]	Nachricht
I'm sorry, she's not in. Would you like to **leave a message**?	Es tut mir leid, sie ist nicht da. Kann ich etwas ausrichten?
name *n* [neɪm]	Name
What was the name, please?	Wie war doch der Name, bitte?
speak, spoke, spoken *v* [spiːk, spəʊk, 'spəʊkən]	sprechen
I'd like to speak to Mr Haycraft. – Speaking.	Ich hätte gern mit Herrn Haycraft gesprochen. – Am Apparat.
Who's speaking?	Wer spricht da, bitte?

receiver *n* [rɪ'siːvə]	(Telefon-)Hörer
lift the receiver	den Hörer abnehmen, abheben
replace the receiver	den Hörer auflegen
hang up *v* [ˌhæŋ‿'ʌp]	auflegen
directory *n* [dɪ'rektərɪ]	Verzeichnis
telephone directory	Telefonbuch
directory inquiries	Telefonauskunft
long-distance *adj* [ˌlɒŋ'dɪstəns]	Fern-
long-distance call	Ferngespräch
charges *n* ['tʃɑːdʒɪz]	Gebühren
I'd like to **reverse the charges** on this call.	Ich möchte ein R-Gespräch anmelden.

Fernsehen, Radio

radio *n* ['reɪdɪəʊ]	Radio
television, TV *n* ['telɪˌvɪʒn, ˌti:'vi:]	Fernsehen; Fernsehapparat
colour television	Farbfernsehgerät
television tower	Fernsehturm
channel *n* ['tʃænl]	(Fernseh-)Programm, Kanal
programme *n* ['prəʊgræm]	(Fernseh-, Radio-)Sendung
broadcast *v* ['brɔ:dkɑ:st]	ausstrahlen, senden
BBC World Service broadcasts radio programmes for learners and teachers of English.	Der BBC World Service sendet Rundfunksendungen für Englischlerner und -lehrer.
interview *n; v* ['ɪntəvju:]	Interview; interviewen, befragen
news *n* [nju:z]	Nachrichten
Good evening. Here is the latest news from Britain.	Guten Abend. Hier die neuesten Nachrichten aus Großbritannien.
news flash	aktuelle Meldung
weather forecast *n* ['weðə 'fɔ:ka:st]	Wetterbericht/-vorhersage
announce *v* [ə'naʊns]	ansagen
announcer *n* [ə'naʊnsə]	Ansager(in), Sprecher(in)

viewer *n* ['vju:ə]	Fernsehzuschauer(in)
listener *n* ['lɪsnə]	Radiohörer(in)
commentator *n* ['kɒmenteɪtə]	Kommentator(in)
studio *n* ['stju:dɪəʊ]	Studio
►	
advertise *v* ['ædvətaɪz]	Werbung machen für
as advertised on TV	aus der Fernsehwerbung
commercial *n* [kə'mɜ:ʃl]	Werbespot
cartoon *n* [kɑ:'tu:n]	Zeichentrickfilm
comedy *n* ['kɒmɪdɪ]	komisches Hörspiel/Fernsehspiel
documentary *n* [ˌdɒkjʊ'mentərɪ]	Dokumentarfilm
feature *n* ['fi:tʃə]	Reportage

live *adj; adv* [laɪv] — Live-; live, direkt
The Liverpool–Manchester United match was broadcast live. — Das Spiel Liverpool–Manchester United wurde live übertragen.
live programme — Live-Sendung

►

aerial *n* ['eərɪəl] — Antenne

cable *n* ['keɪbl] — Kabel
cable TV — Kabelfernsehen

satellite *n* ['sætəlaɪt] — Satellit
television satellite — Fernsehsatellit

signal *n* ['sɪgnl] — Signal
The new television satellite sends a very strong signal to earth. — Der neue Fernsehsatellit überträgt ein sehr starkes Signal zur Erde.

screen *n* [skri:n] — Bildschirm

tune *v* [tju:n] — einstellen
You are **tuned to** Radio 4. — Sie hören Radio 4.

interference *n* [ˌɪntə'fɪərəns] — (Empfangs-)Störung

Ton- und Bildträger

record *n* ['rekɔ:d] — Schallplatte
record-player — Plattenspieler

record *v* ['rɪkɔ:d] — aufnehmen

single *n* ['sɪŋgl] — Schallplatte, Single

LP *n* [ˌel'pi:] — Langspielplatte, LP

cassette *n* [kæ'set] — Kassette
cassette recorder — Kassettenrecorder

tape *n* [teɪp] — Tonband
tape recorder — Tonbandgerät

►

picture *n* ['pɪktʃə] — Bild

photo *n* ['fəʊtəʊ] — Foto

film *n* [fɪlm] — Film

camera *n* ['kæmərə] — Kamera

video *n* ['vɪdɪəʊ] — Video
video cassette/recorder — Videokassette/-recorder

disc *n* [dɪsk]	Platte
compact disc	Compact-Disc, CD-Platte
video disc	Bildplatte
CD-player *n* ['si:'di:ˌpleɪə]	CD-Spieler
(loud)speaker *n* [(ˌlaʊd)'spi:kə]	Lautsprecher, Box
microphone *n* ['maɪkrəfəʊn]	Mikrofon
volume *n* ['vɒlju:m]	Lautstärke
turn the volume up/down	lauter/leiser stellen
stereo *adj; n* ['sterɪəʊ]	Stereo-; Stereoanlage
in stereo	in Stereo(qualität)
hi-fi *adj; n* [ˌhaɪ'faɪ]	HiFi-; HiFi-Anlage, HiFi-Gerät

Zeitungen, Zeitschriften, Bücher

press *n* [pres]	Presse
popular press	Boulevardpresse
newspaper *n* ['nju:sˌpeɪpə]	Zeitung
daily/weekly newspaper	Tages-/Wochenzeitung
daily *n* ['deɪlɪ]	Tageszeitung
weekly *n* ['wi:klɪ]	Wochenblatt/-zeitschrift/-zeitung
magazine *n* [ˌmægə'zi:n]	Zeitschrift, Magazin
issue *n* ['ɪʃu:]	Ausgabe, Nummer
I liked the article on computers and journalists in the last issue of "Punch".	Mir hat der Artikel über Computer und Journalisten in der jüngsten Ausgabe vom „Punch" gefallen.
advertisement *n* [əd'vɜ:tɪsmənt]	Werbung; Anzeige
article *n* ['ɑ:tɪkl]	Artikel
journalist *n* ['dʒɜ:nəlɪst]	Journalist(in)
►	
library *n* ['laɪbrərɪ]	Bücherei, Bibliothek
book *n* [bʊk]	Buch
dictionary *n* ['dɪkʃənrɪ]	Wörterbuch
title *n* ['taɪtl]	Titel
contents *n* ['kɒntents]	Inhalt
table of contents	Inhaltsverzeichnis

page *n* [peɪdʒ]	Seite
text *n* [tekst]	Text
copy *n* [ˈkɒpɪ] Can you lend me your copy of "The Joy of Cooking"?	Exemplar Kannst du mir dein Exemplar von „The Joy of Cooking" leihen?
print *n* [prɪnt] The book is **out of print**. **in print**	Schrift; Druck Das Buch ist vergriffen. gedruckt; lieferbar, erhältlich
print *v* [prɪnt]	drucken
read, read, read *v* [ri:d, red]	lesen

crossword *n* [ˈkrɒswɜ:d] **do the crossword**	Kreuzworträtsel das Kreuzworträtsel lösen
headline *n* [ˈhedlaɪn] The plane crash **made headlines** around the world.	Schlagzeile Der Flugzeugabsturz machte in der ganzen Welt Schlagzeilen.
heading *n* [ˈhedɪŋ]	Überschrift
source *n* [sɔ:s]	Quelle
copyright *n* [ˈkɒpɪraɪt]	Copyright, Urheberrecht
quote *v* [kwəʊt]	zitieren
quotation *n* [kwəʊˈteɪʃn]	Zitat
footnote *n* [ˈfʊtnəʊt]	Fußnote
► **edition** *n* [ɪˈdɪʃn] **first edition**	Ausgabe Erstausgabe
paperback *n* [ˈpeɪpəbæk] The book should be coming out **in paperback** very soon.	Taschenbuch Das Buch sollte sehr bald als Taschenbuch erscheinen.
subtitle *n* [ˈsʌbˌtaɪtl]	Untertitel
volume *n* [ˈvɒlju:m] The book is one of a four-volume set.	Band Dieser Band ist Teil einer vierbändigen Ausgabe.
encyclop(a)edia *n* [enˌsaɪkləʊˈpi:djə]	Lexikon
reference book *n* [ˈrefrənsˌbʊk]	Nachschlagewerk
index *n* [ˈɪndeks]	Register
appendix *n* [əˈpendɪks]	Anhang

report *v* [rɪ'pɔ:t] Jerry was hired to report the local news.	berichten Jerry wurde eingestellt, um über Lokales zu berichten.
reporter *n* [rɪ'pɔ:tə]	Reporter(in)
editor *n* ['edɪtə]	Redakteur(in), Lektor(in); Herausgeber(in)
publish *v* ['pʌblɪʃ]	herausgeben, verlegen, veröffentlichen
publisher *n* ['pʌblɪʃə]	Verleger(in)
printer *n* ['prɪntə]	Drucker(in)
►	
extract *n* ['ekstrækt]	Auszug
outline *n* ['aʊtlaɪn] Could you give me a brief outline of the plot of the book?	Umriß, Gliederung Kannst du mir die Handlung des Buches kurz darlegen?
review *n* [rɪ'vju:] The newspaper gave my book a good review.	Rezension Mein Buch erhielt eine gute Rezension in der Zeitung.
►	
leaflet *n* ['li:flɪt]	Prospekt; Flugblatt
brochure *n* ['brəʊʃə]	Broschüre
publication *n* [ˌpʌblɪ'keɪʃn]	Veröffentlichung
►	
librarian *n* [laɪ'breərɪən]	Bibliothekar(in)
newsagent *n* ['nju:zˌeɪdʒənt]	Zeitschriftenhändler(in)

Informationstechnologien

computer *n* [kəm'pju:tə] **computer operator**	Computer, Rechner Operator(in)
information *n* [ˌɪnfə'meɪʃn] Computers can deal with a large amount of information in a very short time.	Information(en) Computer sind in der Lage, in kürzester Zeit größere Datenmengen zu verarbeiten.
program *n; v* ['prəʊgræm]	(Computer-)Programm; programmieren
programmer *n* ['prəʊgræmə]	Programmierer(in)

hardware *n* ['hɑ:dweə]	Hardware *(Geräte und Materialien)*
software *n* ['sɒftweə]	Software *(Programme, die auf EDV-Anlagen laufen)*
memory *n* ['memərɪ] Most home computers have at least 64 KB of memory.	Speicher, Speicherkapazität Die meisten Heimcomputer haben eine Speicherkapazität von mindestens 64 Kilobytes.
electronic *adj* [ˌɪlek'trɒnɪk]	elektronisch
data *n* ['deɪtə] **data processing** **a piece of data**	Daten Datenverarbeitung eine Angabe; ein Zahlenwert
process *v* ['prəʊses] The computer is processing the information now.	verarbeiten Der Computer verarbeitet gerade die Daten.
code *n* [kəʊd]	Code, Schlüssel
directory *n* [dɪ'rektərɪ]	Inhaltsverzeichnis auf einem Datenträger
list *v* [lɪst]	(EDV-Programm) auflisten
network *n* ['netwɜ:k] The company uses a **computer network** to send messages to branches all over the country.	Netz, Netzwerk Die Firma schickt mit Hilfe eines Computernetzes Nachrichten an ihre Filialen im ganzen Land.
terminal *n* ['tɜ:mɪnl]	Terminal, Datenerfassungsgerät mit Bildschirm
printer *n* ['prɪntə]	Drucker
ribbon *n* ['rɪbən]	Farbband
disk(ette) *n* [dɪsk('et)] Quite a large amount of data can be stored on a **floppy disk**.	Diskette Auf einer Diskette können eine ganze Menge Daten gespeichert werden.
manual *n* ['mænjʊəl]	Handbuch
feedback *n* ['fi:dbæk]	Feedback, Rückmeldung
output *n* ['aʊtpʊt] **data output**	Ausgabe Datenausgabe
► **teletext** *n* ['telɪtekst]	Bildschirmtext (Btx)

Allgemeines

plan *n* [plæn]	Plan
Have you already **made plans** for your next holiday?	Hast du bereits Pläne für deinen nächsten Urlaub gemacht?
plan *v* [plæn]	planen
travel agency *n* ['trævl͜ˌeɪdʒənsɪ]	Reisebüro
map *n* [mæp]	(Land-)Karte; Stadtplan
►	
coach *n* [kəʊtʃ]	Reisebus
journey *n* ['dʒɜ:nɪ]	Reise, Fahrt
trip *n* [trɪp]	Kurzreise, Ausflug
My uncle's taking us on a **day trip** to the seaside.	Mein Onkel macht mit uns einen Tagesausflug ans Meer.
return trip	Rückfahrt
adventure *n* [əd'ventʃə]	Abenteuer
seaside *n* ['si:saɪd]	Küste
at the seaside	an der See, am Meer
arrange *v* [ə'reɪndʒ]	arrangieren, organisieren
We've arranged to go to Paris next spring.	Wir haben für nächstes Frühjahr eine Reise nach Paris geplant.
travel *v* ['trævl]	reisen
traveller *n* ['trævlə]	Reisende(r)
ready *adj* ['redɪ]	bereit, fertig
ready to leave	abfahrtbereit
holiday(s) *n* ['hɒlədɪ(z)]	Urlaub; Ferien
go on holiday	in Urlaub fahren
reach *v* [ri:tʃ]	erreichen
It was almost dark when we finally reached our hotel.	Es war fast dunkel, als wir endlich unser Hotel erreichten.
return *n; v* [rɪ'tɜ:n]	Rückkehr; zurückkehren
►	
abroad *adv* [ə'brɔ:d]	im/ins Ausland
go abroad	ins Ausland reisen
foreign *adj* ['fɒrən]	ausländisch, Auslands-

foreigner *n* ['fɒrənə]	Ausländer(in)
tourist *n* ['tʊərɪst]	Tourist(in)
►	
luggage *n* ['lʌgɪdʒ]	Gepäck
(suit)case *n* ['su:tkeɪs]	Koffer
bag *n* [bæg]	(Reise-)Tasche
pack *v* [pæk]	packen
►	
information *n* [ˌɪnfə'meɪʃn]	Information, Auskunft
information desk	Informationsschalter
inquire *v* [ɪn'kwaɪə]	sich erkundigen
She **inquired about** accommodation at the information desk.	Sie hat sich bei der Auskunft nach einem Quartier erkundigt.
inquiry *n* [ɪn'kwaɪərɪ]	Anfrage
way *n* [weɪ]	Weg
Can you **tell me the way to** the station, please?	Können Sie mir bitte sagen, wie ich zum Bahnhof komme?
find, found, found *v* [faɪnd, faʊnd]	finden
Afterwards we **found out** that the bus only ran on Mondays.	Später fanden wir heraus, daß der Bus nur montags fuhr.
►	
lavatory *n* ['lævətrɪ]	Toilette
exchange *v* [ɪks'tʃeɪndʒ]	(Geld) wechseln
Excuse me, I'd like to exchange some money.	Entschuldigung, ich möchte Geld wechseln.
gift *n* [gɪft]	Geschenk
gift shop	Souvenirladen

arrangements *n* [ə'reɪnʒmənts]	Pläne, Vorbereitungen
make arrangements	Vorbereitungen treffen
book *v* [bʊk]	buchen
book a room	ein Zimmer buchen
package tour *n* ['pækɪdʒ ˌtʊə]	Pauschalreise
stay *n* [steɪ]	Aufenthalt
Did you have a pleasant stay in Vermont, Peter?	Hattest du einen angenehmen Aufenthalt in Vermont, Peter?
►	
compass *n* ['kʌmpəs]	Kompaß
trunk *n* [trʌŋk]	(großer) Koffer; Schrankkoffer

rucksack *n* ['rʌksæk]	Rucksack
sleeping-bag *n* ['sli:pɪŋbæg]	Schlafsack
tour *v* [tʊə] We toured America last summer.	eine Rundreise machen Letzten Sommer haben wir eine Tour durch Amerika gemacht.
facilities *n* [fə'sɪlətɪz] **camping facilities**	Einrichtungen, Anlagen Camping-Anlagen
caravan *n* ['kærəvæn]	Wohnwagen
► **souvenir** *n* [ˌsu:və'nɪə] **souvenir shop**	 Souvenir, Andenken Souvenirladen
sunbathe *v* ['sʌnbeɪð]	sich sonnen

Zoll- und Paßformalitäten

customs *n* ['kʌstəmz] **customs officer**	Zoll Zollbeamter(-beamtin)
declare *v* [dɪ'kleə] Have you got anything to declare?	anmelden, verzollen Haben Sie etwas zu verzollen?
duty *n* ['dju:tɪ] He had to **pay duty on** the cigars.	Zoll Er mußte für die Zigarren Zoll zahlen.
► **passport** *n* ['pɑ:spɔ:t]	 Reisepaß
name *n* [neɪm] **first name/Christian name**	Name Vorname
surname *n* ['sɜ:neɪm]	Familienname
married *adj* ['mærɪd]	verheiratet
single *adj* ['sɪŋgl]	ledig
sex *n* [seks]	Geschlecht
male *adj* [meɪl]	männlich
female *adj* ['fi:meɪl]	weiblich
signature *n* ['sɪgnətʃə]	Unterschrift
stamp *n* [stæmp] She has a stamp in her passport to prove she really was in Bolivia.	Stempel Sie hat einen Stempel im Paß, der beweist, daß sie wirklich in Bolivien gewesen ist.

complete *v* [kəm'pli:t]	ausfüllen
Would you please complete this form and give it to the customs officer?	Füllen Sie bitte dieses Formular aus und geben Sie es dem Zollbeamten.
fill in *v* [ˌfɪl‿'ɪn]	ausfüllen

document *n* ['dɒkjʊmənt]	Dokument, Urkunde
visa *n* ['vi:zə]	Visum
apply for a visa	ein Visum beantragen
inspect *v* [ɪn'spekt]	untersuchen
smuggle *v* ['smʌgl]	schmuggeln

Unterbringung

accommodation *n* [əˌkɒmə'deɪʃn]	Unterbringung, Unterkunft
landlady, landlord *n* ['lænˌleɪdɪ, 'lænlɔ:d]	Inhaberin, Inhaber einer Pension/eines Gasthauses
guest *n* [gest]	Gast
►	
camping *n* ['kæmpɪŋ]	Camping
camping site	Campingplatz
holiday camp *n* ['hɒlədɪˌkæmp]	Feriendorf
youth-hostel *n* ['ju:θˌhɒstl]	Jugendherberge
bed and breakfast *n* [ˌbed‿ən 'brekfəst]	Übernachtung mit Frühstück
Many private homes in Britain offer bed and breakfast accommodation for tourists.	Viele Privathaushalte in Großbritannien bieten für Touristen Übernachtung mit Frühstück an.
inn *n* [ɪn]	Gasthaus, Wirtshaus
hotel *n* [həʊ'tel]	Hotel
►	
stay *v* [steɪ]	bleiben; übernachten
How long will you be staying in Britain?	Wie lange bleiben Sie in Großbritannien?
What hotel did you stay at?	In welchem Hotel warst du?
reserve *v* [rɪ'zɜ:v]	reservieren
reception *n* [rɪ'sepʃn]	Rezeption, Empfang

disturb *v* [dɪ'stɜ:b]	stören
Please do not disturb!	Bitte nicht stören!
room *n* [ru:m]	Zimmer
single/double room	Einzel-/Doppelzimmer
share *v* [ʃeə]	teilen
If we shared a double room, it would be cheaper.	Wenn wir ein Doppelzimmer teilen würden, wäre es billiger.
separate *adj* ['seprət]	getrennt
separate rooms	getrennte Zimmer
►	
bath *n* [bɑ:θ]	Bad
Would you like a room with a bath or a shower?	Möchten Sie ein Zimmer mit Bad oder mit Dusche?
shower *n* ['ʃaʊə]	Dusche
bed *n* [bed]	Bett
Has the room got a **double bed** or **twin beds**?	Hat das Zimmer ein Doppelbett oder zwei Einzelbetten?
sheet *n* [ʃi:t]	Bettuch
In holiday home accommodation, you generally have to bring sheets with you.	Bei Ferienwohnungen und -häusern muß man meistens Bettwäsche selbst mitbringen.
towel *n* ['taʊəl]	Handtuch

deposit *n* [dɪ'pɒzɪt]	Kaution
reservation *n* [ˌrezə'veɪʃn]	Reservierung
receptionist *n* [rɪ'sepʃənɪst]	Empfangschef(-dame)
board *n* [bɔ:d]	Verpflegung
full/half board	Voll-/Halbpension
licensed *adj* ['laɪsənst]	mit einer Lizenz für den Verkauf/Ausschank von alkoholischen Getränken
a licensed house	ein Lokal mit Schankerlaubnis
boarding house *n* ['bɔ:dɪŋhaʊs]	Pension, Gästehaus
guesthouse *n* ['gesthaʊs]	Pension, Gästehaus
motel *n* [məʊ'tel]	Motel
cabin *n* ['kæbɪn]	Hütte

Gastronomie

bar *n* [bɑ:]	Bar
How long is the hotel bar open?	Bis wann hat die Hotelbar geöffnet?
pub *n* [pʌb]	Kneipe
local (pub)	Stammkneipe
landlady, landlord *n* ['læn͵leɪdɪ, 'lænlɔ:d]	Wirtin, Wirt (in einer Kneipe)
regular *n* ['regjʊlə]	Stammgast (einer Kneipe)
pint *n* [paɪnt]	großes Bier (etwa 0,5 l)
Can I buy you a pint?	Darf ich dich zum Bier einladen?
Cheers! *interj* [tʃɪəz]	Prost!
►	
café *n* ['kæfeɪ]	Café
restaurant *n* ['restərɔ̃:ŋ]	Restaurant, Lokal
self-service *n* [͵self'sɜ:vɪs]	Selbstbedienung
menu *n* ['menju:]	Speisekarte
staff *n* [stɑ:f]	Personal
kitchen staff	Küchenpersonal
waiter *n* ['weɪtə]	Kellner
Waiter! May I see the menu please?	Herr Ober! Kann ich bitte die Speisekarte haben?
waitress *n* ['weɪtrɪs]	Kellnerin
Miss *n* [mɪs]	Fräulein *(Anrede)*
Excuse me, Miss. Could you bring me another cup of coffee, please?	Entschuldigen Sie, Fräulein. Könnten Sie mir bitte noch einen Kaffee bringen?
order *v* ['ɔ:də]	bestellen
Would you like to order now?	Möchten Sie jetzt bestellen?
serve *v* [sɜ:v]	bedienen, servieren
I'll serve you right away.	Ich bediene Sie sofort.
Today we are serving steak and chips.	Heute bieten wir Ihnen Steak mit Pommes frites.
service *n* ['sɜ:vɪs]	Bedienung
The service in this restaurant's terrible.	Die Bedienung in diesem Lokal ist unmöglich.
service charge	Bedienungsgeld

bill *n* [bɪl]	Rechnung
Can I have the bill, please?	Kann ich bitte die Rechnung haben?
tip *n* [tɪp]	Trinkgeld
leave a tip	ein Trinkgeld geben
►	
eat, ate, eaten *v* [i:t, et, 'i:tn]	essen
drink, drank, drunk *v* [drɪŋk, dræŋk, drʌŋk]	trinken
nightclub *n* ['naɪtklʌb]	Nachtlokal
stool *n* [stu:l]	Hocker
bar stool	Barhocker

Sehenswürdigkeiten

sights *n* [saɪts]	Sehenswürdigkeiten
It took us three weeks to see all the sights of Paris.	Wir haben drei Wochen gebraucht, um alle Sehenswürdigkeiten von Paris anzuschauen.
sightseeing *n* ['saɪtˌsi:ɪŋ]	Besichtigung von Sehenswürdigkeiten
go sightseeing	auf Besichtigungstour gehen
look *n* [lʊk]	Blick
We **had a look at** the Louvre during our short stay in Paris.	Während unseres kurzen Aufenthalts in Paris haben wir uns den Louvre angeschaut.
tour *n* [tʊə]	Rundreise
guide *n* [gaɪd]	Führer(in)
travel guide	Reiseführer(in)
visit *n; v* ['vɪzɪt]	Besuch; besuchen
visitor *n* ['vɪzɪtə]	Besucher(in), Tourist(in)
►	
square *n* [skweə]	Platz
The market was held in the town square.	Der Markt fand auf dem Marktplatz statt.
Trafalgar Square	*berühmter Platz in London*
castle *n* ['kɑ:sl]	Burg, Schloß
palace *n* ['pælɪs]	Schloß, Palast

museum *n* [mjuːˈzɪəm]	Museum
the British Museum	das Britische Museum
►	
charge *n* [ˈtʃɑːdʒ]	Gebühr
Is there a charge to visit the Tower of London?	Muß man für die Besichtigung des Londoner Towers Eintritt bezahlen?
free of charge	kostenlos
ticket *n* [ˈtɪkɪt]	Eintrittskarte; Fahrkarte
ancient *adj* [ˈeɪnʃənt]	uralt, altertümlich
ancient monument	historische Stätte; historisches Denkmal
monument *n* [ˈmɒnjʊmənt]	Denkmal; Monument
statue *n* [ˈstætʃuː]	Statue
Statue of Liberty	Freiheitsstatue
fountain *n* [ˈfaʊntɪn]	Springbrunnen; Fontäne
cathedral *n* [kəˈθiːdrəl]	Kathedrale; Dom
►	
gallery *n* [ˈgælərɪ]	Galerie
art gallery	Kunstgalerie
exhibition *n* [ˌeksɪˈbɪʃn]	Ausstellung

"See? The pyramid of Cheops—and there's Elsie again."

Allgemeines

leisure *n* ['leʒə]	Muße, freie Zeit
leisure time	Freizeit
spare *adj* [speə]	extra, übrig
What do you do in your **spare time**?	Was machst du in deiner Freizeit?
activity *n* [æk'tɪvətɪ]	Aktivität
leisure time activities	Freizeitaktivitäten
event *n* [ɪ'vent]	Ereignis, Veranstaltung
Our town fair is a popular summer event.	Unser Stadtfest ist eine beliebte Sommerveranstaltung.
fair *n* [feə]	Jahrmarkt, Volksfest
circus *n* ['sɜ:kəs]	Zirkus
popular *adj* ['pɒpjʊlə]	populär, beliebt
fun *n* [fʌn]	Spaß
just for fun	nur aus Spaß
party *n* ['pɑ:tɪ]	Party, Fest

amusement *n* [ə'mju:zmənt]	Vergnügen
amusement park	Vergnügungspark
entertain *v* [ˌentə'teɪn]	unterhalten
We enjoy entertaining friends at home.	Wir laden gerne Leute zu uns ein.
entertainment *n* [ˌentə'teɪnmənt]	Unterhaltung
recreation *n* [ˌrekrɪ'eɪʃn]	Erholung; Freizeitgestaltung
recreation centre	Freizeit-/Erholungszentrum
facilities *n* [fə'sɪlətɪz]	Einrichtung(en), Anlage(n)
recreational/sporting facilities	Freizeiteinrichtungen/Sportanlagen
festival *n* ['festəvl]	Festival
arts/music festival	Kunst-/Musikfestival
► **performance** *n* [pə'fɔ:məns]	Aufführung, Vorstellung
afternoon/evening performance	Nachmittags-/Abendvorstellung
admission *n* [əd'mɪʃn]	Eintritt
charge/pay admission	Eintritt verlangen/bezahlen

applaud *v* [ə'plɔ:d]	applaudieren, klatschen
clap *v* [klæp]	klatschen
fan *n* [fæn]	Fan

Sport

sport *n* [spɔ:t]	Sport; Sportart
sports equipment	Sportgeräte, -ausrüstung
sportsman, *pl* -men *n* ['spɔ:tsmən, -mən]	Sportler, Athlet
sportswoman, *pl* -women *n* ['spɔ:tsˌwʊmən, -ˌwɪmɪn]	Sportlerin, Athletin
amateur *adj; n* ['æmətə]	Amateur-; Amateur(in)
professional *adj; n* [prə'feʃənl]	Profi-, Berufs-; Profi
► **play** *v* [pleɪ]	spielen
Have you ever played tennis?	Hast du schon mal Tennis gespielt?
deserve *v* [dɪ'zɜ:v]	verdienen
They played so well. I think they deserved to win.	Sie haben so gut gespielt. Ich finde, sie haben zu Recht gewonnen.
win, won, won *v* [wɪn, wʌn]	gewinnen
lose, lost, lost *v* [lu:z, lɒst]	verlieren
beat, beat, beaten *v* [bi:t, 'bi:tn]	schlagen
Argentina beat West Germany to win the World Cup in 1986.	1986 schlug Argentinien die Bundesrepublik Deutschland und gewann damit die Fußballweltmeisterschaft.
success *n* [sək'ses]	Erfolg
defeat *n* [dɪ'fi:t]	Niederlage
bet *n* [bet]	Wette
bet, bet/betted, bet/betted *v* [bet, bet/'betɪd]	wetten
betting office	Wettbüro
rule *n* [ru:l]	(Spiel-)Regel
fair *adj* [feə]	fair, gerecht
fair play	faires Spiel

prize *n* [praɪz]	Preis
win a prize	einen Preis gewinnen
record *n* ['rekɔ:d]	Rekord
world record	Weltrekord
competition *n* [ˌkɒmpɪ'tɪʃn]	Wettkampf
game *n* [geɪm]	Spiel
home/away game	Heim-/Auswärtsspiel
match *n* [mætʃ]	Spiel
cancel *v* ['kænsl]	absagen
The match was cancelled because of snow.	Das Spiel wurde wegen Schnee abgesagt.
final *n* ['faɪnl]	Finale, Endspiel
►	
team *n* [ti:m]	Team, Mannschaft
player *n* ['pleɪə]	Spieler(in)
captain *n* ['kæptɪn]	Kapitän
►	
athletics *n* [æθ'letɪks]	Leichtathletik
Athletics is an important part of school sports in the United States.	Leichtathletik ist ein wichtiger Bestandteil des Schulsports in den USA.
run *n* [rʌn]	Lauf
A friend of mine always goes for a three-mile run in the morning.	Ein Freund von mir läuft jeden Morgen drei Meilen (ca. 4,8 km).
run, ran, run *v* [rʌn, ræn]	laufen, rennen
race *n* [reɪs]	Rennen, (Wett-)Lauf
start *n* [stɑ:t]	Start
finish *n* ['fɪnɪʃ]	Ziel
►	
exercise *n* ['eksəsaɪz]	Bewegung; Gymnastikübung
She likes a bit of exercise after dinner.	Nach dem Abendessen hat sie gern ein bißchen Bewegung.
Nick's doing special exercises to improve his tennis.	Nick macht besondere Übungen, um sein Tennisspiel zu verbessern.
exercise *v* ['eksəsaɪz]	sich bewegen, Sport treiben
James exercises every day.	James treibt täglich Sport.
practice *n* ['præktɪs]	Übung
Practice makes perfect. *prov*	Übung macht den Meister.
practise *v* ['præktɪs]	üben, trainieren

train *v* [treɪn]	trainieren
She's been training for the Olympics since she was seven.	Sie trainiert seit ihrem siebten Lebensjahr für die Olympiade.
►	
swim, swam, swum *v* [swɪm, swæm, swʌm]	schwimmen
pool *n* [pu:l]	(Schwimm-)Becken
swimming pool	Schwimmbecken; Schwimmbad
dive *v* [daɪv]	einen Kopfsprung machen; tauchen
sail *v* [seɪl]	segeln
ski *n; v* [ski:]	Ski; Ski fahren
skiing *n* ['ski:ɪŋ]	Skifahren
go skiing	Ski fahren
tennis *n* ['tenɪs]	Tennis
table-tennis	Tischtennis
►	
football *n* ['fʊtbɔ:l]	Fußball
football ground	Fußballplatz
goal *n* [gəʊl]	Tor
net *n* [net]	Netz
score *n* [skɔ:]	Spielstand, Spielergebnis
What's the score?	Wie steht's?
final score	Endstand
score *v* [skɔ:]	(Punkte) erzielen
He scored his 20th goal of the season on Saturday.	Am Samstag hat er seinen 20. Treffer in dieser Saison erzielt.
aim *v* [eɪm]	zielen
He **aimed for** the goal, and the ball flew into the net.	Er zielte aufs Tor, und der Ball flog ins Netz.
kick *v* [kɪk]	treten
throw, threw, thrown *v* [θrəʊ, θru:, θrəʊn]	werfen
defence *n* [dɪ'fens]	Verteidigung
defend *v* [dɪ'fend]	verteidigen
season *n* ['si:sn]	Saison
the football season	die Fußballsaison

training *n* ['treɪnɪŋ]	Training
stadium *n* ['steɪdjəm]	Stadion
outdoor *adj* ['aʊtdɔ:] Cycling is a good form of **outdoor recreation**.	im Freien, Außen- Radfahren ist eine gute Art der Erholung im Freien.
indoor *adj* ['ɪndɔ:] Squash is an **indoor sport**.	Hallen- Squash ist ein Hallensport.
gymnasium *n* [dʒɪm'neɪzjəm]	Turnhalle
►	
athlete *n* ['æθli:t]	Athlet(in)
winner *n* ['wɪnə]	Sieger(in)
champion *n* ['tʃæmpjən] **Olympic champion**	Meister(in), Sieger(in) Olympische(r) Sieger(in)
goalkeeper *n* ['gəʊlˌki:pə]	Torhüter(in)
referee *n* [ˌrefə'ri:]	Schiedsrichter(in), Ringrichter(in)
umpire *n* ['ʌmpaɪə]	Schiedsrichter(in)
trainer *n* ['treɪnə]	Trainer(in)
coach *n* [kəʊtʃ]	Trainer(in)
spectator *n* [spek'teɪtə]	Zuschauer(in)
►	
tournament *n* ['tʊənəmənt] **table-tennis tournament**	Turnier Tischtennis-Turnier
championship *n* ['tʃæmpjənʃɪp] **world championship**	Meisterschaft Weltmeisterschaft
Olympic Games *n* [ə'lɪmpɪk 'geɪmz]	Olympische Spiele
victory *n* ['vɪktərɪ]	Sieg
challenge *n; v* ['tʃælɪndʒ]	Herausforderung; herausfordern
►	
cricket *n* ['krɪkɪt]	Cricket
soccer *n* ['sɒkə]	Fußball
rugby *n* ['rʌgbɪ]	Rugby
baseball *n* ['beɪsbɔ:l]	Baseball
basketball *n* ['bɑ:skɪtbɔ:l]	Basketball
volleyball *n* ['vɒlɪbɔ:l]	Volleyball
squash *n* [skwɒʃ]	Squash

waterskiing *n* [ˈwɔːtəskiːɪŋ]	Wasserski
wrestling *n* [ˈreslɪŋ]	Ringen
►	
skate *n* [skeɪt]	Schlitt-/Rollschuh
roller-skates	Rollschuhe
ice-skates	Schlittschuhe
skate *v* [skeɪt]	Schlittschuh/Rollschuh laufen
row *v* [rəʊ]	rudern
rowing-boat	Ruderboot
cycle *v* [ˈsaɪkl]	radfahren
►	
lead *n* [liːd]	Führung
in the lead	in Führung
nil *n* [nɪl]	Null
The final score was 16–nil.	Das Spielergebnis war 16–0.
penalty *n* [ˈpenltɪ]	Strafstoß; Elfmeter
►	
racket *n* [ˈrækɪt]	(Tennis-/Squash-)Schläger
saddle *n* [ˈsædl]	Sattel
whip *n* [wɪp]	Peitsche
sail *n* [seɪl]	Segel
whistle *n* [ˈwɪsl]	Pfeife
The referee blew his whistle to stop play.	Der Schiedsrichter pfiff, um das Spiel zu unterbrechen.

Spiel

playground *n* [ˈpleɪgraʊnd]	Spielplatz
adventure playground	Abenteuerspielplatz
►	
toy *n* [tɔɪ]	Spielzeug
doll *n* [dɒl]	Puppe
ball *n* [bɔːl]	Ball
cards *n* [kɑːdz]	(Spiel-)Karten
game of cards	Kartenspiel
play cards	Karten spielen
puzzle *n* [ˈpʌzl]	Rätsel

cheat *v* [tʃi:t]	mogeln
My sister always **cheats at** cards.	Meine Schwester mogelt immer beim Kartenspielen.
lucky *adj* [ˈlʌkɪ]	glücklich, Glücks-
Pam's so lucky; she always wins when we play cards.	Pam hat wirklich Glück! Sie gewinnt immer, wenn wir Karten spielen.
balloon *n* [bəˈlu:n]	Luftballon
puppet *n* [ˈpʌpɪt]	Handpuppe
puppet show	Kasperletheater
►	
slide *n* [slaɪd]	Rutsche, Rutschbahn
swing *n* [swɪŋ]	Schaukel
►	
chess *n* [tʃes]	Schach
chess board/pieces	Schachbrett/-figuren
draughts *n* [drɑ:fts]	Dame(spiel)
jigsaw (puzzle) *n* [ˈdʒɪgsɔ: (ˈpʌzl)]	Puzzle(spiel)
billiards *n* [ˈbɪljədz]	Billard
darts *n* [dɑ:ts]	Darts, Pfeilwurfspiel
dartboard *n* [ˈdɑ:tbɔ:d]	Zielscheibe für Darts
gamble *v* [ˈgæmbl]	(um Geld) spielen

Theater, Fernsehen, Film

theatre *n* [ˈθɪətə]	Theater
stage *n* [steɪdʒ]	Bühne
show *n* [ʃəʊ]	Theaterstück; Show
play *n* [pleɪ]	Theaterstück
part *n* [pɑ:t]	Rolle
play a part	eine Rolle spielen
act *v* [ækt]	(Theater) spielen
actor *n* [ˈæktə]	Schauspieler
actress *n* [ˈæktrɪs]	Schauspielerin

audience *n* ['ɔːdjəns]	Zuschauer; Zuhörer; Publikum
queue *n; v* [kjuː]	Menschenschlange; Schlange stehen
box-office *n* ['bɒksˌɒfɪs]	(Theater-, Kino-)Kasse
row *n* [rəʊ]	Reihe
seat *n* [siːt] We had very good seats in the first row.	Sitz, Platz Wir hatten sehr gute Plätze in der vordersten Reihe.
► **watch** *v* [wɒtʃ] Do you watch a lot of television?	zuschauen Siehst du viel fern?
television, TV *n* ['telɪˌvɪʒn, ˌtiː'viː]	Fernsehen
programme *n* ['prəʊɡræm]	Fernsehsendung
► **cinema** *n* ['sɪnəmə] What's on at the cinema?	Kino Was gibt's im Kino?
picture *n* ['pɪktʃə] Why don't we **go to the pictures**?	Kinofilm Warum gehen wir nicht ins Kino?
film *n* [fɪlm] **silent film**	Film Stummfilm
funny *adj* ['fʌnɪ]	lustig, spaßig
western *n* ['westən]	Western
scene *n* [siːn]	Szene
story *n* ['stɔːrɪ] It was mostly an action film; there wasn't much of a story at all.	Geschichte, Handlung Er war hauptsächlich ein Actionfilm, ohne viel Handlung.
director *n* [dɪ'rektə]	Regisseur(in)
star *n* [stɑː]	(Film-/Fernseh-)Star

cloakroom *n* ['kləʊkrʊm]	Garderobe
stalls *n* [stɔːlz]	Parkett
circle *n* ['sɜːkl] **dress/upper circle**	Rang erster/zweiter Rang
► **comic** *n* ['kɒmɪk]	Komiker(in)
producer *n* [prə'djuːsə]	Produzent(in)
viewer *n* ['vjuːə]	(Fernseh-)Zuschauer(in)

documentary *n* [ˌdɒkjʊ'mentərɪ]	Dokumentarfilm
quiz *n* [kwɪz]	Quiz
quiz show	Quizsendung
feature *n* ['fi:tʃə]	Hauptfilm
serial *n* ['sɪərɪəl]	Sendefolge
TV serial	Fernsehfilm in mehreren Teilen
series *n* ['sɪəri:z]	Serie
detective series	Krimiserie
thriller *n* ['θrɪlə]	Thriller, Reißer
subtitle *n* ['sʌbˌtaɪtl]	Untertitel
English/German subtitles	englische/deutsche Untertitel
► **perform** *v* [pə'fɔ:m]	spielen
She performed on stage for the last time last night.	Gestern abend stand sie zum letztenmal auf der Bühne.
rehearsal *n* [rɪ'hɜ:sl]	Probe
studio *n* ['stu:dɪəʊ]	Studio
film studios	Filmateliers
television studio	Fernsehstudio

Musikveranstaltungen

music *n* ['mju:zɪk]	Musik
opera *n* ['ɒprə]	Oper
concert *n* ['kɒnsət]	Konzert
singer *n* ['sɪŋə]	Sänger(in)
group *n* [gru:p]	Gruppe
pop group	Popgruppe
band *n* [bænd]	Band, Gruppe, Kapelle
play *v* [pleɪ]	spielen
What group's playing at the club on Saturday?	Welche Gruppe spielt am Samstag im Klub?

choir *n* ['kwaɪə]	Chor
church choir	Kirchenchor
orchestra *n* ['ɔ:kɪstrə]	Orchester
conductor *n* [kən'dʌktə]	Dirigent(in)
pianist *n* ['pɪənɪst]	Pianist(in)
►	
musical *n* ['mju:zɪkl]	Musical
open-air *adj* [ˌəʊpn'eə]	im Freien, Freiluft-
open-air concert	Freiluftkonzert

Hobbys

hobby, *pl* hobbies *n* ['hɒbɪ(z)]	Hobby
interest *n* ['ɪntrɪst]	Interesse
My son **shows no interest** at all **in** football.	Mein Sohn interessiert sich überhaupt nicht für Fußball.
interest *v* ['ɪntrɪst]	interessieren
interested *adj* ['ɪntrɪstɪd]	interessiert
What kind of things are you **interested in**?	Wofür interessieren Sie sich?
interesting *adj* ['ɪntrɪstɪŋ]	interessant
►	
club *n* [klʌb]	Klub, Verein
join *v* [dʒɔɪn]	beitreten
collect *v* [kə'lekt]	sammeln
collection *n* [kə'lekʃn]	Sammlung
stamp collection	Briefmarkensammlung
►	
dance *n; v* [dɑ:ns]	Tanz; tanzen
musical *adj* ['mju:zɪkl]	musikalisch; Musik-
instrument *n* ['ɪnstrʊmənt]	Instrument
Do you play a **musical instrument**?	Spielen Sie ein Musikinstrument?
play *v* [pleɪ]	spielen
She not only **plays the piano**, but the violin as well.	Sie spielt nicht nur Klavier, sondern auch noch Geige.
sing, sang, sung *v* [sɪŋ, sæŋ, sʌŋ]	singen
song *n* [sɒŋ]	Lied, Song

model *adj* ['mɒdl] His sister enjoys building model planes in her spare time.	Modell- Seine Schwester baut in ihrer Freizeit gerne Modellflugzeuge.
model *n* ['mɒdl]	Modell
gardening *n* ['gɑ:dnɪŋ]	Gartenarbeit
► **draw**, drew, drawn *v* [drɔ:, dru:, drɔ:n]	zeichnen
paint *v* [peɪnt]	malen
photo *n* ['fəʊtəʊ] She's always **taking photos** of her dog.	Foto Sie fotografiert dauernd ihren Hund.
picture *n* ['pɪktʃə] She enjoys **taking pictures** when she's on holiday.	Bild, Foto Sie fotografiert gern im Urlaub.
camera *n* ['kæmrə]	Fotoapparat; Filmkamera
develop *v* [dɪ'veləp] **develop a film**	entwickeln einen Film entwickeln
flash *n* [flæʃ]	Blitz

(boy)scout *n* [(ˌbɔɪ')skaʊt]	Pfadfinder
(girl)guide *n* [(ˌgɜ:l')gaɪd]	Pfadfinderin
hike *n* [haɪk] On weekends Martha and Alan like to **go for a hike**.	Wanderung Am Wochenende gehen Martha und Alan gerne wandern.
hike *v* [haɪk]	wandern
► **fish** *v* [fɪʃ] **go fishing**	fischen, angeln angeln gehen
fishing rod *n* ['fɪʃɪŋˌrɒd]	Angelrute
hook *n* [hʊk]	Haken
► **photography** *n* [fə'tɒgrəfɪ]	Fotografie
album *n* ['ælbʌm] **photo/stamp album**	Album Foto-/Briefmarkenalbum
► **magic** *n* ['mædʒɪk]	Zauber, Zauberei

Feiertage, besondere Anlässe

holiday *n* ['hɒlədɪ]	Feiertag
bank holiday	gesetzlicher Feiertag
New Year *n* ['njuː'jɜː]	Neujahr
New Year's Eve	Silvester
New Year's Day	Neujahr(stag)
Easter ['iːstə]	Ostern
Good Friday	Karfreitag
Easter Sunday	Ostersonntag
Easter Monday	Ostermontag
Whitsun ['wɪtsn]	Pfingsten
Christmas ['krɪsməs]	Weihnachten
Christmas Eve	Heiliger Abend
Christmas Day	Erster Weihnachtstag
Boxing Day	Zweiter Weihnachtstag
►	
birthday *n* ['bɜːθdeɪ]	Geburtstag
present *n* ['preznt]	Geschenk
birthday present	Geburtstagsgeschenk
card *n* [kɑːd]	Karte
birthday/Christmas card	Geburtstags-/Weihnachtskarte
anniversary *n* [ˌænɪ'vɜːsərɪ]	Jubiläum
wedding anniversary	Hochzeitstag

Hallowe'en *n* [ˌhæləʊ'iːn]	31. Oktober *(Tag vor Allerheiligen)*
Hogmanay *n* ['hɒgməneɪ]	Silvester *(in Schottland)*
eisteddfod *n* [aɪs'teðvɒd]	*kulturelles Fest der Waliser*
Royal National Eisteddfod	königliches National-Eisteddfod *(erste Woche im August)*
Llangollen International Eisteddfod	Internationales Eisteddfod in Llangollen *(Juli)*
St David's Day *n* [seɪnt 'deɪvɪdz ˌdeɪ]	Davidstag *(walisischer Nationalfeiertag, 1. März)*
St Patrick's Day *n* [seɪnt 'pætrɪks ˌdeɪ]	Patrickstag *(irischer Nationalfeiertag, 17. März)*
St Valentine's Day *n* [seɪnt 'væləntaɪnz ˌdeɪ]	Valentinstag *(14. Februar)*

Allgemeines

culture *n* ['kʌltʃə]	Kultur
literature *n* ['lɪtrətʃə]	Literatur
art *n* [ɑ:t]	Kunst
original *adj* [ə'rɪdʒənl] He owns an original painting by Whistler.	Original- Er besitzt ein Originalgemälde von Whistler.
music *n* ['mju:zɪk]	Musik
►	
critic *n* ['krɪtɪk]	Kritiker(in)
author *n* ['ɔ:θə]	Autor(in)
writer *n* ['raɪtə]	Schriftsteller(in)
known *adj* [nəʊn] **well-known**	bekannt berühmt
library *n* ['laɪbrərɪ] **library book**	Bibliothek, Bücherei Leihbuch
read, read, read *v* [ri:d, red]	lesen
write, wrote, written *v* [raɪt, rəʊt, 'rɪtn]	schreiben
►	
character *n* ['kærəktə]	Figur, Person, Rolle
plot *n* [plɒt] The plot of the novel was very complicated.	Handlung Die Handlung des Romans war sehr kompliziert.
action *n* ['ækʃn] Where does the action of the play take place?	Handlung Wo spielt das Stück?
dialogue *n* ['daɪəlɒg]	Dialog
contrast *n; v* ['kɒntrɑ:st; kən'trɑ:st]	Gegensatz, Kontrast; (Gegensätzliches) vergleichen
description *n* [dɪ'skrɪpʃn]	Beschreibung
ending *n* ['endɪŋ] **happy ending**	Ende, Schluß Happy-End, glücklicher Schluß

function *n* ['fʌŋʃn]	Funktion, Aufgabe
What is the function of Rachel's dream in this story?	Welche Funktion hat Rachels Traum in dieser Geschichte?
narrator *n* [nə'reɪtə]	Erzähler(in)
first-person narrator	Ich-Erzähler
analysis *n* [ə'næləsɪs]	Analyse
text analysis	Textanalyse
concept *n* ['kɒnsept]	Konzept
structure *n* ['strʌktʃə]	Struktur, Aufbau
the structure of a novel	der Aufbau eines Romans
context *n* ['kɒntekst]	Kontext, Zusammenhang
setting *n* ['setɪŋ]	Szenerie, Schauplatz
setting of a novel/a play	Schauplatz eines Romans/eines Theaterstücks
introduction *n* [ˌɪntrə'dʌkʃn]	Einführung, Einleitung
selection *n* [sɪ'lekʃn]	Auswahl
The teacher chose a selection of Shakespeare's works for the class to study.	Der Lehrer traf eine Auswahl aus den Werken Shakespeares als Klassenlektüre.
exposition *n* [ˌekspəʊ'zɪʃn]	Exposition; eingehende Erklärung
▶ **antithesis** *n* [æn'tɪθɪsɪs]	Antithese
protagonist *n* [prə'tægənɪst]	Held(in), Hauptfigur
style *n* [staɪl]	Stil
stylistic device *n* [staɪ'lɪstɪk dɪ'vaɪs]	Stilmittel
symbol *n* ['sɪmbl]	Symbol
theme *n* [θi:m]	Thema
quotation *n* [kwəʊ'teɪʃn]	Zitat
review *n; v* [rɪ'vju:]	Rezension, Besprechung; rezensieren, besprechen
comment *v* ['kɒment]	kommentieren; erläutern
comment on sth	etwas kommentieren
▶ **atmosphere** *n* ['ætməˌsfɪə]	Atmosphäre, Stimmung
perspective *n* [pə'spektɪv]	Perspektive
narrative perspective	Erzählperspektive

climax *n* ['klaɪmæks]	Höhepunkt
anticlimax *n* [ˌæntɪ'klaɪmæks]	Übergang vom stärkeren zum schwächeren Ausdruck; Abschwung
►	
comic *adj* ['kɒmɪk]	komisch
comic relief	befreiende Komik
comic strip	Comic, Bildgeschichte
humorous *adj* ['hjuːmərəs]	humorvoll; lustig
pun *n* [pʌn]	Wortspiel
understatement *n* [ˌʌndə'steɪtmənt]	Untertreibung
exaggeration *n* [ɪgˌzædʒə'reɪʃn]	Übertreibung
parody *n* ['pærədɪ]	Parodie
satire *n* ['sætaɪə]	Satire
irony *n* ['aɪrənɪ]	Ironie
sarcasm *n* ['sɑːkæzəm]	Sarkasmus, beißender Spott
►	
connotation *n* [ˌkɒnə'teɪʃn]	Nebenbedeutung, Konnotation
euphemism *n* ['juːfɪmɪzəm]	Euphemismus, beschönigender Ausdruck
allusion *n* [ə'luːʒn]	Anspielung
figure of speech *n* ['fɪgər‿əv 'spiːtʃ]	Redefigur
rhetorical *adj* [rɪ'tɒrɪkl]	rhetorisch
rhetorical question	rhetorische Frage

Prosa

essay *n* ['eseɪ]	Essay
paragraph *n* ['pærəgrɑ:f]	Absatz
Essays are generally divided into paragraphs to make them easier to read.	Essays sind im allgemeinen in Absätze gegliedert, um sie lesbarer zu machen.
passage *n* ['pæsɪdʒ]	Passage, Textabschnitt
chapter *n* ['tʃæptə]	Kapitel
story *n* ['stɔ:rɪ]	Geschichte, Erzählung
short story	Kurzgeschichte
novel *n* ['nɒvl]	Roman
mystery *n* ['mɪstrɪ]	Geheimnis, Rätsel
murder mystery	Krimi, Mordgeschichte

prose *n* [prəʊz]	Prosa
fiction *n* ['fɪkʃn]	Fiktion; erzählende Literatur, Belletristik
science fiction	Science-fiction
science-fiction novel	Zukunftsroman
narrative *n* ['nærətɪv]	Erzählung
writer of narrative	Prosaautor(in), Erzähler(in)
narrative *adj* ['nærətɪv]	erzählend, Erzähl-
novelist *n* ['nɒvəlɪst]	Romanschriftsteller(in)
allegory *n* ['ælɪgərɪ]	Allegorie, Sinnbild
fable *n* ['feɪbl]	Fabel
tale *n* [teɪl]	Erzählung, Sage
fairy-tale *n* ['feərɪteɪl]	Märchen
legend *n* ['ledʒənd]	Legende

Lyrik

poetry *n* ['pəʊɪtrɪ]	Lyrik, Dichtung
poet *n* ['pəʊɪt]	Dichter(in)
poem *n* ['pəʊɪm]	Gedicht

metre *n* ['mi:tə]	Versmaß
rhyme *n* [raɪm] **nursery-rhyme**	Reim Kindergedicht/-lied
rhyme *v* [raɪm] In her poem, the last word in each line rhymes.	sich reimen In ihrem Gedicht reimen sich die letzten Wörter jeder Zeile.
alliteration *n* [əˌlɪtə'reɪʃn]	Alliteration, Stabreim
ellipsis *n* [ɪ'lɪpsɪs]	Ellipse, Auslassung
rhythm *n* ['rɪðəm]	Rhythmus, Takt
emphasis *n* ['emfəsɪs]	Betonung
verse *n* [vɜ:s] **blank verse**	Strophe, Vers Blankvers
stanza *n* ['stænzə]	Strophe, Stanze
sonnet *n* ['sɒnɪt]	Sonett
►	
image *n* ['ɪmɪdʒ]	dichterisches Bild; bildlicher Ausdruck, Metapher
imagery *n* ['ɪmɪdʒrɪ]	dichterische Bildsprache, Metaphorik
simile *n* ['sɪmɪlɪ]	Gleichnis, Vergleich
metaphor *n* ['metəfə]	Metapher, bildlicher Ausdruck

Drama

drama *n* ['drɑːmə]	Drama
play *n* [pleɪ]	Theaterstück
scene *n* [siːn]	Szene
production *n* [prə'dʌkʃn] A new production of Shakespeare's "The Merchant of Venice" opened recently in London.	Aufführung, Inszenierung Eine neue Inszenierung von Shakespeares „Der Kaufmann von Venedig" hat vor kurzem in London Premiere gehabt.
theatre *n* ['θɪətə]	Theater
stage *n* [steɪdʒ]	Bühne
actor *n* ['æktə]	Schauspieler
actress *n* ['æktrɪs]	Schauspielerin

dramatic *adj* [drə'mætɪk]	dramatisch
comedy *n* ['kɒmɪdɪ]	Komödie
tragedy *n* ['trædʒɪdɪ]	Tragödie
sketch *n* [sketʃ]	Sketch
► **playwright** *n* ['pleɪraɪt]	Dramatiker(in), Stückeschreiber(in)
stage *v* [steɪdʒ] His play is being staged for the first time ever on January 28th.	inszenieren; aufführen Sein Theaterstück wird am 28. Januar uraufgeführt.
act *n* [ækt] **Act III, Scene 4**	Akt, Aufzug dritter Akt, vierte Szene
scenery *n* ['siːnərɪ]	Szenerie, Bühnenbild
► **monologue** *n* ['mɒnəlɒg]	Monolog, Selbstgespräch
dénouement *n* [deɪ'nuːmɑ̃ːŋ]	die Lösung (des dramatischen Knotens)

Bildende Kunst

art *n* [ɑ:t] **modern art**	Kunst moderne Kunst
artist *n* [ˈɑ:tɪst]	Künstler(in)
paint *v* [peɪnt]	malen
painter *n* [ˈpeɪntə]	Maler(in)
painting *n* [ˈpeɪntɪŋ]	Gemälde
print *n* [prɪnt] Many people prefer prints to original paintings because they are much less expensive.	Druck Viele Leute ziehen Drucke Originalgemälden vor, da sie viel billiger sind.
museum *n* [mju:ˈzɪəm] **museum of modern art**	Museum Museum der modernen Kunst
exhibition *n* [ˌeksɪˈbɪʃn]	Ausstellung
gallery *n* [ˈgælərɪ] **art gallery**	Galerie Kunstgalerie
studio *n* [ˈstju:dɪəʊ] **artist's studio**	Studio Atelier
drawing *n* [ˈdrɔ:ɪŋ] Many of his most famous drawings are done in pen and ink.	Zeichnung Viele seiner berühmtesten Zeichnungen sind Federzeichnungen.
portrait *n* [ˈpɔ:trɪt]	Porträt
poster *n* [ˈpəʊstə]	Poster, Plakat
reproduction *n* [ˌri:prəˈdʌkʃn]	Reproduktion
proportion *n* [prəˈpɔ:ʃn] If a painting is to look realistic, everything must be **in proportion**.	Proportion Damit ein Gemälde realistisch wirkt, müssen die Proportionen stimmen.
frame *n* [freɪm] **picture frame**	Rahmen Bilderrahmen
► **sculpture** *n* [ˈskʌlptʃə]	Skulptur, Plastik
statue *n* [ˈstætʃu:]	Standbild, Statue

Musik

music *n* ['mju:zɪk] **folk/pop/rock/soul music**	Musik Folk-/Pop-/Rock-/Soulmusik
opera *n* ['ɒprə]	Oper
concert *n* ['kɒnsət]	Konzert
band *n* [bænd]	Gruppe, Kapelle
►	
instrument *n* ['ɪnstrʊmənt] **musical instrument**	Instrument Musikinstrument
piano *n* [pɪ'ænəʊ]	Klavier
recorder *n* [rɪ'kɔ:də]	Blockflöte
guitar *n* [gɪ'tɑ:]	Gitarre
violin *n* [ˌvaɪə'lɪn]	Geige
practise *v* ['præktɪs]	üben
►	
sing, sang, sung *v* [sɪŋ, sæŋ, sʌŋ]	singen
singer *n* ['sɪŋə]	Sänger(in)
song *n* [sɒŋ]	Lied, Song
sound *n* [saʊnd] She loves the sound of a piano.	Klang Sie liebt den Klang des Klaviers.
voice *n* [vɔɪs] Linda's got a beautiful voice.	Stimme Linda hat eine wunderschöne Stimme.

organ *n* ['ɔ:gən]	Orgel
harp *n* [hɑ:p]	Harfe
bagpipes *n* ['bægpaɪps]	Dudelsack
drum *n* [drʌm] **a set of drums**	Trommel Schlagzeug
flute *n* [flu:t]	Querflöte
trumpet *n* ['trʌmpɪt]	Trompete
tin-whistle *n* ['tɪnˌwɪsl]	kleine Blechflöte, Flageolett

ballet *n* ['bæleɪ]	Ballett
musical *n* ['mju:zɪkl]	Musical
►	
blues *n* [blu:z]	Blues
rock'n'roll *n* [ˌrɒkən'rəʊl]	Rock and Roll
classical music *n* ['klæsɪkl ˌmju:zɪk]	klassische Musik
march *n* [mɑ:tʃ]	Marsch(musik)
►	
choir *n* ['kwaɪə]	Chor
orchestra *n* ['ɔ:kɪstrə]	Orchester
►	
pitch *n* [pɪtʃ]	Tonhöhe; Tonlage; Stimmlage
have perfect pitch	das absolute Gehör haben
tone *n* [təʊn]	Ton
tune *n* [tju:n]	Melodie
in tune	tonrein, richtig gestimmt
out of tune	verstimmt
melody *n* ['melədɪ]	Melodie
note *n* [nəʊt]	Note
scale *n* [skeɪl]	Tonleiter
Diane had to practise playing scales on the piano.	Diane mußte auf dem Klavier Tonleitern üben.
►	
chorus *n* ['kɔ:rəs]	Refrain
lyrics *n* ['lɪrɪks]	Liedtext
►	
compose *v* [kəm'pəʊz]	komponieren
composer *n* [kəm'pəʊzə]	Komponist(in)
composition *n* [ˌkɒmpə'zɪʃn]	Komposition, Musikstück
►	
musician *n* [mju:'zɪʃn]	Musiker(in)
conductor *n* [kən'dʌktə]	Dirigent(in)
guitarist *n* [gɪ'tɑ:rɪst]	Gitarrist(in)
drummer *n* ['drʌmə]	Schlagzeuger(in)
pianist *n* ['pɪənɪst]	Pianist(in)

16 Lernen, Wissen, Erziehung

Allgemeines

learn, learnt/learned, learnt/ learned *v* [lɜːn, lɜːnt/lɜːnt]	lernen
Today almost all young people **learn to** drive.	Heutzutage lernen fast alle jungen Leute Auto fahren.
We have to **learn** this poem **by heart**.	Wir müssen dieses Gedicht auswendig lernen.
study *v* [ˈstʌdɪ]	lernen; studieren
Don't bother John; he's in his room studying.	Stör John nicht! Er ist in seinem Zimmer und lernt.
Cathy wants to go to university and study mathematics.	Cathy will auf die Universität gehen und Mathematik studieren.
concentrate *v* [ˈkɒnsəntreɪt]	sich konzentrieren
Concentrate on your maths; it's more important than sports.	Konzentrier dich auf deine Mathe. Die ist wichtiger als Sport.
practice *n* [ˈpræktɪs]	Übung, Praxis
I'm rather **out of practice**, I'm afraid.	Ich fürchte, ich bin ziemlich aus der Übung.
practise *v* [ˈpræktɪs]	üben
train *v* [treɪn]	erziehen; eine Ausbildung machen
Some children are trained to wash their hands before meals.	Manche Kinder werden dazu erzogen, vor den Mahlzeiten die Hände zu waschen.
Jack's going to train as a teacher.	Jack wird eine Lehrerausbildung machen.
memory *n* [ˈmemərɪ]	Gedächtnis
have a good/bad memory	ein gutes/schlechtes Gedächtnis haben
► **difficulty** *n* [ˈdɪfɪkəltɪ]	Schwierigkeit, Problem
Many children **have difficulty in** concentrating.	Vielen Kindern fällt es schwer, sich zu konzentrieren.
improve *v* [ɪmˈpruːv]	sich (ver)bessern
Your work has improved a lot, Diana.	Du hast große Fortschritte gemacht, Diana!
improvement *n* [ɪmˈpruːvmənt]	Fortschritt(e), Verbesserung
I think I've noticed an **improvement in** Pamela's work.	Ich glaube, ich habe bei Pamelas Arbeit Fortschritte bemerkt.
great/little improvement	große/geringe Fortschritte

advantage *n* [əd'vɑ:ntɪdʒ]	Vorteil, Vorzug
Let's **take advantage of** the chance to learn another language now.	Nutzen wir die Gelegenheit, jetzt noch eine Sprache zu lernen!
disadvantage *n* [ˌdɪsəd'vɑ:ntɪdʒ]	Nachteil
at a disadvantage	im Nachteil
progress *n* ['prəʊgres]	Fortschritt(e)
He's **making very good progress** in biology.	Er macht sehr gute Fortschritte in Biologie.
step *n* [step]	Schritt
step by step	Schritt für Schritt, schrittweise

talent *n* ['tælənt]	Begabung, Talent
John's **got a talent for** music.	John ist musikalisch sehr begabt.
There's an art exhibition of **local talent** in the town hall.	Im Rathaus findet eine Kunstausstellung hiesiger Talente statt.
talented *adj* ['tæləntɪd]	begabt, talentiert
profit *v* ['prɒfɪt]	profitieren, Gewinn ziehen
He didn't **profit** much **from** changing schools.	Er hatte nicht viel von seinem Schulwechsel.
► **study** *n* ['stʌdɪ]	Arbeitszimmer

Erziehung

parents *n* ['peərənts]	Eltern
responsible *adj* [rɪ'spɒnsəbl]	verantwortlich
bring up, brought, brought *v* [ˌbrɪŋ‿'ʌp, brɔ:t]	aufziehen, erziehen
John was brought up by his grandmother.	John wurde von seiner Großmutter aufgezogen.
relationship *n* [rɪ'leɪʃnʃɪp]	Verhältnis, Beziehung
Sandra has a good **relationship with** her parents.	Sandra hat zu ihren Eltern ein gutes Verhältnis.
love *n* [lʌv]	Liebe; Freude
love of learning	Freude am Lernen

punish *v* ['pʌnɪʃ]	bestrafen
Children shouldn't be punished for making mistakes.	Man sollte Kinder nicht bestrafen, weil sie Fehler gemacht haben.
trouble *n* ['trʌbl]	Ärger, Schwierigkeiten
make trouble	Ärger machen
►	
educate *v* ['edju:keɪt]	erziehen, (aus)bilden
Many important men in Britain were educated at Oxford or Cambridge.	Viele bedeutende Männer in Großbritannien erhielten ihre Ausbildung in Oxford oder Cambridge.
an educated man/woman	ein gebildeter Mann/eine gebildete Frau
education *n* [ˌedju:'keɪʃn]	Erziehung, Ausbildung, Bildung
a good education	eine gute Erziehung
manners *n* ['mænəz]	Manieren, Benehmen
good/bad manners	gute/schlechte Manieren
polite *adj* [pə'laɪt]	höflich
politeness *n* [pə'laɪtnɪs]	Höflichkeit
►	
obey *v* [ə'beɪ]	gehorchen, befolgen
punishment *n* ['pʌnɪʃmənt]	Strafe, Bestrafung
severe punishment	eine strenge Bestrafung
severe *adj* [sɪ'vɪə]	streng, hart
strict *adj* [strɪkt]	streng, konsequent
a strict teacher	ein(e) strenge(r) Lehrer(in)
authoritarian *adj* [ɔ:ˌθɒrɪ'teərɪən]	autoritär
anti-authoritarian *adj* ['æntɪ‿ɔ:ˌθɒrɪ'teərɪən]	antiautoritär
praise *n; v* [preɪz]	Lob; loben
►	
develop *v* [dɪ'veləp]	(sich) entwickeln
Education is a means of developing a child's personality.	Die Erziehung dient dazu, der Persönlichkeit des Kindes zur Entfaltung zu verhelfen.
personality *n* [ˌpɜ:sə'nælətɪ]	Persönlichkeit, Charakter

Unterricht, Schule, Hochschule

school *n* [sku:l]	Schule
Do their children still **go to school**?	Gehen ihre Kinder noch zur Schule?
Pat **left school** when she was 16.	Pat hat mit 16 die Schule verlassen.
school-boy/school-girl	Schuljunge/Schulmädchen
school-children	Schulkinder
comprehensive school *n* [ˌkɒmprɪˈhensɪv ˌsku:l]	Gesamtschule
grammar school *n* [ˈgræmə ˌsku:l]	*etwa:* Gymnasium
private school *n* [ˈpraɪvɪt ˌsku:l]	Privatschule *(mit Schulgebühren)*
public school *n* [ˈpʌblɪk ˌsku:l]	traditionsreiche Privatschule *(wie Eton und Harrow)*
state school *n* [ˈsteɪt ˌsku:l]	staatliche, öffentliche Schule
college *n* [ˈkɒlɪdʒ]	Fach(hoch)schule; Institut/Teil einer Universität
College of Music/Art	Musik-/Kunstakademie
technical college	technische Fach(hoch)schule
start college	das Studium beginnen
university *n* [ˌju:nɪˈvɜ:sətɪ] ►	Universität
pupil *n* [ˈpju:pl]	Schüler(in)
student *n* [ˈstju:dnt]	Student(in)
medical student	Medizinstudent(in)
student of English/English student	Student(in) der Anglistik
teacher *n* [ˈti:tʃə] ►	Lehrer(in)
course *n* [kɔ:s]	Kurs, Lehrgang
class *n* [klɑ:s]	Klasse; Unterricht(sstunde)
We've got an English class at 10 o'clock tomorrow.	Wir haben morgen um 10 Uhr Englisch.
evening classes	Abendkurse
lesson *n* [ˈlesn]	Unterrichtsstunde
He gives **private lessons** in maths.	Er gibt Privatunterricht/Nachhilfestunden in Mathe.

subject *n* ['sʌbdʒɪkt]	Schul-/Studienfach; Thema
What's your favourite subject?	Was ist dein liebstes Schulfach?
We've got to write an essay **on the subject of** "Pollution and Politics".	Wir müssen einen Aufsatz über das Thema „Umweltverschmutzung und Politik" schreiben.
physics *n* ['fɪzɪks]	Physik
chemistry *n* ['kemɪstrɪ]	Chemie
biology *n* [baɪ'ɒlədʒɪ]	Biologie
mathematics, maths *n* [ˌmæθə'mætɪks, mæθs]	Mathematik, Mathe
geography *n* [dʒɪ'ɒgrəfɪ]	Geographie, Erdkunde
history *n* ['hɪstərɪ]	Geschichte
language *n* ['læŋgwɪdʒ]	Sprache
Her boyfriend's studying **modern languages**.	Ihr Freund studiert moderne Sprachen.
foreign languages	Fremdsprachen
BASIC is a **computer language**.	BASIC ist eine Computersprache.
English *n* ['ɪŋglɪʃ]	Englisch
French *n* [frentʃ]	Französisch
German *n* ['dʒɜːmən]	Deutsch
Latin *n* ['lætɪn]	Latein(isch)
art *n* [ɑːt]	Kunst(erziehung)
music *n* ['mjuːzɪk]	Musik
religious instruction (RI) *n* [rɪ'lɪdʒəs‿ɪn'strʌkʃn (ˌɑːr'aɪ)]	Religion
games *n* [geɪmz]	Sport
timetable *n* ['taɪmˌteɪbl] ►	Stundenplan
classroom *n* ['klɑːsrʊm]	Klassenzimmer
board *n* [bɔːd]	Tafel, Wandtafel
Please write the complete sentence on the board, Jim.	Jim, schreib bitte den ganzen Satz an die Tafel.
notice-board	Schwarzes Brett
chalk *n* [tʃɔːk]	Kreide
a piece of chalk	ein Kreidestück
sponge *n* [spʌndʒ]	Schwamm
wipe *n* [waɪp]	wischen
Wipe the board, please, Peter.	Bitte wisch die Tafel ab, Peter!

satchel *n* ['sætʃəl]	Schultasche, Schulranzen
pen *n* [pen]	Stift, Schreiber
ballpoint-pen	Kugelschreiber
fountain-pen	Füllfederhalter, Füller
pencil *n* ['pensl]	Bleistift
pencil-sharpener	Bleistiftspitzer
ink *n* [ɪŋk]	Tinte
paper *n* ['peɪpə]	Papier
a sheet of paper	ein Blatt Papier
writing-paper	Schreibpapier
rubber *n* ['rʌbə]	Radiergummi
ruler *n* ['ru:lə]	Lineal
►	
book *n* [bʊk]	Buch
textbook *n* ['tekstbʊk]	Lehrbuch
read, read, read *v* [ri:d, red]	lesen
dictionary *n* ['dɪkʃənrɪ]	Wörterbuch
look up *v* [ˌlʊk‿'ʌp]	nachschlagen
If you don't know what an English word means, look it up in the dictionary.	Wenn du nicht weißt, was ein englisches Wort bedeutet, dann schlag es im Wörterbuch nach.
►	
attend *v* [ə'tend]	besuchen
Her daughter attends the local grammar school.	Ihre Tochter besucht das örtliche Gymnasium.
absent *adj* ['æbsənt]	abwesend
Three girls were absent from school yesterday.	Drei Mädchen haben gestern im Unterricht gefehlt.
►	
teach, taught, taught *n* [ti:tʃ, tɔ:t]	unterrichten, lehren
method *n* ['meθəd]	Methode, Verfahren
teaching method	Unterrichtsmethode
task *n* [tɑ:sk]	Aufgabe
The teacher **set** each child **a task**.	Die Lehrerin gab jedem Kind eine Aufgabe.
exercise *n* ['eksəsaɪz]	Übung
Will you do exercise no. 3 for homework, please?	Bitte macht Übung 3 als Hausaufgabe.
exercise book	Übungs-, Schreibheft

example *n* [ɪg'zɑ:mpl]	Beispiel
for example	zum Beispiel
instruction *n* [ɪn'strʌkʃn]	Arbeitsanweisung, Anleitung
Follow the instructions.	Befolgen Sie die Anweisungen.
attention *n* [ə'tenʃn]	Aufmerksamkeit
pay attention	aufpassen
listen *v* ['lɪsn]	zuhören
►	
dialogue *n* ['daɪəlɒg]	Dialog, Gespräch
aloud *adv* [ə'laʊd]	laut
Read the dialogue aloud, please.	Bitte lest den Dialog laut vor.
dictation *n* [dɪk'teɪʃn]	Diktat
spell, spelt/spelled, spelt/spelled *v* [spel, spelt/speld]	richtig schreiben; buchstabieren
How do you spell "dialogue"?	Wie schreibt man „dialogue"?
Can you spell your name for me, please?	Können Sie mir bitte Ihren Namen buchstabieren?
spelling *n* ['spelɪŋ]	Rechtschreibung; Schreibweise
letter *n* ['letə]	Buchstabe
capital letter	Großbuchstabe
►	
blank *n* [blæŋk]	Leerzeile, Lücke im Text
Fill in the blanks in the text.	Setzen Sie Wörter in die Textlücken ein.
complete *v* [kəm'pli:t]	ergänzen, fertigschreiben
Please complete the text.	Bitte schreibt den Text fertig.
translate *v* [træns'leɪt]	übersetzen
translation *n* [træns'leɪʃn]	Übersetzung
vocabulary *n* [və'kæbjʊlərɪ]	Wortschatz, Vokabeln
I've got a lot of new vocabulary to learn by tomorrow.	Ich muß bis morgen eine Menge neue Vokabeln lernen.
summary *n* ['sʌmərɪ]	Zusammenfassung, Kurzfassung
write, wrote, written *v* [raɪt, rəʊt, 'rɪtn]	schreiben; verfassen
write an essay	einen Aufsatz schreiben
essay *n* ['eseɪ]	Aufsatz, Essay

sum *n* [sʌm]	Summe; Rechenaufgabe
Frank's fond of **doing sums** at school, but Cynthia hates it.	Frank macht sehr gern Rechenaufgaben in der Schule, aber Cynthia mag das gar nicht.
add *v* [æd]	addieren, zusammenzählen
Add up these ten figures and write down the sum.	Addieren Sie diese zehn Zahlen und schreiben Sie die Summe auf.
subtract *v* [səb'trækt]	abziehen, subtrahieren
Peter, please subtract 17 from 112. – That's 95, Miss.	Peter, zieh bitte 17 von 112 ab. – Das gibt 95, Fräulein/Frau ...
multiply *v* ['mʌltɪplaɪ]	multiplizieren
2 **multiplied by** 5 is 10.	2 mal 5 ist 10.
divide *v* [dɪ'vaɪd]	teilen, dividieren
75 **divided by** 5 is 15.	75 durch 5 ist 15.
►	
homework *n* ['həʊmwɜːk]	Hausaufgabe(n)
prepare *v* [prɪ'peə]	vorbereiten
►	
break *n* [breɪk]	Pause
a five-minute break	eine Pause von fünf Minuten
lunch-break	Mittagspause
bell *n* [bel]	Klingel, Glocke
The children went back into the classroom when the bell rang.	Die Kinder gingen ins Klassenzimmer zurück, als es läutete.
playground *n* ['pleɪgraʊnd]	Schulhof; Spielplatz
holiday; holidays *n* ['hɒlədɪ; 'hɒlədɪz]	Feiertag; Ferien
The **summer holidays** begin in August this year.	Die Sommerferien beginnen dieses Jahr im August.
►	
level *n* ['levl]	Niveau, Leistungsstand
test *n; v* [test]	Klassenarbeit, Zwischentest; prüfen, testen
exam *n* [ɪg'zæm]	(Abschluß-)Prüfung
final *adj* ['faɪnl]	Abschluß-
Frank's doing his **final exams** next month.	Frank macht im nächsten Monat seine Abschlußprüfung.
cheat *v* [tʃiːt]	mogeln, schummeln

correct *adj* [kə'rekt]	richtig
This answer's not quite correct.	Diese Antwort stimmt nicht ganz.
correct *v* [kə'rekt]	verbessern, korrigieren
right *adj* [raɪt]	richtig, korrekt
Please find the right answer.	Bitte finden Sie die richtige Antwort heraus.
true *adj* [tru:]	wahr, richtig
Say whether these statements are true or false.	Sagen Sie, ob diese Aussagen richtig oder falsch sind.
false *adj* [fɔ:ls]	falsch, unrichtig
mistake *n* [mɪ'steɪk]	Fehler
spelling mistake	Rechtschreibfehler
by mistake	aus Versehen
wrong *adj* [rɒŋ]	falsch, unrichtig
This answer's wrong, I'm afraid.	Diese Antwort ist leider falsch.
tick *n* [tɪk]	Häkchen
Put a tick next to the right answer.	Hakt die richtige Antwort ab.
tick *v* [tɪk]	abhaken
►	
point *n* [pɔɪnt]	Punkt
You get two points for each correct answer.	Für jede richtige Antwort bekommt man zwei Punkte.
out of *prep* ['aʊt‿əv]	von
You've only got two out of ten in the maths test.	Du hast nur zwei von zehn möglichen Punkten in der Mathearbeit.
mark *n* [mɑ:k]	Note, Zensur
Lyn always gets high marks in French.	Lyn bekommt immer gute Noten in Französisch.
mark *v* [mɑ:k]	benoten, korrigieren
result *n* [rɪ'zʌlt]	Ergebnis, Noten
exam results	Prüfungsergebnisse
pass *v* [pɑ:s]	schaffen, bestehen
Good news, Nancy! You've **passed the exam**!	Gute Nachricht, Nancy! Du hast die Prüfung bestanden!
fail *v* [feɪl]	nicht bestehen, durchfallen
I'm afraid you've **failed the exam** again, Terry.	Ich fürchte, du hast die Prüfung wieder nicht bestanden, Terry!

nursery school *n* ['nɜ:sərɪ ˌsku:l]	Kindergarten, Vorschule
nursery-school teacher	Kindergärtner(in)
primary *adj* ['praɪmərɪ]	primäre-, Primar-, Grund-
primary education	Grundbildung, Primarstufe des Bildungswesens
primary school	Primarschule, Grundschule
elementary *adj* [ˌelɪ'mentərɪ]	elementar, Grund-
elementary education	Elementarunterricht, grundlegende Bildung
elementary science	Grundkurs in Naturwissenschaften
secondary *adj* ['sekəndərɪ]	weiterführend, Sekundar-
secondary education	Sekundarstufe des Bildungswesens
secondary schools	Sekundarschulen, weiterführende Schulen *(ab dem 11. Lebensjahr)*
boarding school *n* ['bɔ:dɪŋ ˌsku:l]	Internatsschule
►	
headmaster *n* [ˌhed'mɑ:stə]	Schulleiter
headmistress *n* [ˌhed'mɪstrɪs]	Schulleiterin
principal *n* ['prɪnsəpl]	Direktor(in) eines College
professor *n* [prə'fesə]	Universitätsprofessor(in), Lehrstuhlinhaber(in)
lecturer *n* ['lektʃərə]	Hochschuldozent(in)
lecture *n* ['lektʃə]	Vorlesung, Vortrag
Dr Hunter's **giving a lecture on** animal psychology tomorrow.	Dr. Hunter hält morgen eine Vorlesung über Tierpsychologie.
a course of lectures	eine Vorlesungsreihe
►	
arithmetic *n* [ə'rɪθmətɪk]	Rechnen
woodwork *n* ['wʊdwɜ:k]	Werken mit Holz
needlework *n* ['ni:dlwɜ:k]	Handarbeit, Textilarbeit *(Nähen, Stricken usw.)*
social studies *n* ['səʊʃl ˌstʌdɪz]	Sozialkunde
►	
syllabus *n* ['sɪləbəs]	Lehrplan
term *n* [tɜ:m]	Trimester
It's **end of term** next week.	Nächste Woche ist Trimesterende.
autumn/spring/summer term	Herbst-/Frühjahrs-/Sommertrimester

uniform *n* [ˈjuːnɪfɔːm]	Uniform
school uniform	Schuluniform *(einheitliche Pflichtkleidung an vielen Schulen in Großbritannien)*
briefcase *n* [ˈbriːfkeɪs]	Aktentasche/-koffer
reader *n* [ˈriːdə]	Lesebuch, Lesefibel; Lektüre
a first English reader	englisches Lesebuch für Anfänger
globe *n* [gləʊb]	Globus
microscope *n* [ˈmaɪkrəskəʊp]	Mikroskop
laboratory *n* [ləˈbɒrətrɪ]	Labor
language lab(oratory)	Sprachlabor
►	
attendance *n* [əˈtendəns]	Anwesenheit, Schulbesuch
good/poor attendance	regelmäßiger/unregelmäßiger Schulbesuch
absence *n* [ˈæbsəns]	Fehlen, Abwesenheit
absence from school	Fehlen in der Schule
►	
oral *adj* [ˈɔːrl]	mündlich
oral exam	mündliche Prüfung
written *adj* [ˈrɪtn]	schriftlich
written exam/exercise	schriftliche Prüfung/Übung
handwriting *n* [ˈhændˌraɪtɪŋ]	Handschrift
drill *n* [drɪl]	gesteuerte Übung, Drill
pattern *n* [ˈpætən]	Muster, Modell
pattern drill	gesteuerte Übung nach festem Muster *(besonders im Sprachunterricht)*
►	
error *n* [ˈerə]	Fehler
an error of judgment	eine Fehleinschätzung
be/get stuck *v* [biː/get ˈstʌk]	nicht zurechtkommen/weiterkommen
►	
alphabet *n* [ˈælfəbɪt]	Alphabet
omit *v* [əˈmɪt]	aus-/weglassen
The second and third paragraphs of the text may be omitted.	Die Absätze 2 und 3 des Textes können weggelassen werden.
underline *v* [ˌʌndəˈlaɪn]	unterstreichen; betonen

note *n* [nəʊt]	Notiz
I'll **make a note of** it.	Ich notiere mir das.
note *v* [nəʊt]	notieren; beachten
Note down the correct answers.	Schreiben Sie die richtigen Antworten auf.
Please note that ...	Bitte beachten Sie, daß ...
notebook *n* ['nəʊtbʊk]	Notizbuch, -heft
summarize *v* ['sʌməraɪz]	zusammenfassen, resümieren
outline *n* ['aʊtlaɪn]	Gliederung *(eines Aufsatzes)*
►	
grade *n* [greɪd]	Note, Leistungsniveau
In British and American schools, grade F is the worst mark.	In britischen und amerikanischen Schulen ist F die schlechteste Note.
certificate *n* [sə'tɪfɪkət]	anerkannter Bildungsabschluß
the Cambridge Certificates	die Cambridge-Zertifikate
O-level, Ordinary Level *n* ['əʊˌlevl, 'ɔ:dnrɪˌlevl]	mittlerer Schulabschluß
A-level, Advanced Level *n* ['eɪˌlevl, əd'vɑ:nstˌlevl]	höherer Schulabschluß *(etwa dem Abitur entsprechend)*
scholarship *n* ['skɒləʃɪp]	Schul- oder Hochschulstipendium
win a scholarship	ein Stipendium bekommen
degree *n* [dɪ'gri:]	akademischer Grad, Abschluß
undergraduate *n* [ˌʌndə'grædjʊət]	Student(in) vor dem 1. Abschluß
graduate *n* ['grædʒʊət]	Student(in) mit Hochschulabschluß
graduate *v* ['grædjʊeɪt]	einen Studienabschluß machen
He **graduated in** law at Sussex University.	Er machte seinen Abschluß in Jura an der Universität Sussex.
bachelor *n* ['bætʃələ]	Bakkalaureus
Bachelor of Arts/Science (B.A./B.Sc.)	Bakkalaureus der Geistes-/Naturwissenschaften *(unterster akademischer Grad)*
master *n* ['mɑ:stə]	Magister
Master of Arts/Science (M.A./M.Sc.)	Magister der Geistes-/Naturwissenschaften *(zweiter akademischer Grad)*
doctor *n* ['dɒktə]	Doktor
She **took her doctor's degree** at Cambridge University.	Sie hat an der Universität Cambridge promoviert.

Wissenschaften

arts *n* [ɑ:ts]	Geisteswissenschaften
Are you going to study arts or science?	Willst du Geistes- oder Naturwissenschaften studieren?
science *n* ['saɪəns]	Naturwissenschaft(en)
In **general science**, we're doing a bit of physics and a bit of biology.	Im Fach Allgemeine Naturwissenschaften machen wir etwas Physik und etwas Biologie.
natural *adj* ['nætʃrəl]	natürlich, Natur-
Physics, biology and chemistry are all **natural sciences**.	Physik, Biologie und Chemie sind Naturwissenschaften.
scientist *n* ['saɪəntɪst]	Naturwissenschaftler(in)
experiment *n* [ɪk'sperɪmənt]	Experiment, Versuch
► **standard** *n* ['stændəd]	Leistungsstand, Niveau
Her work was **of a very high standard**.	Ihre Arbeit war von sehr hohem Niveau.
This paper's not **up to standard**.	Diese Arbeit entspricht nicht den Anforderungen.
talk *n* [tɔ:k]	Vortrag
Professor Cowley's **giving a talk on** Shakespeare today.	Professor Cowley hält heute einen Vortrag über Shakespeare.

theory *n* ['θɪərɪ]	Theorie
in theory	theoretisch (gesehen)
theoretical *adj* [θɪə'retɪkl]	theoretisch
studies *n* ['stʌdɪz]	Studien, Untersuchungen
language studies	Sprachstudium
survey *n* ['sɜ:veɪ]	Überblick; Untersuchung, Studie
research *n* [rɪ'sɜ:tʃ]	Forschung, Forschungs-
Dr Jones and her team are **doing research into** the causes of cancer.	Frau Dr. Jones und ihre Arbeitsgruppe forschen nach den Ursachen von Krebs.
carry out research	Forschungsarbeiten durchführen
research worker	Mitarbeiter(in) in der Forschung

reading *n* [ˈriːdɪŋ]	Lektüre; Interpretation, Verständnis
Dr Hofstadter's book makes very difficult but worthwhile reading.	Dr. Hofstadters Buch ist sehr schwierig, aber lohnend zu lesen.
What's your reading of this sentence?	Wie verstehen Sie diesen Satz?
source *n* [sɔːs]	Quelle, Originaldokument
►	
invention *n* [ɪnˈvenʃn]	Erfindung; Erfindungsgeist
Necessity is the mother of invention. *prov*	Not macht erfinderisch.
discovery *n* [dɪˈskʌvərɪ]	Entdeckung
make a scientific discovery	eine (naturwissenschaftliche) Entdeckung machen
scientific *adj* [ˌsaɪənˈtɪfɪk]	(natur)wissenschaftlich
scientific methods	wissenschaftlich exakte Methoden
specialize *v* [ˈspeʃəlaɪz]	sich spezialisieren
specialist *n* [ˈspeʃəlɪst]	Spezialist(in), Fachmann(-frau)
She's **a specialist** in nuclear physics.	Sie ist Spezialistin für Kernphysik.
conference *n* [ˈkɒnfərəns]	Konferenz, Tagung
annual conference	Jahrestagung
►	
psychology *n* [saɪˈkɒlədʒɪ]	Psychologie
sociology *n* [ˌsəʊsɪˈɒlədʒɪ]	Soziologie
philosophy *n* [fɪˈlɒsəfɪ]	Philosophie

"Albert Einstein didn't do too badly and he never had a pocket calculator!"

17 Sprechhandlungen, Redemittel

Allgemeines

communication *n* [kəˌmjuːnɪˈkeɪʃn]	Kommunikation, Verständigung
Language is the most important **means of communication.**	Die Sprache ist das wichtigste Verständigungsmittel.
conversation *n* [ˌkɒnvəˈseɪʃn]	Unterhaltung
talk *n* [tɔːk]	Gespräch; Vortrag
have a talk with sb	sich mit jdm unterhalten
give a talk	einen Vortrag halten
talk *v* [tɔːk]	reden, sich unterhalten
I must **talk to** my father about my pocket money.	Ich muß mit meinem Vater übers Taschengeld reden.
speak, spoke, spoken *v* [spiːk, spəʊk, ˈspəʊkən]	sprechen, reden
She **spoke to** the doctor about her headache.	Sie sprach mit dem Arzt über ihre Kopfschmerzen.
ask *v* [ɑːsk]	fragen; bitten
ask a question	eine Frage stellen
ask for sth	um etwas bitten
question *n* [ˈkwestʃən]	Frage
answer *n* [ˈɑːnsə]	Antwort
That's the answer to our problem.	Das löst unser Problem!
answer *v* [ˈɑːnsə]	(be)antworten
answer a question	eine Frage beantworten
►	
intend *v* [ɪnˈtend]	beabsichtigen
What do you **intend to** say to her?	Was hast du vor, ihr zu sagen?
topic *n* [ˈtɒpɪk]	Thema, Gesprächsgegenstand
topic of conversation	Gesprächsthema
express *v* [ɪkˈspres]	ausdrücken
Sometimes I find it difficult to **express myself**.	Ich habe manchmal Schwierigkeiten, mich richtig auszudrücken.
expression *n* [ɪkˈspreʃn]	Ausdruck, Formulierung
►	
invitation *n* [ˌɪnvɪˈteɪʃn]	Einladung
an invitation to a party	eine Party-Einladung
a written invitation	eine schriftliche Einladung

greet *v* [gri:t]	(be)grüßen
greet the guests	die Gäste begrüßen
comment *n* ['kɒment]	Bemerkung, Kommentar
make a comment	eine Bemerkung machen
comment *v* ['kɒment]	kommentieren, sich äußern
Would you like to **comment on** what Dr Watson has just said?	Möchten Sie sich zu dem äußern, was Dr. Watson eben gesagt hat?
insist *v* [ɪn'sɪst]	auf etwas bestehen
The customer **insisted on** making her point clear.	Die Kundin bestand darauf, ihre Meinung deutlich zu sagen.
tell, told, told *v* [tel, təʊld]	sagen; erzählen
I told you that you'd miss the bus, didn't I?	Ich habe dir doch gesagt, daß du den Bus verpassen würdest, oder?
She told everybody the story of her life.	Sie erzählte jedem ihre Lebensgeschichte.
report *n* [rɪ'pɔ:t]	Bericht
newspaper report	Zeitungsbericht
school report	Schulzeugnis
►	
excuse *n* [ɪk'skju:s]	Entschuldigung; Ausflucht
That's no excuse!	Das ist keine Entschuldigung!
Paula always **makes excuses**.	Paula macht immer Ausflüchte.
promise *n* ['prɒmɪs]	Versprechen
Sam's always **making promises**, but he never keeps them.	Sam macht immer Versprechungen, aber er hält sie nie.
break a promise	ein Versprechen nicht halten
promise *v* ['prɒmɪs]	versprechen
persuade *v* [pə'sweɪd]	überzeugen, überreden
How can you persuade people to save energy?	Wie kann man Leute davon überzeugen, Energie einzusparen?
admit *v* [əd'mɪt]	zugeben, (ein)gestehen
The young man admitted having stolen the money.	Der junge Mann gab zu, daß er das Geld gestohlen hatte.
lie *n* [laɪ]	Lüge
He never **tells lies**; he's an honest boy.	Er lügt nie – er ist ein ehrlicher Junge.
lie *v* [laɪ]	lügen
Tim was quite sure his brother would never **lie to** him.	Tim war ganz sicher, daß ihn sein Bruder nie belügen würde.
boast *v* [bəʊst]	prahlen, angeben
boast about sth	mit etwas angeben

shout *n* [ʃaʊt]	lauter Ruf, Schrei
He **gave a shout** of joy when he saw his old girlfriend.	Er stieß einen Freudenschrei aus, als er seine frühere Freundin sah.
shout *v* [ʃaʊt]	laut rufen, brüllen
Jim always **shouts at** his wife when he's angry.	Jim brüllt immer seine Frau an, wenn er sich ärgert.
whisper *n* ['wɪspə]	Flüstern
She **spoke in a whisper** because she was so nervous.	Sie sprach sehr leise, weil sie so aufgeregt war.
whisper *v* ['wɪspə]	flüstern; heimlich erzählen
►	
complain *v* [kəm'pleɪn]	sich beschweren, beklagen
Our neighbour's always **complaining about** her husband.	Unsere Nachbarin beklagt sich immer über ihren Mann.
He often **complains of** headaches.	Er klagt oft über Kopfschmerzen.
demand *v* [dɪ'mɑːnd]	verlangen, fordern
I'm sorry, but I must demand my money back.	Tut mir leid, ich muß mein Geld zurückverlangen.
►	
allow *v* [ə'laʊ]	erlauben
refuse *v* [rɪ'fjuːz]	sich weigern; verweigern
warning *n* ['wɔːnɪŋ]	Warnung
Let's hope this'll serve as a warning to him.	Hoffen wir, daß ihm das eine Warnung ist.

speaker *n* ['spiːkə]	Redner; Sprecher
native speaker	Muttersprachler
verbal *adj* ['vɜːbl]	mündlich; sprachlich
verbal agreement	mündliche Vereinbarung
verbal skills	sprachliche Fertigkeiten
slip *n* [slɪp]	Ausrutscher, Fehler
a slip of the tongue	ein Versprecher
remark *n; v* [rɪ'mɑːk]	Bemerkung; Bemerkung(en) machen
saying *n* ['seɪɪŋ]	Redensart, Sprichwort
As the saying goes: "Birds of a feather flock together."	Wie es so schön heißt: „Gleich und gleich gesellt sich gern."
chat *n* [tʃæt]	Schwatz, Plauderei, Unterhaltung
have a chat about sth	über etwas plaudern/sprechen
chat *v* [tʃæt]	schwatzen, plaudern

gossip *n* ['gɒsɪp]	Klatsch; Schwatz
His affair with Margaret started a lot of gossip.	Seine Affäre mit Margaret gab Anlaß zu einer Menge Klatsch.
She's a terrible gossip.	Sie ist eine schreckliche Klatschtante.
gossip *v* ['gɒsɪp]	klatschen, tratschen; schwatzen
rumour *n* ['ru:mə]	Gerücht
Rumour has it that ...	Es gibt Gerüchte, daß ...
► **version** *n* ['vɜ:ʃn]	Version, Darstellung
The official version of the incident was different from what the press had found out.	Die offizielle Version des Vorfalls unterschied sich von dem, was die Presse herausgefunden hatte.
intention *n* [ɪn'tenʃn]	Absicht, Zweck
He made his intentions quite clear.	Er machte seine Absicht ganz klar.
identify *v* [aɪ'dentɪfaɪ]	identifizieren, erkennen
Can you identify yourself?	Können Sie sich ausweisen?
Where are you from? I can't identify your accent.	Woher sind Sie? Ich kann Ihren Akzent nicht einordnen.
► **introduction** *n* [ˌɪntrə'dʌkʃn]	Vorstellung, Ankündigung
make the introductions	die Vorstellung übernehmen
greeting *n* ['gri:tɪŋ]	Begrüßung; Gruß, Glückwunsch
greetings card	Glückwunschkarte
congratulate *v* [kən'grætjʊleɪt]	gratulieren
Many people congratulated her on passing her final exam.	Viele Leute gratulierten ihr zum Bestehen ihres Abschlußexamens.
compliment *n* ['kɒmplɪmənt]	Kompliment; Empfehlung
pay sb a compliment	jdm ein Kompliment machen
with the compliments of ...	mit besten Empfehlungen von ...
► **request** *n* [rɪ'kwest]	Bitte, Wunsch
on/by request	auf Wunsch
request *v* [rɪ'kwest]	bitten, ersuchen um; wünschen
May I request silence, ladies and gentlemen? *form*	Darf ich um Ruhe bitten, meine Damen und Herren?

swear, swore, sworn *v* [sweə, swɔː, swɔːn]	fluchen
swear about sb/sth	über jdn/etwas fluchen
swear at sb	jdn beschimpfen
insult *n; v* [ˈɪnsʌlt; ɪnˈsʌlt]	Beleidigung; beleidigen
apology *n* [əˈpɒlədʒɪ]	Entschuldigung
make an apology	sich entschuldigen
justify *v* [ˈdʒʌstɪfaɪ]	rechtfertigen
►	
imply *v* [ɪmˈplaɪ]	andeuten, implizieren
Are you implying that I'm a liar?	Wollen Sie damit andeuten, daß ich ein Lügner bin?
indicate *v* [ˈɪndɪkeɪt]	andeuten, zu verstehen geben
She indicated her feelings quite clearly.	Sie gab ihre Gefühle ganz deutlich zu verstehen.
assure *v* [əˈʃʊə]	versichern, zusichern
I assure you that I'm telling the truth.	Ich versichere Ihnen, daß ich die Wahrheit sage.
confirm *v* [kənˈfɜːm]	bestätigen
emphasize *v* [ˈemfəsaɪz]	betonen, hervorheben
exaggerate *v* [ɪgˈzædʒəreɪt]	übertreiben
►	
claim *n* [kleɪm]	Behauptung; Anspruch
claim *v* [kleɪm]	behaupten; beanspruchen
She claimed to be the owner of the land.	Sie behauptete, Besitzerin des Grundstücks zu sein.
criticize *v* [ˈkrɪtɪsaɪz]	kritisieren
disagreement *n* [ˌdɪsəˈgriːmənt]	Meinungsverschiedenheit
They **had a serious disagreement about** politics yesterday.	Sie hatten gestern ernste Meinungsverschiedenheiten über Politik.
►	
refusal *n* [rɪˈfjuːzl]	Weigerung, Ablehnung, Absage
meet with/get a refusal	eine Absage erhalten
give sb a flat refusal	jdm eine glatte Absage erteilen
recommendation *n* [ˌrekəmenˈdeɪʃn]	Empfehlung
command *n* [kəˈmɑːnd]	Befehl
on command	auf Befehl

Soziale Kontakte

Jemanden ansprechen

excuse *v* [ɪk'skju:z]	entschuldigen
Excuse me, how do I get to the station?	Entschuldigung, wie komme ich bitte zum Bahnhof?
sir *n* [sɜ:]	mein Herr *(Anrede)*
madam *n* ['mædəm]	meine Dame, gnädige Frau *(Anrede)*

Persönliche Informationen erfragen und geben

name *n* [neɪm]	Name
What's your name? – I'm Frank Miller./My name's Julie Nichols.	Wie heißt du?/Wie ist Ihr Name? – Ich heiße Frank Miller./Mein Name ist Julie Nichols.
address *n* [ə'dres]	Adresse, Anschrift
What's your address? – 13 Manor Road, Kettering, Northants.	Wie ist Ihre Adresse? – 13 Manor Road, Kettering, Northants.
phone number *n* ['fəʊn ˌnʌmbə]	Telefonnummer
What's your phone number? – It's 7630011.	Wie ist Ihre Telefonnummer? – 7630011.

Sich und andere vorstellen

introduce *v* [ɪntrə'dju:s]	vorstellen
May I introduce myself? My name's Ronald Miller. *form*	Darf ich mich vorstellen? Mein Name ist Ronald Miller.
meet, met, met *v* [mi:t, met]	kennenlernen, treffen
Julia, have you met Peter?	Julia, kennst du Peter schon?
John, I'd like you to meet Peter Thompson.	John, ich würde dich gerne mit Peter Thompson bekanntmachen.

Grüßen, sich verabschieden

hello *interj* [hə'ləʊ]	hallo, Tag!
Say hello to Pat for me.	Grüß' Pat von mir!
welcome *interj* ['welkəm]	willkommen
Welcome home!	Willkommen zu Hause!
Welcome to Atlanta!	Willkommen in Atlanta!
regards *n* [rɪ'gɑ:dz]	Grüße
Give my regards to your family.	Grüßen Sie Ihre Familie von mir.

love *n* [lʌv]	liebe Grüße
Please **give my love to** Jean.	Bitte sag Jean liebe Grüße von mir.
bye *interj* [baɪ]	tschüs!
Bye, Dorothy! – Bye, Ray!	Tschüs, Dorothy! – Tschüs, Ray!
Bye-bye!	Wiedersehen!
goodbye *interj* [ˌgʊdˈbaɪ]	auf Wiedersehen!
Goodbye, Susan. Have a nice holiday!	Auf Wiedersehen, Susan! Schönen Urlaub!
Say goodbye to Paul for me.	Sag Paul Adieu von mir!

Nach dem Befinden fragen und darauf reagieren

feel, felt, felt *v* [fiːl, felt]	sich fühlen
How do you feel today, Jenny? – Not very well.	Wie fühlst du dich heute, Jenny? – Nicht sehr gut.

Gute Wünsche ausdrücken

luck *n* [lʌk]	Glück
Good luck!	Viel Glück!/Alles Gute!
congratulations *n* [kənˌgrætjʊˈleɪʃnz]	Glückwünsche
Congratulations to the two of you on the birth of your baby!	Euch beiden herzliche Glückwünsche zur Geburt eures Kindes!
happy *adj* [ˈhæpɪ]	glücklich
Many happy returns of the day!	Herzlichen Glückwunsch zum Geburtstag!
Happy birthday!	Alles Gute zum Geburtstag!
bless *v* [bles]	segnen
Bless you!	Gesundheit!
well *adv* [wel]	gesund
Get well soon!	Gute Besserung!

Um etwas bitten, etwas anbieten und darauf reagieren

can *v* [kæn]	können
Can you help me, please? – Yes, of course.	Können Sie mir bitte helfen? – Ja, natürlich!
Can I get you anything else?	Kann ich dir sonst noch etwas besorgen?
please *interj* [pliːz]	bitte
Can you pass me the sugar, please? – Here you are.	Könnten Sie mir bitte den Zucker reichen? – Hier, bitte.

thanks *interj* [θæŋks] — danke
Thanks. — Danke, gern.
No, thanks, I've really had enough. — Nein danke, ich habe wirklich genug gegessen/getrunken.

another *adj* [ə'nʌðə] — noch ein(e)
Can I have another cup of coffee, please? — Kann ich bitte noch eine Tasse Kaffee haben?

favour *n* ['feɪvə] — Gefallen, Gefälligkeit
I wonder if you could **do me a favour**? — Ob Sie mir vielleicht einen Gefallen tun könnten?

shall *v* [ʃæl] — sollen
Shall I bring you some milk? – Yes, please./No, thanks. — Soll ich Ihnen Milch mitbringen? – Ja, bitte./Nein, danke.

offer *v* ['ɒfə] — anbieten
May I offer you a drink? — Kann ich Ihnen etwas zu trinken anbieten?

look forward to *v* [lʊk 'fɔ:wəd tʊ] — sich freuen auf
We'll show you Dublin. – Fine, I'll look forward to that. — Wir zeigen Ihnen Dublin. – Wunderbar, darauf freue ich mich!

Jemanden einladen, auf Einladungen reagieren

invite *v* [ɪn'vaɪt] — einladen
I've come round to invite you to our party. — Ich komme, um Sie zu unserer Party einzuladen.

like to *v* ['laɪk tʊ] — mögen, wollen
Are you sure you wouldn't like to come in? — Möchten Sie denn wirklich nicht hereinkommen?

love *v* [lʌv] — gerne haben
Would you like a cigarette? – Yes, **I'd love one**. — Hätten Sie gerne eine Zigarette? – Ja, sehr gerne!
Would you like to go for a walk? – Yes, **I'd love to**. — Hättest du Lust auf einen Spaziergang? – Ja, sehr!

suit *v* [su:t] — passen
Yes, Saturday **suits me fine**. — Ja, Samstag paßt mir gut.

Sich bedanken, auf Dank reagieren

thanks *interj* [θæŋks] — danke
Many thanks! — Vielen Dank!
Thanks a lot! – That's all right. — Herzlichen Dank! – Bitte sehr.

thank *v* [θæŋk] — danken
Thank you (very much). — Danke (sehr).

for *prep* [fɔ:]	für
Thanks for calling.	Danke für Ihren Besuch!
welcome *adj* ['welkəm]	willkommen
Thank you very much. – **You're welcome.**	Danke sehr. – Gern geschehen.
mention *v* ['menʃn]	erwähnen
Thank you very much indeed. – **Don't mention it.**	Meinen ganz besonderen Dank! – Das ist doch nicht der Rede wert.

Sich entschuldigen, auf Entschuldigungen reagieren

sorry *adj* ['sɒrɪ]	traurig, betrübt
I'm terribly sorry I'm late, but I missed the bus. – That's OK.	Es tut mir schrecklich leid, daß ich zu spät komme, aber ich habe den Bus verpaßt! – Schon gut!
apologize *v* [ə'pɒlədʒaɪz]	sich entschuldigen
I must **apologize for** being so rude. *form*	Ich muß mich für meine Grobheit entschuldigen.
forgive, forgave, forgiven *v* [fə'gɪv, fə'geɪv, fə'gɪvn]	vergeben, verzeihen
Can you ever forgive me? *form*	Können Sie mir jemals verzeihen?
matter *v* ['mætə]	wichtig sein, Bedeutung haben
It doesn't matter.	Macht nichts! Schon gut!

Gesprächsablauf

pardon *n* ['pɑ:dn]	Verzeihung
Pardon?	Wie bitte?
I beg your pardon? *form*	Wie bitte?
get, got, got *v* [get, gɒt]	verstehen
I didn't quite get that.	Ich habe das nicht ganz kapiert.
repeat *v* [rɪ'pi:t]	wiederholen
Can you repeat that, please?	Kannst du das bitte noch mal sagen?
interrupt *v* [ˌɪntə'rʌpt]	unterbrechen, ins Wort fallen
Sorry to interrupt you, but ...	Tut mir leid, wenn ich Sie unterbreche, aber ...
►	
say, said, said *v* [seɪ, sed]	sagen, meinen
Excuse me, did you say that ...?	Entschuldigung, haben Sie gesagt, daß ...?
Are you saying that ...?	Meinst du damit, daß ...?

suggest *v* [sə'dʒest]	behaupten, meinen
Are you seriously suggesting that ...?	Sind Sie ernsthaft der Meinung, daß ...?
explain *v* [ɪk'spleɪn]	erklären
Can you please explain that to me?	Können Sie mir das bitte erklären?
describe *v* [dɪ'skraɪb]	beschreiben
Could you please describe to us what your job's like?	Könnten Sie uns bitte beschreiben, wie Ihre Arbeit aussieht?
►	
blame *v* [bleɪm]	die Schuld geben
So I'm going to see my lawyer next week. – **I don't blame you.**	Also werde ich nächste Woche meinen Rechtsanwalt aufsuchen. – Da hast du recht.
besides *prep* [bɪ'saɪdz]	außerdem, daneben, zusätzlich
Besides which, I'd like to say (that) ...	Außerdem möchte ich gerne sagen, daß ...
obviously *adv* ['ɒbvɪəslɪ]	offensichtlich, anscheinend
You obviously think I should give up this job.	Offensichtlich findest du, ich sollte diese Stelle aufgeben.
actually *adv* ['æktʃʊəlɪ]	tatsächlich, in Wirklichkeit
What I actually meant was ...	Tatsächlich habe ich gemeint, daß ...
depend *v* [dɪ'pend]	abhängen von, darauf ankommen
What are you going to do? – **That depends.**	Was wirst du tun? – Das kommt darauf an.
►	
else *adv* [els]	sonst
Is there **anything else** we should talk about?	Gibt es sonst noch etwas, über das wir reden sollten?
well *interj* [wel]	tja, also
Well, that's it for the moment, I think.	Tja, das wär's im Augenblick, denke ich.
namely *adv* ['neɪmlɪ]	nämlich, das heißt
We're particularly interested in one point, namely the cost of the project.	Wir sind besonders an einem Gesichtspunkt interessiert, nämlich den Projektkosten.
extent *n* [ɪk'stent]	Ausmaß, Umfang, Rahmen
To what extent do you think this is possible?	In welchem Umfang, glauben Sie, ist das möglich?
sake *n* [seɪk]	willen
For heaven's sake!	Um Himmels willen!

Stellungnahme

Eine Meinung/Überzeugung mitteilen

opinion *n* [ə'pɪnjən] **In my opinion ...**	Meinung Meiner Meinung nach ...
wonder *n* ['wʌndə] It's **no wonder** that so many unemployed young people take drugs.	Wunder, Überraschung Es ist nicht überraschend, daß so viele arbeitslose junge Menschen Drogen nehmen.
convinced *adj* [kən'vɪnst] I'm convinced that ...	überzeugt Ich bin überzeugt davon, daß ...
see, saw, seen *v* [si:, sɔ:, si:n] I can't see any reason not to go by train. **The way I see it**, ...	sehen; verstehen Ich sehe keinen Grund, warum wir nicht mit der Bahn fahren sollten. So wie ich die Sache sehe, ...
expect *v* [ɪk'spekt] I expect there'll be fewer cars in 20 years' time.	erwarten, schätzen, annehmen Ich nehme an, daß es in 20 Jahren weniger Autos geben wird.
seem *v* [si:m] **It seems to me** that you made a big mistake there.	scheinen Mir scheint, daß du da einen großen Fehler gemacht hast.
concern *v* [kən'sɜ:n] It's all right **as far as I'm concerned**.	betreffen Was mich betrifft: Ich finde es in Ordnung.
fact *n* [fækt] **In fact**, I think ... **As a matter of fact**, I think ...	Tatsache Ich meine in der Tat, ... Eigentlich denke ich ...
according to *prep* [ə'kɔ:dɪŋ tʊ] According to 'The Times', we're going to have a new government.	laut (etwas, jdm), entsprechend Laut ‚The Times' bekommen wir eine neue Regierung.
above all *conj* [ə'bʌv‿'ɔ:l] Above all we must keep in mind that World War III would be the end of everything.	vor allem Vor allem müssen wir uns dessen bewußt sein, daß der Dritte Weltkrieg das Ende von allem wäre.
after all *conj* ['ɑ:ftər‿'ɔ:l] We should help them. After all, they're good friends of ours.	schließlich Wir sollten ihnen helfen – schließlich sind sie gute Freunde von uns.

Einer Meinung zustimmen

yes *interj* [jes]	ja
right *adj* [raɪt] **All right.** That's right.	richtig Einverstanden! Das stimmt.
true *adj* [tru:] That's true.	wahr Das ist wahr.
obvious *adj* ['ɒbvɪəs] Yes, that's obvious.	einsichtig, klar Ja, das ist klar.
possible *adj* ['pɒsəbl] That's possible.	möglich, denkbar Das ist (schon) möglich.
exactly *adv* [ɪg'zæktlɪ] Everybody should save energy and drinking water. – Exactly.	ganz genau Alle sollten Energie und Trinkwasser sparen. – Ganz genau!
OK, okay *adj* [ˌəʊ'keɪ] Yes, (that's) okay.	gut, in Ordnung Ja, in Ordnung!
fine *adj* [faɪn] Yes, fine.	schön, gut Ja, in Ordnung.
great *adj* [greɪt] That's great!	großartig, toll Das ist großartig!
definitely *adv* ['defɪnɪtlɪ] Yes, that's definitely what we need.	bestimmt, sicher, genau Ja, das ist genau das, was wir brauchen.
indeed *adv* [ɪn'di:d] Yes, indeed.	in der Tat Ja, das ist in der Tat so.
feel, felt, felt *v* [fi:l, felt] That's how I feel about it, too.	denken, empfinden Genauso denke ich auch darüber.
agree *v* [ə'gri:] I couldn't agree with you more.	zustimmen, übereinstimmen Ich stimme völlig mit dir überein.
so *conj* [səʊ] I think John's wrong there. – **So do I.**	auch Ich glaube, da hat John nicht recht. – Das glaube ich auch.
neither *conj* ['naɪðə] I don't like those pink jeans. – **Neither do I.**	auch nicht Ich mag diese rosa Jeans nicht. – Ich auch nicht.
nor *conj* [nɔ:] I can't stand bright colours, you know. – **Nor can I.**	auch nicht Ich kann leuchtende Farben nicht leiden, weißt du. – Ich auch nicht.

favour *n* ['feɪvə]	Gunst, Wohlwollen
I'm **all in favour of** what you've been saying.	Ich stimme dem voll zu, was Sie gerade gesagt haben.

Einer Meinung widersprechen

no *interj* [nəʊ]	nein
Oh no, that can't be right!	Nein, das kann nicht wahr sein!
not *adv* [nɒt]	nicht
That's not quite right.	Das ist nicht ganz richtig.
That's not the problem/question.	Darum geht's hier nicht.
against *prep* [ə'genst]	gegen
I'm against the idea of buying a new car every year.	Ich bin dagegen, jedes Jahr ein neues Auto zu kaufen.
really *adv* ['rɪəlɪ]	wirklich, tatsächlich, eigentlich
I don't really think so.	Das glaube ich eigentlich nicht.
wrong *adv* [rɒŋ]	falsch, fehlerhaft
I think you **got that wrong**.	Ich glaube, daß Sie sich da täuschen.
disagree *v* [ˌdɪsə'gri:]	anderer Meinung sein
I'm afraid I **disagree with** you.	Leider bin ich anderer Meinung als Sie.
convince *v* [kən'vɪns]	überzeugen
That doesn't convince me at all.	Das überzeugt mich in keiner Weise.
possibly *adv* ['pɒsəblɪ]	möglicherweise
I can't possibly believe that.	Ich kann das unmöglich glauben.
doubt *v* [daʊt]	(be)zweifeln
I doubt that very much.	Ich bezweifle das sehr.
contrary *n* ['kɒntrərɪ]	Gegenteil
On the contrary!	Im Gegenteil!
such *adj* [sʌtʃ]	solche(r, s), so eine(r, s)
I've never heard of **such a thing**!	Ich habe nie von so etwas gehört!
There's **no such thing as** an "English" passport!	So etwas wie einen „englischen" Paß gibt es nicht.

Etwas den Vorzug geben

prefer *v* [prɪ'fɜ:]	vorziehen, lieber tun
I prefer to go by train rather than by car.	Ich fahre lieber mit dem Zug als mit dem Auto.
I prefer walking to driving.	Ich gehe lieber zu Fuß, als Auto zu fahren.
rather *adv* ['rɑ:ðə]	lieber
I'd rather have an orange juice.	Ich hätte lieber einen Orangensaft.

Bedauern ausdrücken

bad *adj* [bæd] **That's too bad.**	schlecht Das ist sehr schade.
pity *n* ['pɪtɪ] **What a pity!**	Mitleid, Bedauern Wie schade!
shame *n* [ʃeɪm] **What a shame!**	Jammer; Bedauern Wie bedauerlich!
afraid *adj* [ə'freɪd] No, I'm afraid you can't smoke here.	ängstlich, in Sorge Nein, Sie können hier leider nicht rauchen.

Ungewißheit ausdrücken

think, thought, thought *v* [θɪŋk, θɔ:t] I think there's something wrong.	glauben, vermuten Ich glaube, hier stimmt was nicht.
probably *adv* ['prɒbəblɪ] Yes, you're probably right there.	wahrscheinlich Ja, da hast du wahrscheinlich recht.
perhaps *adv* [pə'hæps] Perhaps you're right, but ...	vielleicht Vielleicht hast du recht, aber ...
hard *adj* [hɑ:d] **It's hard to say.**	schwer, schwierig Das ist schwer zu sagen.

Einer Meinung zustimmen/widersprechen

marvellous *adj* ['mɑ:vələs] That's a marvellous idea!	wunderbar, großartig Das ist eine großartige Idee!
fantastic *adj* [fæn'tæstɪk] Oh, that's fantastic, isn't it?	fantastisch, wunderbar Oh, das ist wunderbar, nicht wahr?
bloody *adj; adv sl* ['blʌdɪ] Bloody hell! *sl* That's a bloody marvellous suggestion! *sl*	verdammt Verdammt nochmal! Das ist ein verdammt toller Vorschlag!
► **surely** *adv* ['ʃʊəlɪ] Surely you don't mean that?	sicher, bestimmt Das meinen Sie doch nicht im Ernst?
contradict *v* [ˌkɒntrə'dɪkt] You're contradicting yourself!	widersprechen Sie widersprechen sich selbst!
willing *adj* ['wɪlɪŋ] I'm not **willing to** accept that.	bereit, willens Ich bin nicht bereit, dem zuzustimmen.

Erlaubnis/Verbot, Vorschlag, Rat

Um Erlaubnis fragen; Erlaubnis/Verbot ausdrücken

may *v* [meɪ] May I sit here?	dürfen, können Kann ich mich hierher setzen?
can *v* [kæn] Can I park here? – No, I'm afraid you can't.	können, dürfen Kann ich hier parken? – Nein, leider nicht.
could *v* [kʊd] Could I leave my bicycle here, please?	könnte- Könnte ich hier bitte mein Fahrrad abstellen?
mind *v* [maɪnd] Do you mind if I sit down?	ausmachen, stören Stört es Sie, wenn ich mich setze?
would *v* [wʊd] Would it be OK for the children to stay with you tonight?	würde- Wäre es möglich, daß die Kinder heute nacht bei euch schlafen?
wonder *v* ['wʌndə] **I wonder if** we could pay by cheque?	sich fragen Könnten wir möglicherweise mit Scheck bezahlen?
certainly *adv* ['sɜːtnlɪ] May I sit here? – Yes, certainly. *form*	sicher Kann ich mich hierhin setzen? – Ja, sicher.
of course *adv* [əv 'kɔːs] Yes, of course.	natürlich, selbstverständlich Ja, natürlich!
sure *adv* [ʃʊə] Can I come round? – Yes, sure. *inform*	sicher Kann ich vorbeikommen? – Ja, sicher!
ahead *adv* [ə'hed] May I use your phone? – Yes, **go ahead**.	vorwärts, voran Kann ich bei dir mal telefonieren? – Ja, nur zu!

allowed *adj* [ə'laʊd] I'm afraid you can't park here. It's **not allowed**.	erlaubt Leider können Sie hier nicht parken. Es ist verboten.
permission *n* [pə'mɪʃn] **"No swimming without permission"**	Erlaubnis, Genehmigung „Schwimmen nur mit ausdrücklicher Erlaubnis!" *(Hinweisschild)*
mustn't *v* ['mʌsnt] You mustn't do that.	nicht dürfen Das darfst du nicht tun!
dare *v* [deə] **Don't you dare** ring her!	(etwas) wagen Wage es bloß nicht, sie anzurufen!
no *pron* [nəʊ] **"No parking"**	kein „Parken verboten!" *(Verbotsschild)*

Vorschläge machen und darauf reagieren; Verabredungen treffen

about *prep* [ə'baʊt] **What/How about** a drink?	mit Wollen wir was trinken?
will *v* [wɪl] Will Saturday be all right for you? – Yes, that'll be fine.	werde- Paßt dir Samstag? – Ja, das paßt mir.
shall *v* [ʃæl] Shall we go to Spain for a holiday?	sollen Sollen wir mal Urlaub in Spanien machen?
let, let, let *v* [let] **Let's** go to France this summer.	lassen Laß uns diesen Sommer nach Frankreich fahren!
why *pron* [waɪ] **Why don't we** go by plane?	warum Warum fliegen wir denn nicht?
better *adj* ['betə] I think **we'd better** leave now.	lieber Ich glaube, wir gehen jetzt lieber.
ought to *v* ['ɔ:t tʊ] You ought to visit the British Museum.	sollte- eigentlich Sie sollten das Britische Museum besuchen.
suggestion *n* [sə'dʒestʃən] I'd like to **make a suggestion**.	Vorschlag Ich möchte gerne einen Vorschlag machen.
idea *n* [aɪ'dɪə] Yes, **that's a good idea**.	Gedanke, Idee Ja, das ist eine gute Idee!

Um Rat bitten; zuraten/abraten

can *v* [kæn] Can you recommend a good English grammar book?	können Können Sie mir eine gute englische Grammatik empfehlen?
would *v* [wʊd] It would be a good idea for her to start work.	würde- Es wäre sicher gut für sie, wieder zu arbeiten.
should *v* [ʃʊd] You should go to bed earlier.	sollte- Sie sollten früher zu Bett gehen.
if *conj* [ɪf] I'd read English newspapers **if I were you**.	wenn, falls An deiner Stelle würde ich englische Zeitungen lesen.
might *v* [maɪt] It might be a good idea for you to look for a flat of your own.	könnte- vielleicht Es wäre vielleicht gut für dich, dir eine eigene Wohnung zu suchen.
advice *n* [əd'vaɪs] My advice would be to see a doctor as soon as possible.	Rat(schlag) Ich würde Ihnen raten, so bald wie möglich einen Arzt aufzusuchen.
advise *v* [əd'vaɪz] I'd advise you not to travel by car.	raten, Rat geben Ich würde euch raten, nicht mit dem Wagen zu fahren.

Erlaubnis/Verbot ausdrücken

permit *v* [pə'mɪt] **"Visitors not permitted after 11 o'clock."**	erlauben, genehmigen „Kein Besuchs-/Parteienverkehr nach 11 Uhr!" *(Schild)*
keep off, kept, kept *v* [ˌki:p‿'ɒf, kept] **"Keep off the lawn!"**	sich fernhalten, nicht betreten „Rasen nicht betreten!" *(Verbotsschild)*
prohibited *adj* [prə'hɪbɪtɪd] **"Smoking prohibited"**	verboten, untersagt „Rauchen verboten!" *(Verbotsschild)*

Um Rat bitten

hint *n* [hɪnt] Can you **give me a hint**? OK, I **can take a hint**.	Tip, Hinweis, Rat Kannst du mir einen Tip geben? O.K., ich habe schon verstanden!

language *n* ['læŋgwɪdʒ]	Sprache
standard *adj* ['stændəd]	gebräuchlich, Standard-
standard English	korrektes Englisch
►	
grammar *n* ['græmə]	Grammatik
vocabulary *n* [və'kæbjʊlərɪ]	Wortschatz
meaning *n* ['mi:nɪŋ]	Bedeutung
exception *n* [ɪk'sepʃn]	Ausnahme
There's an exception to every rule.	Keine Regel ohne Ausnahme!
explanation *n* [ˌeksplə'neɪʃn]	Erklärung
►	
letter *n* ['letə]	Buchstabe
capital letter	Großbuchstabe
sound *n* [saʊnd]	Laut
consonant *n* ['kɒnsənənt]	Konsonant, Mitlaut
vowel *n* ['vaʊəl]	Vokal, Selbstlaut
syllable *n* ['sɪləbl]	Silbe
stress *n; v* [stres]	Betonung; betonen
intonation *n* [ˌɪntə'neɪʃn]	Intonation, Betonung
pronounce *v* [prə'naʊns]	aussprechen
pronunciation *n* [prəˌnʌnsɪ'eɪʃn]	Aussprache
►	
sentence *n* ['sentəns]	(vollständiger) Satz
negative *adj* ['negətɪv]	negativ, verneint
negative sentence	verneinter Satz
statement *n* ['steɪtmənt]	Aussagesatz
question *n* ['kwestʃən]	Frage
direct *adj* [dɪ'rekt]	direkt
direct speech	direkte Rede
indirect *adj* [ˌɪndɪ'rekt]	indirekt
indirect speech	indirekte Rede
clause *n* [klɔ:z]	Satz
main clause	Hauptsatz
subordinate clause	Nebensatz
if-clause	Konditionalsatz, Bedingungssatz
relative clause	Relativsatz

subject *n* ['sʌbdʒɪkt]	Subjekt, Satzgegenstand
object *n* ['ɒbdʒɪkt]	Objekt, Satzergänzung
word order *n* ['wɜ:d‿ˌɔ:də]	Wortstellung
phrase *n* [freɪz]	Satzteil
noun phrase	Nominalphrase
verb phrase	Verbalphrase
►	
word *n* [wɜ:d]	Wort
noun *n* [naʊn]	Substantiv, Hauptwort
article *n* ['ɑ:tɪkl]	Artikel
definite/indefinite article	bestimmter/unbestimmter Artikel
pronoun *n* ['prəʊnaʊn]	Pronomen, Fürwort
reflexive pronoun	Reflexivpronomen
possessive *adj* [pə'zesɪv]	possessiv, Besitz-
possessive pronoun/adjective	Possessivpronomen, besitzanzeigendes Fürwort
conjunction *n* [kən'dʒʌŋkʃn]	Konjunktion, Bindewort
preposition *n* [ˌprepə'zɪʃn]	Präposition, Verhältniswort
singular *n* ['sɪŋgjʊlə]	Singular, Einzahl
plural *n* ['plʊərəl]	Plural, Mehrzahl
►	
genitive *n* ['dʒenɪtɪv]	Genitiv, Besitzfall
gerund *n* ['dʒerənd]	Gerundium
participle *n* ['pɑ:tɪsɪpl]	Partizip
present participle	Partizip Präsens
past participle	Partizip Perfekt
►	
adjective *n* ['ædʒɪktɪv]	Adjektiv, Eigenschaftswort
adverb *n* ['ædvɜ:b]	Adverb, Umstandswort
comparative *n* [kəm'pærətɪv]	Komparativ
superlative *n* [su:'pɜ:lətɪv]	Superlativ
►	
verb *n* [vɜ:b]	Verb, Zeitwort
auxiliary verb	Hilfsverb
regular *adj* ['regjʊlə]	regelmäßig
irregular *adj* [ɪ'regjʊlə]	unregelmäßig
irregular verbs	unregelmäßige Verben
infinitive *n* [ɪn'fɪnətɪv]	Infinitiv

person *n* ['pɜ:sn]	Person
third person singular	dritte Person Singular
active voice *n* ['æktɪv ˌvɔɪs]	Aktiv
passive voice *n* ['pæsɪv ˌvɔɪs]	Passiv
tense *n* [tens]	Tempus, Zeitform
present tense	Präsens
past tense	Präteritum
future tense	Futur I
simple form *n* ['sɪmpl ˌfɔ:m]	einfache Form des Verbs
continuous/progressive form *n* [kən'tɪnjʊəs/prə'gresɪv ˌfɔ:m]	Verlaufsform des Verbs
ing-form *n* ['ɪŋˌfɔ:m]	Verlaufsform, Gerundium, Partizip Präsens
perfect *n* ['pɜ:fɪkt]	Perfekt
present perfect	Perfekt
past perfect	Plusquamperfekt
future perfect	Futur II
conditional *n* [ˌkən'dɪʃənl]	Konditional
present conditional	Konditional I
past conditional	Konditional II
►	
full stop *n* [ˌfʊl 'stɒp]	Punkt
comma *n* ['kɒmə]	Komma
colon *n* ['kəʊlən]	Doppelpunkt
semicolon *n* [ˌsemɪ'kəʊlən]	Strichpunkt, Semikolon
dash *n* [dæʃ]	Gedankenstrich
hyphen *n* ['haɪfn]	Bindestrich
apostrophe *n* [ə'pɒstrəfɪ]	Apostroph, Auslassungszeichen
bracket *n* ['brækɪt]	Klammer
in brackets	in Klammern
inverted commas *n* [ɪn'vɜ:tɪd 'kɒməz]	Anführungszeichen
question mark *n* ['kwestʃn mɑ:k]	Fragezeichen
exclamation mark *n* [ˌekskləˈmeɪʃn ˌmɑ:k]	Ausrufezeichen

abstract *adj* ['æbstrækt]	abstrakt
abstract noun	abstrakter Begriff
collective *adj* [kə'lektɪv]	Kollektiv-, Sammel-
collective noun	Sammelbegriff
►	
adverbial *adj* [əd'vɜ:bjəl]	adverbial
adverbial clause	adverbialer Nebensatz
predicate *n* ['predɪkət]	Prädikat
imperative *n* [ɪm'perətɪv]	Imperativ, Befehlsform
interrogative *n* [ˌɪntə'rɒgətɪv]	Fragewort
phrasal verb *n* ['freɪzl ˌvɜ:b]	Verb mit Präposition
►	
prefix *n* ['pri:fɪks]	Präfix, Vorsilbe
suffix *n* ['sʌfɪks]	Suffix, Nachsilbe
►	
synonym *n* ['sɪnənɪm]	Synonym
derive *v* [dɪ'raɪv]	ableiten
The English word "colour" **derives from** the French word "couleur".	Das englische Wort „colour" ist vom französischen Wort „couleur" abgeleitet.
►	
idiom *n* ['ɪdɪəm]	Idiom, Redewendung
register *n* ['redʒɪstə]	sprachliche Stilebene, Register
informal register	Umgangssprache
colloquial *adj* [kə'ləʊkwɪəl]	umgangssprachlich
slang *n* [slæŋ]	Slang; Jargon
dialect *n* ['daɪəlekt]	Dialekt, Mundart
accent *n* ['æksənt]	Akzent

country *n* [ˈkʌntrɪ]	Land
continent *n* [ˈkɒntɪnənt]	Kontinent, Erdteil
►	
England *n* [ˈɪŋglənd]	England
Wales *n* [weɪlz]	Wales
Scotland *n* [ˈskɒtlənd]	Schottland
Ireland *n* [ˈaɪələnd]	Irland
Republic of Ireland [rɪˈpʌblɪk‿əv‿ˈaɪələnd]	Republik Irland
Northern Ireland [ˈnɔːðn ˈaɪələnd]	Nordirland
Great Britain *n* [ˌgreɪt ˈbrɪtn]	Großbritannien
Great Britain consists of England, Wales and Scotland.	Großbritannien besteht aus den Ländern England, Wales und Schottland.
United Kingdom (UK) *n* [juːˈnaɪtɪd ˈkɪŋdəm (ˌjuːˈkeɪ)]	Vereinigtes Königreich
The United Kingdom consists of England, Wales, Scotland and Northern Ireland.	Das Vereinigte Königreich besteht aus den Ländern England, Wales, Schottland und Nordirland.
►	
Australia *n* [ɒˈstreɪljə]	Australien
Canada *n* [ˈkænədə]	Kanada
America *n* [əˈmerɪkə]	Amerika
United States of America (USA) [juːˈnaɪtɪd ˈsteɪts‿əv‿əˈmerɪkə (ˌjuːesˈeɪ)]	Vereinigte Staaten von Amerika
North/South/Central America	Nord-/Süd-/Mittelamerika
►	
Austria *n* [ˈɒstrɪə]	Österreich
Germany *n* [ˈdʒɜːmənɪ]	Deutschland
Federal Republic of Germany [ˈfedrl rɪˈpʌblɪk‿əv ˈdʒɜːmənɪ]	Bundesrepublik Deutschland
German Democratic Republic [ˈdʒɜːmən ˌdeməˈkrætɪk rɪˈpʌblɪk]	Deutsche Demokratische Republik
Switzerland *n* [ˈswɪtsələnd]	die Schweiz
Europe *n* [ˈjʊərəp]	Europa
►	
nationality *n* [ˌnæʃəˈnælətɪ]	Nationalität, Staatsangehörigkeit
language *n* [ˈlæŋgwɪdʒ]	Sprache

English *adj; n* ['ɪŋglɪʃ]	englisch; Englisch
the English language	die englische Sprache
American/British English	amerikanisches/britisches Englisch
Welsh *adj; n* [welʃ]	walisisch; Walisisch
Her mother's Welsh.	Ihre Mutter ist Waliserin.
Many Welsh people still speak Welsh.	Viele Waliser sprechen noch Walisisch.
Scottish *adj* ['skɒtɪʃ]	schottisch
He's Scottish by birth.	Er ist gebürtiger Schotte.
Irish *adj; n* ['aɪərɪʃ]	irisch; Irisch-Gälisch
Her father's Irish.	Ihr Vater ist Ire.
Irish is the official language of the Republic of Ireland.	Das Irisch-Gälische ist Irlands offizielle Landessprache.
British *adj; n* ['brɪtɪʃ]	britisch; (die) Briten
She's British.	Sie ist Britin.
the British	die Briten
Australian *adj; n* [ɒ'streɪljən]	australisch; Australier(in)
Canadian *adj; n* [kə'neɪdjən]	kanadisch; Kanadier(in)
American *adj; n* [ə'merɪkən]	amerikanisch; Amerikaner(in)
Austrian *adj; n* ['ɒstrɪən]	österreichisch; Österreicher(in)
German *adj; n* ['dʒɜ:mən]	deutsch; Deutsche(r); Deutsch
Swiss *adj; n* [swɪs]	schweizerisch; (die) Schweizer
She's Swiss.	Sie ist Schweizerin.
the Swiss	die Schweizer
European *adj; n* [ˌjʊərə'pi:ən]	europäisch; Europäer(in)

Africa *n* ['æfrɪkə]	Afrika
Asia *n* ['eɪʃə]	Asien
the Commonwealth *n* [ðə 'kɒmənwelθ]	das Commonwealth *(Staatenbund des ehemaligen britischen Weltreichs)*
India *n* ['ɪndjə]	Indien
New Zealand *n* [ˌnju: 'zi:lənd]	Neuseeland
►	
Belgium *n* ['beldʒəm]	Belgien
Holland *n* ['hɒlənd]	die Niederlande, Holland
France *n* [frɑ:ns]	Frankreich
Denmark *n* ['denmɑ:k]	Dänemark

Italy *n* ['ɪtəlɪ]	Italien
Portugal *n* ['pɔ:tʃʊgl]	Portugal
Spain *n* [speɪn]	Spanien
Greece *n* [gri:s]	Griechenland
Turkey *n* ['tɜ:kɪ]	Türkei
►	
Poland *n* ['pəʊlənd]	Polen
Russia *n* ['rʌʃə]	Rußland
Soviet Union (USSR) *n* [ˌsəʊvɪət 'ju:njən (ˌju:eses'ɑ:)]	Sowjetunion (UdSSR)
Yugoslavia *n* [ˌju:gə'slɑ:vjə]	Jugoslawien
►	
China *n* ['tʃaɪnə]	China
Japan *n* [dʒə'pæn]	Japan
►	
African *adj; n* ['æfrɪkən]	afrikanisch; Afrikaner(in)
Asian *adj; n* ['eɪʃn]	asiatisch; Asiat(in)
Indian *adj; n* ['ɪndjən]	indisch; Inder(in)
Belgian *adj; n* ['beldʒən]	belgisch; Belgier(in)
Dutch *adj; n* [dʌtʃ]	niederländisch; Niederländisch
French *adj; n* [frentʃ]	französisch; Französisch
Danish *adj; n* ['deɪnɪʃ]	dänisch; Dänisch
Italian *adj; n* [ɪ'tæljən]	italienisch; Italiener(in); Italienisch
Portuguese *adj; n* [ˌpɔ:tʃʊ'gi:z]	portugiesisch; Portugiesisch
Spanish *adj; n* ['spænɪʃ]	spanisch; Spanisch
Greek *adj; n* [gri:k]	griechisch; Grieche, Griechin; Griechisch
Turkish *adj; n* ['tɜ:kɪʃ]	türkisch; Türkisch
Polish *adj; n* ['pəʊlɪʃ]	polnisch; Polnisch
Russian *adj; n* ['rʌʃən]	russisch; Russe, Russin; Russisch
Yugoslavian *adj; n* [ˌju:gə'slɑ:vjən]	jugoslawisch; Jugoslawe, Jugoslawin
Chinese *adj; n* [tʃaɪ'ni:z]	chinesisch; Chinese, Chinesin; Chinesisch
Japanese *adj; n* [ˌdʒæpə'ni:z]	japanisch; Japaner(in); Japanisch

Zeit

time *n* [taɪm]	Zeit
What's the time?	Wie spät ist es?
My son can **tell the time** now.	Mein Sohn kann jetzt die Uhr lesen.
Take your time.	Laß dir ruhig Zeit.
in time	rechtzeitig
on time	pünktlich
save/waste time	Zeit sparen/verschwenden
short *adj* [ʃɔ:t]	kurz
after a short time	nach kurzer Zeit
happen *v* ['hæpən]	geschehen, passieren
►	
past *n* [pɑ:st]	Vergangenheit
present *n* ['preznt]	Gegenwart
future *n* ['fju:tʃə]	Zukunft
►	
age *n* [eɪdʒ]	Zeitalter
century *n* ['sentʃʊrɪ]	Jahrhundert
year *n* [jɜ:]	Jahr
month *n* [mʌnθ]	Monat
fortnight *n* ['fɔ:tnaɪt]	zwei Wochen
They were on holiday in Austria for a fortnight.	Sie waren für zwei Wochen in Österreich im Urlaub.
week *n* [wi:k]	Woche
weekday *n* ['wi:kdeɪ]	Werktag, Wochentag
weekend *n* [ˌwi:k'end]	Wochenende
at the weekend	am Wochenende
day *n* [deɪ]	Tag
all day	den ganzen Tag
the other day	neulich
daily *adv* ['deɪlɪ]	täglich
►	
next *adj* [nekst]	nächste(r, s)
He woke up **the next day** with an awful headache.	Er wachte am nächsten Tag mit furchtbaren Kopfschmerzen auf.
date *n* [deɪt]	Datum
What's **today's date**?	Was ist das heutige Datum?

occasion *n* [ə'keɪʒn]	Gelegenheit, Anlaß
on many occasions	mehrmals

January *n* ['dʒænjʊərɪ]	Januar
February *n* ['febrʊərɪ]	Februar
March *n* [mɑ:tʃ]	März
April *n* ['eɪprəl]	April
May *n* [meɪ]	Mai
June *n* [dʒu:n]	Juni
July *n* [dʒu:'laɪ]	Juli
August *n* ['ɔ:gəst]	August
September *n* [sep'tembə]	September
October *n* [ɒk'təʊbə]	Oktober
November *n* [nəʊ'vembə]	November
December *n* [dɪ'sembə]	Dezember

Sunday *n* ['sʌndɪ]	Sonntag
Monday *n* ['mʌndɪ]	Montag
Tuesday *n* ['tju:zdɪ]	Dienstag
Wednesday *n* ['wenzdɪ]	Mittwoch
Thursday *n* ['θɜ:zdɪ]	Donnerstag
Friday *n* ['fraɪdɪ]	Freitag
Saturday *n* ['sætədɪ]	Samstag

yesterday *adv; n* ['jestədɪ]	gestern; Gestern
the day before yesterday	vorgestern
today *adv; n* [tə'deɪ]	heute; Heute
a week today	heute in einer Woche
tonight *adv; n* [tə'naɪt]	heute abend/nacht
tomorrow *adv; n* [tə'mɒrəʊ]	morgen; Morgen
the day after tomorrow	übermorgen
tomorrow morning/afternoon	morgen früh/nachmittag
morning *n* ['mɔ:nɪŋ]	Morgen
in the morning	morgens
noon *n* [nu:n]	Mittag
afternoon *n* [ˌɑ:ftə'nu:n]	Nachmittag
in the afternoon	nachmittags
evening *n* ['i:vnɪŋ]	Abend
in the evening	abends
this *adj* [ðɪs]	diese(r, s)
this week/month/year	diese Woche/diesen Monat/dieses Jahr
this morning/afternoon/evening	heute morgen/nachmittag/abend

night *n* [naɪt]	Nacht
last night	gestern abend, heute nacht
the night before last	vorgestern abend
middle *n* ['mɪdl]	Mitte
in the middle of the night	mitten in der Nacht
midnight *n* ['mɪdnaɪt]	Mitternacht
early *adj; adv* ['ɜ:lɪ]	früh
in the early morning/afternoon	am frühen Morgen/Nachmittag
We've got to **get up early**.	Wir müssen früh aufstehen.
late *adj; adv* [leɪt]	spät
I **was late for** school this morning.	Ich kam heute morgen zu spät in die Schule.
get up late	spät aufstehen
moment *n* ['məʊmənt]	Moment
►	
clock *n* [klɒk]	Uhr
watch *n* [wɒtʃ]	Armbanduhr
tick *v* [tɪk]	ticken
strike, struck, struck *v* [straɪk, strʌk]	schlagen
The clock struck eight as we left the house.	Die Uhr schlug acht, als wir aus dem Haus gingen.
fast *adj* [fɑ:st]	schnell
My watch is ten minutes fast.	Meine Uhr geht 10 Minuten vor.
slow *adj* [sləʊ]	langsam
The clock's 20 minutes slow.	Die Uhr geht 20 Minuten nach.
o'clock *adv* [ə'klɒk]	Uhr
It's three o'clock.	Es ist drei Uhr.
a.m. *adv* [ˌeɪ'em]	morgens, vormittags (0–12 Uhr)
3 a.m.	3 Uhr
p.m. *adv* [ˌpi:'em]	nachmittags, abends (12–24 Uhr)
3 p.m.	15 Uhr
hour *n* ['aʊə]	Stunde
per *prep* [pɜ:]	pro
miles per hour (mph)	Meilen pro Stunde
minute *n* ['mɪnɪt]	Minute
second *n* ['sekənd]	Sekunde

to *prep* [tʊ]	vor
It's five to twelve.	Es ist fünf vor zwölf.
past *prep* [pɑːst]	nach
It's five past eleven.	Es ist fünf nach elf.
at *prep* [ət]	um
Could we meet at a quarter past three tomorrow afternoon?	Könnten wir uns morgen um 15.15 Uhr treffen?
quarter *n* [ˈkwɔːtə]	Viertel(stunde)
half *adv* [hɑːf]	halb
half past two	halb drei
half an hour	eine halbe Stunde
►	
around *prep* [əˈraʊnd]	ungefähr um
around midnight	gegen Mitternacht
about *prep* [əˈbaʊt]	ungefähr um
about 10 o'clock	ungefähr um 10 Uhr
towards *prep* [təˈwɔːdz]	gegen
towards the end of the month	gegen Ende des Monats
almost *adv* [ˈɔːlməʊst]	fast
It was almost dark when we got home.	Es war fast dunkel, als wir nach Hause kamen.
►	
when *adv* [wen]	wann
When will your aunt be arriving?	Wann kommt deine Tante an?
when *conj* [wen]	wenn; als
When we're in Italy, we only eat Italian food.	Wenn wir in Italien sind, essen wir nur italienisch.
When I entered the room, I realized immediately that there was something wrong.	Als ich das Zimmer betrat, fiel mir sofort auf, daß irgendetwas nicht in Ordnung war.
while *conj* [waɪl]	während
While we were sitting in the park, our children were playing ball on the grass.	Während wir im Park saßen, spielten unsere Kinder Ball auf dem Rasen.
during *prep* [ˈdjʊərɪŋ]	während
She didn't speak a single word during lunch.	Während des Mittagessens sprach sie kein einziges Wort.
within *prep* [wɪˈðɪn]	innerhalb
We rang the police and they arrived **within minutes**.	Wir riefen die Polizei an, und sie kam innerhalb von Minuten.

begin, began, begun *v* [bɪ'gɪn, bɪ'gæn, bɪ'gʌn]	beginnen, anfangen
beginning *n* [bɪ'gɪnɪŋ]	Beginn, Anfang
start *v* [stɑ:t]	beginnen, anfangen
first *adv* [fɜ:st]	(zu)erst
I want to change my clothes first before going to class.	Ich will mich erst umziehen, bevor ich in den Unterricht gehe.
first of all	zuerst
finally *adv* ['faɪnəlɪ]	endlich, schließlich
end *n* [end]	Ende
in the end	letzten Endes
end *v* [end]	(be)enden
last *v* [lɑ:st]	dauern
The silence seemed to last for hours.	Die Stille schien Stunden zu dauern.
►	
always *adv* ['ɔ:lweɪz]	immer
She always takes the same bus to work.	Sie fährt immer mit demselben Bus zur Arbeit.
often *adv* ['ɒfn]	oft
I often see your father walking down by the river.	Ich sehe deinen Vater öfters am Fluß entlang spazierengehen.
sometimes *adv* ['sʌmtaɪmz]	manchmal
rarely *adv* ['reəlɪ]	selten
You'll rarely see him in the library.	Man findet ihn selten in der Bibliothek.
seldom *adv* ['seldəm]	selten
never *adv* ['nevə]	nie, niemals
►	
ago *adv* [ə'gəʊ]	vor
They left for Ohio **three days ago**.	Sie sind vor drei Tagen nach Ohio gefahren.
after *adv* ['ɑ:ftə]	danach
Susan was badly hurt in a car accident on the 14th of June and died **soon after**.	Susan wurde am 14. Juni bei einem Autounfall schwer verletzt und starb kurz darauf.
after *conj* ['ɑ:ftə]	nachdem
It was only after he had closed the door that he realized he had left his keys inside.	Erst nachdem er die Tür hinter sich zugezogen hatte, fiel ihm ein, daß er seine Schlüssel drin liegengelassen hatte.

after *prep* ['ɑ:ftə] After work the men went to their local for a drink.	nach Nach der Arbeit gingen die Männer in ihr Stammlokal, um etwas zu trinken.
afterwards *adv* ['ɑ:ftəwədz] They decided to go for a swim in the morning and visit their friends afterwards.	danach Sie beschlossen, am Vormittag schwimmen zu gehen und danach ihre Freunde zu besuchen.
before *adv* [bɪ'fɔ:] I don't believe I've seen you here before.	vorher Ich glaube nicht, daß ich Sie schon einmal hier gesehen habe.
before *conj* [bɪ'fɔ:] They locked all the doors before they left.	bevor Bevor sie wegfuhren verschlossen sie alle Türen.
before *prep* [bɪ'fɔ:] There's no point in inquiring before Tuesday.	vor Es hat keinen Sinn, sich vor Dienstag danach zu erkundigen.
then *adv* [ðen] And after they had finished painting the kitchen, what did they do then?	dann Und was haben sie gemacht, nachdem sie die Küche fertig gestrichen hatten?
used to *v* ['ju:st tʊ] He used to bite his nails terribly. We **didn't use to** go out very often.	früher *(+ Verb)* Früher hat er furchtbar Fingernägel gekaut. Wir sind früher nicht oft ausgegangen.
since *conj* [sɪns]	seitdem
since *prep* [sɪns] Peter has lived in Bristol **since 1985**.	seit Peter wohnt seit 1985 in Bristol.
for *prep* [fɔ:] She has lived in San Francisco **for eleven years**. ►	seit Sie wohnt seit elf Jahren in San Francisco.
still *adv* [stɪl] I still haven't understood your question.	(immer) noch Ich habe Ihre Frage immer noch nicht verstanden.
just *adv* [dʒʌst] He's just heard that he's got the new job.	gerade Er hat gerade erfahren, daß er die neue Stelle bekommt.

already *adv* [ɔːlˈredɪ]	schon, bereits
It wasn't even a surprise. Someone had already told her about it.	Es war überhaupt keine Überraschung. Irgendjemand hatte ihr bereits davon erzählt.
yet *adv* [jet]	schon, bereits
Have you bought your new car yet?	Haben Sie schon Ihren neuen Wagen gekauft?
ever *adv* [ˈevə]	je, jemals
Have you ever been to Arizona?	Waren Sie schon mal in Arizona?
►	
recent *adj* [ˈriːsnt]	neueste(r, s), jüngste(r, s)
recent developments	jüngste Entwicklungen
recently *adv* [ˈriːsntlɪ]	neulich
long *adv* [lɒŋ]	lange
Have you been waiting long?	Warten Sie schon lange?
soon *adv* [suːn]	bald
See you again soon!	Bis bald!
as soon as	sobald
until, till *conj; prep* [ənˈtɪl, tɪl]	bis
He'll never be happy until he learns to enjoy life more.	Er wird nie glücklich sein, bis er lernt, das Leben zu genießen.
They'll be on holiday until the 14th of August.	Sie sind bis zum 14. August im Urlaub.
next *adv* [nekst]	als nächstes, danach
What are we doing next?	Was machen wir als nächstes?
later *adv* [ˈleɪtə]	später
See you later!	Bis nachher/später!
later on	nachher, später
now *adv* [naʊ]	jetzt
again *adv* [əˈgen]	wieder
now and again	hin und wieder
►	
sudden *adj* [ˈsʌdn]	plötzlich
a sudden change	eine plötzliche Veränderung
suddenly *adv* [ˈsʌdnlɪ]	plötzlich
immediate *adj* [ɪˈmiːdjət]	sofortig, unmittelbar
immediately *adv* [ɪˈmiːdjətlɪ]	sofort
I left immediately.	Ich fuhr sofort los.

calendar *n* ['kælɪndə]	Kalender
leap year *n* ['li:p ˌjɜ:]	Schaltjahr
►	
meantime *n* ['mi:ntaɪm] **in the meantime**	Zwischenzeit in der Zwischenzeit
meanwhile *adv* ['mi:nwaɪl]	währenddessen
midday *n* ['mɪddeɪ] At midday, the shops closed for lunch.	Mittagszeit Mittags schlossen die Geschäfte während der Essenszeit.
nowadays *adv* ['naʊədeɪz]	heutzutage
period *n* ['pɪərɪəd]	Abschnitt, Zeit(raum), Phase
►	
precede *v* [ˌpri:'si:d]	vorangehen
previous *adj* ['pri:vjəs]	vorhergehend, früher
previously *adv* ['pri:vjəslɪ] The house was previously owned by the Whalen family.	früher Das Haus gehörte früher Familie Whalen.
►	
annual *adj* ['ænjʊəl] The harvest festival is an annual event in our town.	jährlich Das Erntedankfest ist ein alljährliches Ereignis in unserer Stadt.
annually *adv* ['ænjʊəlɪ] Our town's harvest festival is held annually.	jährlich Das Erntedankfest unserer Stadt wird jedes Jahr gefeiert.
►	
forever *adv* [fə'revə]	ewig, für immer
frequently *adv* ['fri:kwəntlɪ]	oft, häufig
occasional *adj* [ə'keɪʒənl] I don't hear from him very often, but I do get the occasional card.	gelegentlich Ich höre nicht oft von ihm, nur eine Postkarte von Zeit zu Zeit.
occasionally *adv* [ə'keɪʒənəlɪ] He occasionally has to leave town on business.	gelegentlich, ab und zu Er muß gelegentlich geschäftlich verreisen.
eventually *adv* [ɪ'ventʃʊəlɪ] We thought he'd never arrive, but he did eventually.	endlich, schließlich Wir dachten er würde nie kommen, aber schließlich ist er doch noch gekommen.

permanent *adj* ['pɜːmənənt]	dauerhaft, fest
a permanent job	eine feste Stelle
temporary *adj* ['temprərɪ]	vorübergehend
temporary work	Zeitarbeit
►	
punctual *adj* ['pʌŋktjʊəl]	pünktlich
prompt *adj* [prɒmpt]	prompt, sofort
rapid *adj* ['ræpɪd]	schnell, rapide, rasch
a rapid change	ein schneller Wechsel
straight away *adv* [ˌstreɪt‿ə'weɪ]	sofort
His mother told him to clean his room straight away.	Seine Mutter sagte ihm, er müsse sein Zimmer sofort aufräumen.
►	
shortly *adv* ['ʃɔːtlɪ]	kurz
She arrived in Amsterdam shortly before noon.	Sie kam kurz vor Mittag in Amsterdam an.
brief *adj* [briːf]	kurz
a brief introduction	eine kurze Einleitung
►	
interval *n* ['ɪntəvl]	Intervall, Abstand
pause *v* [pɔːz]	eine Pause machen
He paused before telling his sister the bad news.	Er holte tief Luft, bevor er seiner Schwester die schlechte Nachricht mitteilte.
postpone *v* [ˌpəʊst'pəʊn]	verschieben
remain *v* [rɪ'meɪn]	bleiben
She remained a housewife for the rest of her life.	Sie blieb den Rest ihres Lebens Hausfrau.
►	
whenever *adv* [wen'evə]	wann (auch) immer
I'll go whenever I want to.	Ich werde gehen, wann ich will.
while *n* [waɪl]	Weile
a little while ago	vor kurzem
throughout *prep* [θruː'aʊt]	während
throughout the year	das ganze Jahr lang

Raum

space *n* [speɪs] Leave a space between the paragraphs.	Raum Lassen Sie Abstände zwischen den einzelnen Abschnitten.
room *n* [ruːm] There are already four people in the car. Is there still room for me?	Platz Es sind bereits vier Personen im Wagen. Ist für mich noch Platz?
place *n* [pleɪs]	Ort, Stelle
►	
situated *adj* [ˈsɪtjʊeɪtɪd] Las Vegas is situated right in the middle of the desert.	gelegen Las Vegas liegt mitten in der Wüste.
where *adv* [weə]	wo; wohin; woher
where *conj* [weə] I don't know where he is.	wo Ich weiß nicht, wo er ist.
►	
end *n* [end]	Ende
distance *n* [ˈdɪstəns] The pub's **within walking distance.**	Entfernung Die Kneipe ist zu Fuß erreichbar.
direction *n* [dɪˈrekʃn]	Richtung
face *v* [feɪs] They built their house so that the living-room faces west.	liegen nach/zu Sie haben ihr Haus so gebaut, daß das Wohnzimmer nach Westen liegt.
►	
near *adj; adv; prep* [nɪə] The nearest bus stop is about a mile away. They live quite near. The station is near the airport.	nahe Die nächste Bushaltestelle ist ungefähr eine Meile entfernt. Sie wohnen ganz in der Nähe. Der Bahnhof liegt in der Nähe des Flughafens.
nearby *adj; adv* [ˈnɪəbaɪ]	nahe
next to *prep* [ˈneks tʊ] The post-office is next to the bank.	(direkt) neben Die Post ist neben der Bank.
opposite *adj; adv; prep* [ˈɒpəzɪt] He lives nearby, but on the opposite side of the street. She lives in the house opposite. He used to sit opposite me in the library.	gegenüber Er wohnt in der Nähe, aber auf der anderen Seite der Straße. Sie wohnt im Haus gegenüber. In der Bücherei saß er mir immer gegenüber.

this, *pl* **these** *adj* [ðɪs, ði:z] Are these books yours?	diese(r, s) Gehören diese Bücher Ihnen?
this, *pl* **these** *pron* [ðɪs, ði:z] This must be where my relatives live.	dies, das Dies muß der Ort sein, wo meine Verwandten wohnen.
that, *pl* **those** *adj; pron* [ðæt, ðəʊz]	jene(r, s); das
►	
top *adj* [tɒp] **the top floor**	oberste(r, s) das oberste Stockwerk
top *n* [tɒp] **at the top of the page** **on top of the cupboard**	Kopfende, Spitze oben auf der Seite oben auf dem Schrank
bottom *adj* ['bɒtəm]	unterste(r, s)
bottom *n* ['bɒtəm] **at the bottom of the page** **at the bottom of the sea**	unteres Ende, Boden unten auf der Seite am Meeresgrund
front *n* [frʌnt] Our teacher generally stands **in front of** the class.	Vorderseite Unsere Lehrerin steht im allgemeinen vor der Klasse.
back *n* [bæk] Some pupils like to sit **at the back of** the classroom.	Rückseite Einige Schüler sitzen gern ganz hinten im Klassenzimmer.
middle *n* ['mɪdl] **in the middle of the street**	Mitte mitten auf der Straße
centre *n* ['sentə]	Zentrum, Mitte, Kern
left *adj; adv* [left] The bookshop was **on the left side of** the street. Turn left at the traffic lights.	linke(r, s); links Die Buchhandlung war auf der linken Straßenseite. Biegen Sie bei der Ampel links ab.
left *n* [left] The street you're looking for is the fourth **on the left**.	linke Seite Die Straße, nach der Sie suchen, ist die vierte links.
right *adj; adv* [raɪt]	rechte(r, s); rechts
right *n* [raɪt] **on the right**	rechte Seite rechts

side *n* [saɪd]	Seite
inside *adv; prep* [ˌɪn'saɪd]	hinein; in, innerhalb
inside *n* [ˌɪn'saɪd]	das Innere
outside *adv; prep* [ˌaʊt'saɪd]	nach draußen; vor, außerhalb
outside *n* [ˌaʊt'saɪd]	(das) Äußere
►	
everywhere *adv* ['evrɪweə]	überall
nowhere *adv* ['nəʊweə]	nirgendwo
somewhere *adv* ['sʌmweə]	irgendwo
anywhere *adv* ['enɪweə]	irgendwo
Sit down anywhere you like.	Nehmen Sie doch irgendwo Platz.
Susan can't find her car keys anywhere.	Susan kann ihre Autoschlüssel nirgendwo finden.
►	
straight ahead *adv* ['streɪt‿ə'hed]	geradeaus
Go straight ahead and then turn left.	Fahren Sie geradeaus, und dann biegen Sie links ab.
there *adv* [ðeə]	dort, da
Hello. Is anybody there?	Hallo! Ist da jemand?
here *adv* [hɪə]	hier
Do you live here?	Wohnst du hier?
►	
back *adv* [bæk]	rückwärts, zurück
He just went out to buy some cigarettes and never **came back**.	Er ging nur mal eben 'raus, um Zigaretten zu holen, und kam nie zurück.
close to *adv* ['kləʊs tʊ]	nahe, in der Nähe von
My parents' house is close to a big forest.	Das Haus meiner Eltern liegt in der Nähe eines großen Waldes.
far *adv* [fɑ:]	weit
He doesn't live far from here.	Er wohnt nicht weit von hier.
further *adv* ['fɜ:ðə]	weiter
►	
home *adv* [həʊm]	nach Hause
Peter went straight home after school.	Nach der Schule ist Peter gleich nach Hause gegangen.
away *adv* [ə'weɪ]	weg, fort
He **ran away** from home when he was 16.	Mit 16 ist er von zu Hause ausgerissen.

apart *adv* [ə'pɑ:t]	abseits, für sich
The building stood apart from the rest of the farm.	Das Gebäude stand abseits von den anderen Farmgebäuden.
►	
over *adv* ['əʊvə]	hinüber, über
That's his house over there.	Das ist sein Haus dort drüben.
round *adv* [raʊnd]	vorbei
Hello, Paul. I thought I'd **come round**.	Grüß dich, Paul. Ich dachte, ich schau' mal vorbei.
through *adv; prep* [θru:]	durch
The police wouldn't let the reporter through.	Die Polizei ließ den Reporter nicht durch.
Let's drive through town.	Laß uns durch die Stadt fahren.
up *adv; prep* [ʌp]	hinauf, oben; (hin)auf
They stopped half-way up the hill.	Sie hielten auf halber Höhe an.
You have to go up that hill to get to their house.	Sie müssen diesen Berg hinauf, um zu ihrem Haus zu kommen.
down *adv; prep* [daʊn]	herunter, hinunter; (hin)ab
above *prep* [ə'bʌv]	über
George hung the picture above the table in the living-room.	George hängte das Bild über dem Tisch im Wohnzimmer auf.
below *prep* [bɪ'ləʊ]	unter
across *prep* [ə'krɒs]	(gegen)über
That's my friend's house across the road.	Da ist das Haus meines Freundes auf der anderen Straßenseite.
along *prep* [ə'lɒŋ]	entlang
He took his dog for a walk along the river.	Er ging mit seinem Hund am Fluß entlang spazieren.
►	
among *prep* [ə'mʌŋ]	unter, zwischen
My mother found the pictures among some old papers.	Meine Mutter fand die Bilder zwischen alten Papieren.
behind *prep* [bɪ'haɪnd]	hinter
beside *prep* [bɪ'saɪd]	neben
They found the lost watch beside the chair.	Sie fanden die verlorene Uhr neben dem Stuhl.
between *prep* [bɪ'twi:n]	zwischen
In the police van, the thief sat between two policemen.	Im Polizeiwagen saß der Dieb zwischen zwei Polizisten.
beyond *prep* [bɪ'jɒnd]	jenseits von, hinter
Their house is just beyond the next hill.	Ihr Haus liegt direkt hinter dem nächsten Hügel.

at *prep* [ət] She met him at the station.	an Sie traf ihn am Bahnhof.
by *prep* [baɪ] She parked her car by the station.	in der Nähe von Sie parkte ihren Wagen in der Nähe des Bahnhofs.
under *prep* [ˈʌndə]	unter
on *prep* [ɒn]	auf
in *prep* [ɪn]	in
within *prep* [wɪˈðɪn] We were within two miles of home when the car broke down.	in, innerhalb Wir waren nur zwei Meilen von zu Hause entfernt, als wir eine Panne hatten.
► **around, round** *prep* [əˈraʊnd, raʊnd] The players ran around the field until they were very tired.	um … herum Die Spieler liefen um das Spielfeld, bis sie sehr müde waren.
into *prep* [ˈɪntʊ] He burst into the room.	in Er stürmte in das Zimmer.
past *prep* [pɑːst] She ran past the other runners.	vorbei Sie lief an den anderen Läuferinnen vorbei.
to *prep* [tʊ] Will you be driving to town tomorrow?	zu, nach, in Fährst du morgen in die Stadt?
towards *prep* [təˈwɔːdz] The car came towards me at high speed.	in Richtung, auf … zu Das Auto fuhr mit großer Geschwindigkeit auf mich zu.
presence *n* [ˈprezns]	Gegenwart, Anwesenheit
position *n* [pəˈzɪʃn]	Position, Lage
surroundings *n* [səˈraʊndɪŋs] **natural surroundings**	Umgebung Umwelt
region *n* [ˈriːdʒən]	Region, Gebiet
regional *adj* [ˈriːdʒənl]	regional
world-wide *adj* [ˌwɜːldˈwaɪd]	weltweit

wherever *adv* [weər'evə] Wherever he goes, his friend's right there beside him.	wo (auch) immer Wo immer er auch hingeht, sein Freund ist an seiner Seite.
indoors *adv* [ˌɪn'dɔːz] The children stayed indoors.	im Haus, in der Wohnung Die Kinder blieben im Haus.
outdoors *adv* [ˌaʊt'dɔːz] There was nothing they liked better than sleeping outdoors.	im Freien, draußen Nichts taten sie lieber, als im Freien zu schlafen.
outer *adj* ['aʊtə] **outer space**	äußere(r, s) der äußere Weltraum
internal *adj* [ɪn'tɜːnl]	innere(r, s), Innen-
external *adj* [eks'tɜːnl]	äußere(r, s), Außen-
side *adj* [saɪd] **side road/street**	Seiten-, Neben- Nebenstraße
aside *adv* [ə'saɪd] He **stepped aside** to let the old woman on the bus first.	beiseite, zur Seite Er trat zur Seite, um die alte Dame zuerst in den Bus zu lassen.
►	
beneath *adv* [bɪ'niːθ] **beneath the surface**	unterhalb, unter unter der Oberfläche
underneath *adv* [ˌʌndə'niːθ] The letter I had been looking for was lying underneath a book.	unterhalb Der Brief, den ich gesucht hatte, lag unter einem Buch.
►	
broad *adj* [brɔːd]	breit
depth *n* [depθ]	Tiefe
►	
upright *adj* ['ʌpˌraɪt]	aufrecht
upside-down *adv* [ˌʌpsaɪd'daʊn]	auf dem Kopf, umgekehrt
vertical *adj* ['vɜːtɪkl]	senkrecht, vertikal
horizontal *adj* [ˌhɒrɪ'zɒntl]	waagrecht, horizontal
►	
distant *adj* ['dɪstənt]	entfernt
endless *adj* ['endlɪs]	endlos
stretch *v* [stretʃ] An endless desert stretches across the state of Nevada.	erstrecken Eine endlose Wüste erstreckt sich über den Staat Nevada.
remote *adj* [rɪ'məʊt]	abgelegen

Klassifizierung

kind *n* [kaɪnd]	Art, Sorte, Marke
What's that? – It's **a kind of** typewriter that writes letters almost automatically.	Was ist das da? – Es ist eine Art Schreibmaschine, die Briefe fast automatisch schreiben kann.
sort *n* [sɔ:t]	Art, Sorte, Marke
What **sort of** tea do you prefer?	Welche Teesorte bevorzugen Sie?
►	
define *v* [dɪ'faɪn]	definieren
definition *n* [ˌdefɪ'nɪʃn]	Definition
opposite *n* ['ɒpəzɪt]	Gegensatz
The **opposite of** "hot" is "cold".	Der Gegensatz von „heiß" ist „kalt".
►	
detail *n* ['di:teɪl]	Detail, Einzelheit
list *n* [lɪst]	Liste
order *n* ['ɔ:də]	Reihenfolge
►	
quality *n* ['kwɒlətɪ]	Qualität
excellent *adj* ['eksələnt]	ausgezeichnet
favourite *adj* ['feɪvrɪt]	Lieblings-
characteristic *adj* [ˌkærəktə'rɪstɪk]	charakteristisch, kennzeichnend
be characteristic of sth/sb	charakteristisch für etwas/jdn sein
characteristic *n* [ˌkærəktə'rɪstɪk]	Eigenschaft, Merkmal
the main characteristic	das Hauptmerkmal
feature *n* ['fi:tʃə]	Merkmal, Kennzeichen
imitation *n* [ˌɪmɪ'teɪʃn]	Imitation, Fälschung
variety *n* [və'raɪətɪ]	Vielfalt
vary *v* ['veərɪ]	variieren, abwechseln
correspond to *v* [ˌkɒrɪ'spɒnd tʊ]	entsprechen
►	
major *adj* ['meɪdʒə]	Haupt-
the major difference	der Hauptunterschied
minor *adj* ['maɪnə]	gering, unbedeutend, Neben-

maximum *adj; n* ['mæksɪməm]	maximal, Höchst-; Maximum
minimum *adj; n* ['mɪnɪməm]	minimal, Mindest-; Minimum
principal *adj* ['prɪnsəpl]	Haupt-
principal reason	Hauptgrund
►	
last *n* [lɑ:st]	der/die/das Letzte
the last but one	der/die/das Vorletzte
former *adj* ['fɔ:mə]	früher, ehemalig; erstere(r, s)
a former colleague	ein früherer Kollege
the former	der/die/das erstere
latter *adj* ['lætə]	letztere(r, s)
the latter	der/die/das letztere

Zugehörigkeit

belong *v* [bɪ'lɒŋ]	gehören
Does this car **belong to** you?	Gehört dieses Auto dir?
own *v* [əʊn]	besitzen, haben, gehören
Do you own your house or are you renting it?	Gehört Ihnen das Haus oder wohnen Sie zur Miete?
own *adj* [əʊn]	eigen
I have my own flat now.	Jetzt habe ich eine eigene Wohnung.
owner *n* ['əʊnə]	Besitzer(in)
►	
whose *pron* [hu:z]	wessen
Whose bicycle is that?	Wessen Fahrrad ist das?
of *prep* [əv]	von
a friend of mine	ein Freund von mir
►	
my *adj* [maɪ]	mein(e)
mine *pron* [maɪn]	meine(r, s)
No, that's your glass! This one's mine.	Nein, das ist dein Glas. Dies ist meins.
our *adj* ['aʊə]	unser(e)
ours *pron* ['aʊəz]	unsere(r, s)
your *adj* [jɔ:]	dein(e), eur(e), Ihr(e)
yours *pron* [jɔ:z]	deins, euers, Ihr(e)s

his *adj; pron* [hɪz]	sein(e); seine(r, s)
her *adj* [hɜ:]	ihr(e)
hers *pron* [hɜ:z]	ihre(r, s)
its *adj* [ɪts]	sein(e), ihr(e)
their *adj* [ðeə]	ihr(e)
theirs *pron* [ðeəz]	ihre(r, s)
suited *adj* ['su:tɪd] The couple seemed well **suited to** each other.	geeignet, passend Das Paar schien gut zusammenzupassen.
possess *v* [pə'zes]	besitzen
possession *n* [pə'zeʃn] **worldly possessions**	Besitz(gegenstand) irdische Güter

Zusammenhänge

why *adv* [waɪ]	warum
because *conj* [bɪ'kɒz]	weil, da
effect *n* [ɪ'fekt]	Wirkung, Folge
cause *n* [kɔ:z] **cause and effect**	Ursache Ursache und Wirkung
cause *v* [kɔ:z]	verursachen
► **conclusion** *n* [kən'klu:ʒn] **come to/draw a conclusion**	Schluß(folgerung) eine Schlußfolgerung ziehen
so *conj* [səʊ] Those are the facts, so you can see there's not much we can do. You'd better type your letters, **so that** people can read them.	also; damit Das sind die Tatsachen; du siehst also, wir können wenig tun. Du solltest deine Briefe mit der Maschine schreiben, damit man sie lesen kann.
therefore *adv* ['ðeəfɔ:] Jill is married to Paul; therefore Simon is Jill's brother-in-law.	deshalb; also Jill ist mit Paul verheiratet; also ist Simon Jills Schwager.
in order to *conj* [ɪn‿'ɔ:də tʊ] He stopped eating sweets in order to lose weight.	um (...) zu ..., damit Um abzunehmen, hörte er auf, Süßigkeiten zu essen.

and *conj* [ənd]	und
part *n* [pɑ:t] Which part of Britain did you like best?	(Bestand-)Teil Welcher Teil von Großbritannien hat dir am besten gefallen?
piece *n* [pi:s]	Teil, Stück
together *adv* [tə'geðə] This puzzle is extremely difficult to **put together**.	zusammen Dieses Puzzle ist sehr schwierig zusammenzusetzen.
join *v* [dʒɔɪn] **join hands**	zusammensetzen, verbinden sich an den Händen fassen
connect *v* [kə'nekt]	verbinden
tie *v* [taɪ] **It all ties up.**	(zusammen)binden Es paßt alles zusammen.
►	
condition *n* [kən'dɪʃn] **on condition that ...**	Bedingung unter der Bedingung, daß ...
situation *n* [ˌsɪtʊ'eɪʃn]	Situation
case *n* [keɪs] **In case of** fire ...	Fall Im Falle eines Brands ...
due to *prep* ['dju: tʊ] The plane crash was due to the pilot's carelessness.	wegen, bedingt durch Der Flugzeugabsturz passierte wegen der Fahrlässigkeit des Piloten.
result *n* [rɪ'zʌlt] **As a result of** the bad weather, farmers have had a poor harvest.	Ergebnis Als Folge des schlechten Wetters hatten die Bauern eine schlechte Ernte.
depend *v* [dɪ'pend] The amount of money you earn doesn't always **depend on** how much you work.	abhängen Wieviel man verdient, hängt nicht immer davon ab, wieviel man arbeitet.
►	
or *conj* [ɔ:]	oder
compare *v* [kəm'peə]	vergleichen
comparison *n* [kəm'pærɪsn] Of course his car's very nice, but it's **no comparison to** a real sports car.	Vergleich Sein Wagen ist zwar ganz nett, aber er kann es nicht mit einem echten Sportwagen aufnehmen.
contrast *n* ['kɒntrɑ:st] **in contrast**	Unterschied, Gegensatz, Kontrast im Gegensatz dazu
contrast *v* [kən'trɑ:st]	im Kontrast stehen

than *conj* [ðən]	als
Karen is much nicer than her brother.	Karen ist viel netter als ihr Bruder.
as *adv* [əz]	so
twice as big (as ...)	doppelt so groß (wie ...)
difference *n* ['dɪfrəns]	Unterschied
What's the **difference between** a van and a lorry?	Was ist der Unterschied zwischen einem Lieferwagen und einem Lastwagen?
different *adj* ['dɪfrənt]	anders, unterschiedlich
Life in America is very **different from** that in Europe.	Das Leben in Amerika ist ganz anders als das Leben in Europa.
same *adj; pron* [seɪm]	der-/die-/dasselbe; dasselbe
All of the children in our road go to the same school.	Alle Kinder aus unserer Straße gehen in dieselbe Schule.
Prices aren't going up. A 10p stamp still costs the same as it did ten years ago!	Die Preise steigen nicht: Eine 10p-Briefmarke kostet genauso viel wie vor zehn Jahren!
similar *adj* ['sɪmɪlə]	ähnlich
alike *adj* [ə'laɪk]	ähnlich
too *adv* [tu:]	auch
She's Swiss, too.	Sie ist auch Schweizerin.
with *prep* [wɪð]	mit
without *prep* [wɪ'ðaʊt]	ohne

on account of *prep* [ˌɒn‿ə'kaʊnt‿əv]	wegen, aufgrund
On account of his injury, he was unable to work.	Aufgrund seiner Verletzung konnte er nicht arbeiten.
vice versa *adj* [ˌvaɪsɪ'vɜ:sə]	umgekehrt, vice versa
We help them out when they're in trouble and vice versa.	Wir helfen ihnen, wenn sie Probleme haben und umgekehrt genauso.
base *v* [beɪs]	beruhen, sich stützen
The film **is based on** a short story.	Der Film beruht auf einer Kurzgeschichte.
consequence *n* ['kɒnsɪkwəns]	Konsequenz, Folge
He had to **pay the consequences for** his crime by going to jail.	Er mußte für sein Verbrechen mit Gefängnisstrafe büßen.
reference *n* ['refrəns]	Bezug, Referenz
with reference to	in Bezug auf, bezüglich

differ *v* ['dɪfə] John and Mary have always **differed on** political issues.	anderer Meinung sein John und Mary waren in politischen Fragen stets unterschiedlicher Meinung.
combine *v* [kəm'baɪn]	kombinieren
combination *n* [ˌkɒmbɪ'neɪʃn]	Kombination
unity *n* ['ju:nətɪ]	Einheit, Einigkeit

Eigenschaft

typical *adj* ['tɪpɪkl]	typisch
usual *adj* ['ju:ʒʊəl] He ordered his usual drink.	gewöhnlich Er bestellte sein übliches Getränk.
unusual *adj* [ʌn'ju:ʒʊəl]	ungewöhnlich
common *adj* ['kɒmən] **a common cold**	gewöhnlich, normal eine gewöhnliche Erkältung
rare *adj* [reə]	selten, rar
►	
old *adj* [əʊld]	alt
new *adj* [nju:]	neu
►	
little *adj* ['lɪtl] Her grandparents lived on a lovely little farm in Ohio.	klein Ihre Großeltern lebten auf einer hübschen kleinen Farm in Ohio.
huge *adj* [hju:dʒ] An elephant is a huge animal.	riesig Der Elefant ist ein riesiges Tier.
tiny *adj* ['taɪnɪ] Compared to an elephant, a dog is tiny.	sehr klein, winzig Mit einem Elefanten verglichen ist ein Hund winzig.
long *adj* [lɒŋ]	lang
short *adj* [ʃɔ:t]	kurz
high *adj* [haɪ] What's the highest building in the world?	hoch Was ist das höchste Gebäude der Welt?
low *adj* [ləʊ] The ceiling was very low.	niedrig Die Zimmerdecke war sehr niedrig.

good, better, best *adj* [gʊd, 'betə, best] — gut, besser, beste(r, s)

bad, worse, worst *adj* [bæd, wɜ:s, wɜ:st] — schlecht, schlechter, schlechteste(r, s)

constant *adj* ['kɒnstənt] — dauernd, ständig
After the accident he had constant pain in his legs. — Nach dem Unfall hatte er ständig Schmerzen in den Beinen.

►
dangerous *adj* ['deɪndʒərəs] — gefährlich

safe *adj* [seɪf] — sicher, ungefährlich

certain *adj* ['sɜ:tn] — sicher
I'm certain that I left my keys in this restaurant. — Ich bin sicher, daß ich meinen Schlüsselbund in diesem Restaurant vergessen habe.

►
easy *adj* ['i:zɪ] — einfach, leicht

difficult *adj* ['dɪfɪkəlt] — schwierig, schwer

hard *adj* [hɑ:d] — schwer, schwierig; hart

soft *adj* [sɒft] — weich

►
heavy *adj* ['hevɪ] — schwer
What is the heaviest metal you can think of? — Was ist das schwerste Metall, das dir einfällt?

light *adj* [laɪt] — leicht

►
empty *adj* ['emptɪ] — leer

full *adj* [fʊl] — voll

►
familiar *adj* [fə'mɪljə] — bekannt, vertraut
She looked very familiar, but I couldn't remember who she was. — Sie kam mir sehr bekannt vor, aber ich konnte mich nicht erinnern, wer sie war.

famous *adj* ['feɪməs] — berühmt

alone *adj* [ə'ləʊn] — allein

►
amazing *adj* [ə'meɪzɪŋ] — erstaunlich

exciting *adj* [ɪk'saɪtɪŋ] — aufregend

►
central *adj* ['sentrəl] — zentral
Our flat is very central. — Unsere Wohnung liegt sehr zentral.

convenient *adj* [kən'vi:njənt]	günstig gelegen; praktisch
All our holiday flats are near the beach and convenient for shops, pubs etc.	Sämtliche Ferienwohnungen sind in der Nähe des Strandes, und Einkaufsmöglichkeiten, Kneipen usw. sind auch nicht weit.
suitable *adj* ['su:təbl]	passend, geeignet
►	
critical *adj* ['krɪtɪkl]	kritisch
direct *adj* [dɪ'rekt]	direkt
definite *adj* ['defɪnɪt]	bestimmt, fest
Have you made any definite plans for the summer holidays?	Haben Sie schon feste Pläne für die Sommerferien gemacht?
enough *adj* [ɪ'nʌf]	genug
equal *adj* ['i:kwəl]	gleich
The two men were of equal height.	Die beiden Männer waren gleich groß.
exact *adj* [ɪg'zækt]	genau
►	
firm *adj* [fɜ:m]	fest, streng
Parents shouldn't be too firm with their children.	Eltern sollten nicht zu streng mit ihren Kindern sein.
loose *adj* [lu:s]	lose
My daughter has a loose tooth.	Meine Tochter hat einen wackeligen Zahn.
►	
current *adj* ['kʌrənt]	aktuell
current events	aktuelle Ereignisse
former *adj* ['fɔ:mə]	ehemalig
►	
least *adj* [li:st]	geringste(r, s)
There hasn't been the least bit of rain recently.	In letzter Zeit hatten wir nicht den geringsten Tropfen Regen.
chief *adj* [tʃi:f]	Haupt-
Their chief problem was lack of money.	Ihr Hauptproblem war Geldmangel.
general *adj* ['dʒenərəl]	allgemein
particular *adj* [pə'tɪkjʊlə]	speziell, besondere(r, s)
for no particular reason	aus keinem bestimmten Grund
in particular	besonders, vor allem
special *adj* ['speʃl]	besondere(r, s)
It was a very special day for the children.	Für die Kinder war es ein ganz besonderer Tag.

ordinary *adj* ['ɔ:dnrɪ]	gewöhnlich
extra *adj* ['ekstrə] We can supply our product in any colour at no extra charge.	extra, zusätzlich Wir können unser Produkt in jeder Farbe ohne Aufpreis liefern.
►	
successful *adj* [sək'sesfʊl]	erfolgreich
complete *adj* [kəm'pli:t] He made a complete fool of himself at the party.	vollkommen; fertig Er hat sich auf der Party total blamiert.
perfect *adj* ['pɜ:fɪkt] **Nobody's perfect!**	perfekt, vollkommen Kein Mensch ist vollkommen!
ideal *adj* [aɪ'dɪəl]	ideal
super *adj* ['su:pə] We've just bought a super new game.	toll, Spitzen- Wir haben gerade ein tolles neues Spiel gekauft.
extreme *adj* [ɪk'stri:m] His sister was still alive, but in extreme pain.	extrem Seine Schwester lebte noch, litt aber unter extrem starken Schmerzen.
►	
necessary *adj* ['nesəsərɪ]	notwendig, nötig
useful *adj* ['ju:sfʊl]	nützlich
useless *adj* ['ju:slɪs]	nutzlos
►	
what *adj* [wɒt] What beautiful weather we've had this week!	welche(r, s); was Was haben wir diese Woche für schönes Wetter gehabt!

acceptable *adj* [ək'septəbl]	annehmbar, passend
relative *adj* ['relətɪv]	relativ, verhältnismäßig
relevant *adj* ['reləvənt]	von Bedeutung, relevant
senseless *adj* ['senslɪs]	sinnlos, unsinnig
accurate *adj* ['ækjʊrət]	genau, richtig
valid *adj* ['vælɪd] **a valid argument**	stichhaltig, berechtigt; gültig ein stichhaltiges Argument
odd *adj* [ɒd] My mother always had an odd way of finding out the truth.	merkwürdig, seltsam Meine Mutter hatte schon immer eine seltsame Art, die Wahrheit herauszufinden.
peculiar *adj* [pɪ'kju:ljə]	eigen(artig), seltsam

ridiculous *adj* [rɪˈdɪkjʊləs] Don't be ridiculous!	lächerlich, albern Sei nicht albern!
proper *adj* [ˈprɒpə]	richtig, ordnungsgemäß
satisfactory *adj* [ˌsætɪsˈfæktərɪ]	zufriedenstellend, befriedigend
►	
apparent *adj* [əˈpærənt]	offensichtlich, ersichtlich
invisible *adj* [ɪnˈvɪzəbl]	unsichtbar
artificial *adj* [ˌɑːtɪˈfɪʃl]	künstlich
vague *adj* [veɪg] I haven't the vaguest idea what you're talking about.	vage, undeutlich, nebelhaft Ich habe überhaupt keine Ahnung, wovon du sprichst.
mysterious *adj* [mɪˈstɪərɪəs] Her mind works in mysterious ways.	unerklärlich, geheimnisvoll Ihre Denkweise ist nur schwer nachvollziehbar.
►	
civilized *adj* [ˈsɪvɪlaɪzd]	zivilisiert
competent *adj* [ˈkɒmpɪtənt]	kompetent, fähig
fluent *adj* [ˈfluːənt] She speaks fluent Russian.	fließend Sie spricht fließend Russisch.
experienced *adj* [ɪkˈspɪərɪənst]	erfahren
extraordinary *adj* [ɪkˈstrɔːdnrɪ]	außergewöhnlich
outstanding *adj* [ˌaʊtˈstændɪŋ] **outstanding ability**	hervorragend, außergewöhnlich außergewöhnliche Begabung
mature *adj* [məˈtjʊə]	reif, erwachsen
►	
concise *adj* [kənˈsaɪs] **a concise report**	prägnant, kurz ein prägnanter Bericht
slight *adj* [slaɪt] We've made a slight change in our holiday plans.	geringfügig Wir haben unsere Urlaubspläne geringfügig geändert.
sufficient *adj* [səˈfɪʃnt]	ausreichend
considerable *adj* [kənˈsɪdrəbl] Daniel has considerable strength for a child his age.	beachtlich, ansehnlich Daniel hat für ein Kind seines Alters beachtliche Kraft.
additional *adj* [əˈdɪʃənl]	zusätzlich
significant *adj* [sɪgˈnɪfɪkənt] **a significant difference**	bedeutend, wichtig ein wichtiger Unterschied

essential *adj* [ɪ'senʃl]	notwendig, wichtig
tremendous *adj* [trɪ'mendəs]	gewaltig, enorm
I have a tremendous amount of work to.	Ich habe gewaltig viel Arbeit zu erledigen.
enormous *adj* [ɪ'nɔːməs]	gewaltig, ungeheuer
►	
enjoyable *adj* [ɪn'dʒɔɪəbl]	erfreulich
fortunate *adj* ['fɔːtʃnət]	glücklich, vom Glück begünstigt
We are very fortunate to have so many good friends.	Wir haben das große Glück, viele gute Freunde zu haben.
lively *adj* ['laɪvlɪ]	lebhaft
splendid *adj* ['splendɪd]	wunderbar, glänzend
luxurious *adj* [lʌg'zjʊərɪəs]	luxuriös
precious *adj* ['preʃəs]	kostbar
colourful *adj* ['kʌləfʊl]	farbig, bunt
►	
astonishing *adj* [ə'stɒnɪʃɪŋ]	erstaunlich, überraschend
incredible *adj* [ɪn'kredəbl]	unglaublich, sagenhaft
remarkable *adj* [rɪ'mɑːkəbl]	bemerkenswert
►	
entire *adj* [ɪn'taɪə]	ganz
Betty left the entire mess for her sister to clean up.	Betty überließ es ihrer Schwester, das ganze Durcheinander aufzuräumen.
dominant *adj* ['dɒmɪnənt]	beherrschend, dominant
Her mother was the dominant figure in their family.	Ihre Mutter war die beherrschende Persönlichkeit in ihrer Familie.
predominant *adj* [prɪ'dɒmɪnənt]	überwiegend, vorwiegend
The predominant feeling was that we should reject the offer.	Man war überwiegend der Meinung, daß wir das Angebot ablehnen sollten.
preferable *adj* ['prefərəbl]	vorzuziehen
The new model of the car was preferable because of its design.	Das neue Automodell war wegen seines Designs vorzuziehen.
►	
smooth *adj* [smuːð]	glatt
as smooth as silk	so glatt wie Seide
a smooth talker	ein aalglatter Redner
sober *adj* ['səʊbə]	nüchtern; ernst, solide

specific *adj* [spɪˈsɪfɪk]	bestimmt, spezifisch, speziell
thorough *adj* [ˈθʌrə]	gründlich
George went to the doctor for a thorough physical examination.	George ging zum Arzt, um sich gründlich untersuchen zu lassen.
complex *adj* [ˈkɒmpleks]	kompliziert, verwickelt, komplex
subtle *adj* [ˈsʌtl]	subtil, diskret, versteckt
Peter kept dropping subtle hints about what he wanted for his birthday.	Peter machte dauernd subtile Andeutungen bezüglich seiner Geburtstagswünsche.
tricky *adj* [ˈtrɪkɪ]	heikel, knifflig
a tricky question	eine heikle Frage
horrible *adj* [ˈhɒrəbl]	schrecklich, erschreckend

Art und Weise

how *adv* [haʊ]	wie
How fast do you think the car was going?	Wie schnell fuhr der Wagen Ihrer Meinung nach?
►	
also *adv* [ˈɔːlsəʊ]	auch
I agree with Agnes. I also feel that we've made a very big mistake.	Ich stimme Agnes zu. Ich meine auch, daß wir einen sehr großen Fehler gemacht haben.
too *adv* [tuː]	auch; zu
Would you like a beer, too?	Möchten Sie auch ein Bier?
That's much too expensive!	Das ist viel zu teuer!
►	
any *adv* [ˈenɪ]	noch, etwas
Are you feeling any better today?	Geht es dir heute etwas besser?
anyhow/anyway *adv* [ˈenɪhaʊ/ˈenɪweɪ]	sowieso; wie auch immer
Keep your money. I didn't really want it anyway.	Behalte dein Geld. Ich wollte es eigentlich sowieso nicht haben.
so *adv* [səʊ]	so
He was so nice to me. I could hardly believe it.	Er war so nett zu mir. Ich konnte es kaum glauben.
somehow *adv* [ˈsʌmhaʊ]	irgendwie
I don't know how I'll do it. But I know I will somehow.	Ich weiß nicht, wie ich es schaffen werde, aber ich weiß, irgendwie wird es mir gelingen.

even *adv* ['i:vn] — selbst, sogar
It's hot in southern California even in November. — Selbst im November ist es in Südkalifornien heiß.

though *adv* [ðəʊ] — doch
She promised to marry him, but she didn't though. — Sie versprach, ihn zu heiraten, aber sie tat es doch nicht.

►
very *adv* ['verɪ] — sehr
We were very happy to meet you. — Wir haben uns sehr gefreut, Sie kennenzulernen.

really *adv* ['rɪəlɪ] — wirklich
It was a really old house. — Es war wirklich ein altes Haus.

well, better, best *adv* [wel, 'betə, best] — gut, besser, am besten
Do you know him very well? — Kennst du ihn sehr gut?

fortunately *adv* ['fɔ:tʃnətlɪ] — glücklicherweise
There was no more petrol in the tank, but fortunately we had a spare can with us. — Der Tank war leer, aber glücklicherweise hatten wir einen Reservekanister dabei.

►
hard *adv* [hɑ:d] — schwer
He works very hard at the office. — Im Büro arbeitet er sehr schwer.

hardly *adv* ['hɑ:dlɪ] — kaum
Although he fell off the ladder, he was hardly hurt at all. — Obwohl er von der Leiter heruntergefallen ist, hat er sich kaum verletzt.

only *adv* ['əʊnlɪ] — nur; erst
Members only! — Nur für Mitglieder!
only yesterday — erst gestern

►
likely *adv* ['laɪklɪ] — wahrscheinlich
If he did it once then he's very likely to do it again. — Wenn er es einmal getan hat, dann wird er es sehr wahrscheinlich wieder tun.

usually *adv* ['ju:ʒʊəlɪ] — für gewöhnlich, normalerweise
He usually does his shopping on Tuesday afternoons. — Normalerweise geht er am Dienstagnachmittag einkaufen.

mainly *adv* ['meɪnlɪ] — hauptsächlich

nearly *adv* ['nɪəlɪ] — fast, beinahe
Come on in! We're nearly ready. — Kommt 'rein! Wir sind beinahe fertig.

fairly *adv* ['feəlɪ]	ziemlich
The sea was fairly rough.	Die See war ziemlich rauh.
pretty *adv* ['prɪtɪ]	ziemlich; ganz schön
I used to live pretty far from my school, so I had to take the bus.	Früher wohnte ich ziemlich weit weg von meiner Schule und mußte deshalb mit dem Bus fahren.
quite *adv* [kwaɪt]	ganz, ziemlich
He can cook quite well.	Er kann ganz gut kochen.
altogether *adv* [ˌɔːltəˈgeðə]	im ganzen; ganz und gar
I'm sorry, but we don't altogether agree.	Es tut mir sehr leid, aber wir können nicht ganz zustimmen.
absolutely *adv* ['æbsəluːtlɪ]	absolut, vollkommen
I think you're absolutely right about that.	Ich glaube, da hast du vollkommen recht.
evidently *adv* ['evɪdəntlɪ]	offensichtlich
Evidently she doesn't like me, otherwise she wouldn't have been so impolite.	Offensichtlich mag sie mich nicht, sonst wäre sie nicht so unhöflich gewesen.
►	
gradually *adv* ['grædʒʊəlɪ]	allmählich
I gradually realized what my teacher had been trying to tell me.	Allmählich begriff ich, was mein Lehrer mir hatte klarmachen wollen.
incidentally *adv* [ˌɪnsɪˈdentlɪ]	übrigens, nebenbei
Incidentally, did you remember to bring back the books you borrowed last week?	Ach übrigens, hast du daran gedacht, die Bücher zurückzubringen, die du letzte Woche ausgeliehen hast?
►	
merely *adv* ['mɪəlɪ]	bloß, nur, lediglich
You don't have to listen to my advice; it's merely a suggestion.	Du mußt ja nicht auf meinen Rat hören – es ist bloß ein Vorschlag.
scarcely *adv* ['skeəslɪ]	kaum
He scarcely had enough money to live on.	Er hatte kaum genug Geld zum Leben.
►	
partly *adv* ['pɑːtlɪ]	teilweise
Laura was upset when she got home and found that her cake had been partly eaten.	Laura war empört, als sie nach Hause kam und feststellte, daß ihr Kuchen teilweise aufgegessen war.
largely *adv* ['lɑːdʒlɪ]	zum größten Teil, überwiegend
It was largely business that we talked about.	Wir haben hauptsächlich über das Geschäftliche gesprochen.

Farben

colour *n* ['kʌlə]	Farbe
black *adj* [blæk]	schwarz
white *adj* [waɪt]	weiß
blue *adj* [blu:]	blau
green *adj* [gri:n]	grün
yellow *adj* ['jeləʊ]	gelb
red *adj* [red]	rot
orange *adj* ['ɔrɪnʒ]	orange
pink *adj* [pɪŋk]	rosa
purple *adj* ['pɜ:pl]	lila
silver *adj* ['sɪlvə]	silbern
gold *adj* [gəʊld]	golden
brown *adj* [braʊn]	braun
grey *adj* [greɪ]	grau
light *adj* [laɪt] **light blue**	hell hellblau
dark *adj* [dɑ:k] **dark blue**	dunkel dunkelblau

Formen

shape *n* [ʃeɪp] What shape is the table?	Gestalt, Form Welche Form hat der Tisch?
form *n* [fɔ:m]	Form, Umriß
figure *n* ['fɪgə]	Figur, Gestalt
line *n* [laɪn]	Linie, Zeile
circle *n* ['sɜ:kl]	Kreis
round *adj* [raʊnd]	rund
square *adj; n* [skweə]	quadratisch; Quadrat

edge *n* [edʒ]	Rand; Kante
If you put your glass so near the edge of the table, you may knock it off.	Wenn du dein Glas so nahe an die Tischkante stellst, wirfst du es vielleicht hinunter.
parallel *adj* ['pærəlel]	parallel
parallel lines	Parallelen

Mengen, Maße, Zahlen

length *n* [leŋθ]	Länge
width *n* [wɪdθ]	Breite
height *n* [haɪt]	Höhe, (Körper-)Größe
►	
inch *n* [ɪntʃ]	Zoll (2,54 cm)
yard *n* [jɑ:d]	Yard (0,914 m)
mile *n* [maɪl]	Meile (1,61 km)
centimetre *n* ['sentɪˌmi:tə]	Zentimeter
metre *n* ['mi:tə]	Meter
kilometre *n* ['kɪləˌmi:tə]	Kilometer
►	
weigh *v* [weɪ]	wiegen
You must weigh about 60 kg.	Du mußt an die 60 Kilo wiegen.
weight *n* [weɪt]	Gewicht
My weight has been around 54 kg for years now.	Mein Gewicht liegt seit einigen Jahren um die 54 Kilo.
ounce *n* [aʊns]	Unze (28,35 g)
There are sixteen ounces in a pound.	Ein Pfund hat 16 Unzen.
pound *n* [paʊnd]	Pfund (453, 592 g)
ton *n* [tʌn]	Tonne (*GB* 1016,05 kg; *US* 907,18 kg)
gram(me) *n* [græm]	Gramm
kilo(gramme) *n* ['ki:ləʊ(græm)]	Kilogramm
►	
pint *n* [paɪnt]	Pint (*GB* 0,568 l; *US* 0,473 l)
gallon *n* ['gælən]	Gallone (*GB* 4,546 l; *US* 3,785 l)
litre *n* ['li:tə]	Liter

number *n* ['nʌmbə] Zahl

zero, nought ['zɪərəʊ, nɔ:t]	null
one [wʌn]	eins
two [tu:]	zwei
twelve [twelv]	zwölf
twenty ['twentɪ]	zwanzig
twenty-one [ˌtwentɪ'wʌn]	einundzwanzig
three [θri:]	drei
thirteen [ˌθɜ:'ti:n]	dreizehn
thirty ['θɜ:tɪ]	dreißig
four [fɔ:]	vier
fourteen [ˌfɔ:'ti:n]	vierzehn
forty ['fɔ:tɪ]	vierzig
five [faɪv]	fünf
fifteen [ˌfɪf'ti:n]	fünfzehn
fifty ['fɪftɪ]	fünfzig
six [sɪks]	sechs
sixteen [ˌsɪks'ti:n]	sechzehn
sixty ['sɪkstɪ]	sechzig
seven ['sevn]	sieben
seventeen [ˌsevn'ti:n]	siebzehn
seventy ['sevntɪ]	siebzig
eight [eɪt]	acht
eighteen [ˌeɪ'ti:n]	achtzehn
eighty ['eɪtɪ]	achtzig
nine [naɪn]	neun
nineteen [ˌnaɪn'ti:n]	neunzehn
ninety ['naɪntɪ]	neunzig
ten [ten]	zehn
eleven [ɪ'levn]	elf
a hundred [ə 'hʌndrəd]	hundert
a thousand [ə 'θaʊznd]	tausend
a million [ə 'mɪljən]	eine Million

first [fɜ:st]	erste(r, s)
second ['sekənd]	zweite(r, s)
third [θɜ:d]	dritte(r, s)
fourth [fɔ:θ]	vierte(r, s)
fifth [fɪfθ]	fünfte(r, s)
sixth [sɪksθ]	sechste(r, s)
seventh ['sevnθ]	siebte(r, s)
eighth [eɪtθ]	achte(r, s)
ninth [naɪnθ]	neunte(r, s)
tenth [tenθ]	zehnte(r, s)
eleventh [ɪ'levnθ]	elfte(r, s)
twelfth [twelfθ]	zwölfte(r, s)
thirteenth [ˌθɜ:'ti:nθ]	dreizehnte(r, s)

once [wʌns]	einmal
twice [twaɪs]	zweimal
three times ['θri:'taɪmz]	dreimal

quantity *n* ['kwɒntətɪ] — Quantität; Menge

bunch *n* [bʌntʃ] — Haufen, Masse, Menge

load *n* [ləʊd] — Ladung, Menge
a load of nonsense — eine Menge Unsinn

bit *n* [bɪt] — Stück(chen)
She was so angry that she **tore** the letter **to bits**. — Sie war so aufgebracht, daß sie den Brief in kleine Stücke zerriß.

drop *n* [drɒp] — Tropfen
two drops twice daily — zweimal täglich zwei Tropfen

►

lack *n* [læk] — Mangel
Lack of money stopped us from continuing our trip across Europe. — Der Mangel an Geld hinderte uns daran, unsere Reise durch Europa fortzusetzen.

deal *n* [di:l] — Menge
She spends **a great deal of** money on clothes. — Sie gibt eine Menge Geld für Kleider aus.

sum *n* [sʌm] — Summe
a large sum of money — eine große Geldsumme

lot *n* [lɒt] — Menge, Masse
We've got **lots of** room in our new flat. — Wir haben jede Menge Platz in unserer neuen Wohnung.

both *adj* [bəʊθ]	beide
set *n* [set]	Satz, Garnitur, Service
a set of false teeth	ein Gebiß
tea-set	Teeservice
dozen *n* ['dʌzn]	Dutzend
half a dozen	ein halbes Dutzend
It's six of one and half a dozen of the other.	Es ist Jacke wie Hose.
whole *adj; n* [həʊl]	ganz; Ganze(r, s)
the whole truth	die ganze Wahrheit
half *adj; n* [hɑːf]	halb; Hälfte
rest *n* [rest]	Rest
►	
few *adj; pron* [fjuː]	wenig, ein paar; wenige
There were only a few good players in the football team.	Es gab nur ein paar gute Spieler in der Fußballmannschaft.
Many left, but only **a few** came back.	Viele gingen, aber nur wenige kamen zurück.
little *n* ['lɪtl]	wenig
Actually I've seen very little of her.	Ich habe sie eigentlich nur selten gesehen.
less *adj* [les]	weniger
My doctor's told me to drink less coffee.	Mein Arzt hat mir gesagt, daß ich weniger Kaffee trinken soll.
►	
many *adj* ['menɪ]	viele
much *adj* [mʌtʃ]	viel
There wasn't much milk left.	Es war nicht mehr viel Milch übrig.
plenty *n* ['plentɪ]	viel
We've got **plenty of time**.	Wir haben eine Menge Zeit.
several *adj* ['sevrəl]	einige
For lunch they served vegetables with several kinds of meats.	Zum Mittagessen gab es Gemüse mit verschiedenen Fleischsorten.
some *adj; pron* [sʌm]	einige, manche; etwas
There are some days when I just don't feel like getting out of bed.	An manchen Tagen möchte ich am liebsten überhaupt nicht aufstehen.
No milk left! I'll go and get some.	Keine Milch mehr da! Ich gehe welche holen.
something *pron* ['sʌmθɪŋ]	etwas
There's something wrong with the car.	Mit dem Wagen stimmt was nicht.

any *adj; pron* ['enɪ]	(irgend)welche(r, s)
Have we got any wine? – No, there isn't any left.	Haben wir noch Wein? – Nein, es ist keiner mehr da.
anything *pron* ['enɪθɪŋ]	(irgend)etwas
Is there anything I can do?	Kann ich irgendetwas tun?
I don't think there's anything wrong with the engine.	Ich glaube nicht, daß am Motor etwas kaputt ist.
more *adj* [mɔː]	mehr
most *adj* [məʊst]	meiste-
most people	die meisten Leute
most *pron* [məʊst]	der/die/das meiste; die meisten
We spent **most of the time** on the beach.	Wir verbrachten die meiste Zeit am Strand.
►	
all *adj* [ɔːl]	alle-
all the people	alle Leute
all my life	mein ganzes Leben lang
all *pron* [ɔːl]	alles; alle
That's all I know.	Das ist alles, was ich weiß.
all of them	(sie) alle
every *adj* ['evrɪ]	jede(r, s)
every morning	jeden Morgen
every five minutes	alle fünf Minuten
everything *pron* ['evrɪθɪng]	alles
no *adj* [nəʊ]	kein(e)
none *pron* [nʌn]	keine(r, s)
I wanted a beer, but there was none left.	Ich wollte ein Bier, aber es war keins mehr da.
nothing *pron* ['nʌθɪŋ]	nichts
►	
plus *prep* [plʌs]	plus, und
7 plus 2 is 9.	7 und 2 sind 9.
minus *prep* ['maɪnəs]	minus, weniger
9 minus 2 is 7.	9 weniger 2 ist 7.
double *adj; adv* ['dʌbl]	doppelt, Doppel-
This word has a double meaning.	Dieses Wort ist doppeldeutig.
She's double his age.	Sie ist doppelt so alt wie er.
times *prep* [taɪmz]	mal
5 times 6 is 30.	5 mal 6 ist 30.
point *n* [pɔɪnt]	Komma
one point seven (1.7)	eins Komma sieben (1,7)

per cent *n* [pə'sent]	Prozent
►	
roughly *adv* ['rʌflɪ] Cardiff has a population of roughly 277,000.	ungefähr Cardiff hat ungefähr 277000 Einwohner.
about *adv* [ə'baʊt]	ungefähr
almost *adv* ['ɔ:lməʊst] **almost a pound**	fast fast ein Pfund
only *adj* ['əʊnlɪ] **the only one**	einzig der einzige
over *prep* ['əʊvə] There were over 700 people in the theatre.	über, mehr als Es waren über 700 Zuschauer im Theater.
metric *adj* ['metrɪk] **the metric system**	metrisch das metrische System
measure *n; v* ['meʒə]	Maßeinheit; messen
measurement *n* ['meʒəmənt]	Messung
volume *n* ['vɒlju:m]	Volumen, Inhalt
heap *n* [hi:p] She threw all her dirty clothes in a big heap on the floor.	Haufen Sie warf all ihre schmutzigen Kleider auf dem Boden auf einen Haufen.
►	
ordinal *adj* ['ɔ:dɪnl] **ordinal number**	Ordnungs-, Ordinal- Ordnungszahl
cardinal *adj* ['kɑ:dɪnl] **cardinal number**	Grund-, Kardinal- Grundzahl
decimal *adj* ['desɪml] **the decimal system**	Dezimal- das Dezimalsystem
►	
average *n* ['ævrɪdʒ] **on average**	Durchschnitt im Durchschnitt
approximately *adv* [ə'prɒksɪmətlɪ]	ungefähr, annähernd, etwa, fast
►	
scale *n* [skeɪl] **bathroom/kitchen scales**	Skala, Maßstab Badezimmer-/Küchenwaage
proportion *n* [prə'pɔ:ʃn]	Proportion, Verhältnis
reduce *v* [rɪ'dju:s]	reduzieren, verkleinern
reduction *n* [rɪ'dʌkʃn]	Reduzierung, Verkleinerung

21 Strukturwörter

(In Thema 21 sind nur die Strukturwörter aufgenommen, die sich nicht eindeutig einem Sachthema zuordnen lassen.)

Artikel und Pronomen

a, an *art* [ə, ən]	ein(e, r)
She works in a factory/in an office.	Sie arbeitet in der Fabrik/im Büro.
He's a chemist/an artist.	Er ist Drogist/Künstler.
What a nice girl!	Was für ein nettes Mädchen!
a hundred pounds	hundert Pfund
60 miles an hour	(ca.) 97 Stundenkilometer
the *art* [ði:/ðə]	der, die, das
The underground station is next to the post office.	Die U-Bahn-Station liegt direkt neben dem Postamt.
play the piano	Klavier spielen
all the time	die ganze Zeit
►	
I *pron* [aɪ]	ich
I'm Sally Peters, and I'd like to talk to Mr Dobson.	Ich heiße Sally Peters und möchte gerne mit Herrn Dobson sprechen.
me *pron* [mi:]	mir, mich, ich
Why don't you come and help me?	Komm doch und hilf mir!
Please ring me back.	Bitte rufen Sie mich zurück.
Who's speaking? – It's me!	Wer spricht, bitte? – Ich bin's!
myself *pron* [maɪ'self]	ich/mir/mich selbst
I enjoyed myself very much at your party.	Es hat mir auf Ihrer Party sehr gut gefallen.
►	
you *pron* [ju:]	du, Sie, ihr; dir, Ihnen, euch; man
If I were you, I'd take that job.	An deiner Stelle würde ich die Stelle nehmen.
Did they offer you a rise?	Haben sie dir eine Lohnerhöhung angeboten?
Can I take you home?	Kann ich Sie nach Hause bringen?
You never know!	Man kann nie wissen!
yourself *pron* [jɔ:'self]	du/dir/dich/Sie/sich selbst
Help yourself!	Bedienen Sie sich!
yourselves *pron* [jɔ:'selvz]	ihr/euch/Sie/sich selbst
You know the story yourselves, don't you?	Ihr kennt die Geschichte doch selbst, nicht wahr?

he *pron* [hiː] — er
Is he your brother? — Ist er dein Bruder?

him *pron* [hɪm] — ihm, ihn
I wrote him a letter. — Ich habe ihm einen Brief geschrieben.
I saw him yesterday. — Ich habe ihn gestern gesehen.

himself *pron* [hɪm'self] — er/sich selbst
How did he die? – He killed himself. — Wie ist er ums Leben gekommen? – Er hat sich umgebracht.

►

she *pron* [ʃiː] — sie
She lives with her mother. — Sie wohnt bei ihrer Mutter.

her *pron* [hɜː] — ihr, sie
Please give her my love. — Bitte sag ihr liebe Grüße von mir!
It's a pity I never met her. — Es ist schade, daß ich sie nie getroffen habe!

herself *pron* [hɜː'self] — sie/sich selbst
Jill doesn't think much of herself. — Jill hält keine großen Stücke auf sich.

►

it *pron* [ɪt] — es
Who is it? – It's me, Joan. — Wer ist da? – Ich bin's, Joan!

itself *pron* [ɪt'self] — sich; selbst
The cat hurt itself when it jumped off the tree. — Die Katze verletzte sich, als sie vom Baum sprang.

►

we *pron* [wiː] — wir
Shall we go? — Gehen wir?

us *pron* [ʌs] — uns
He couldn't look us in the face. — Er konnte uns nicht in die Augen schauen.

ourselves *pron* [ˌaʊə'selvz] — wir/uns selbst
We needn't defend ourselves. — Wir brauchen uns nicht zu verteidigen.

►

they *pron* [ðeɪ] — sie
I didn't see Peter and Pat yesterday. Where were they? — Ich habe Peter und Pat gestern nicht gesehen – wo waren sie?

them *pron* [ðəm] — ihnen, sie
We didn't meet them either, but we sent them a letter. — Wir haben sie auch nicht getroffen, aber wir haben ihnen einen Brief geschickt.

themselves *pron* [ðəm'selvz] — sie/sich selbst
Everybody helped themselves to food and drink. — Alle nahmen sich selbst zu essen und zu trinken.

one *pron* [wʌn]	man; eine(r, s)
One shouldn't be too critical about pop music.	Bei Schlagermusik sollte man nicht zu kritisch sein!
This pullover's too large. Have you got a smaller one?	Dieser Pullover ist mir zu groß. Haben Sie einen kleineren?
oneself *pron* [wʌn'self]	sich (selbst)
Controlling oneself is hard to learn for most people.	Es fällt den meisten Leuten schwer, sich selbst zu beherrschen.
►	
who *pron* [hu:]	wer?; der, die, das
Who's that boy over there?	Wer ist der Junge da drüben?
Frank's the only one who plays the piano well.	Frank ist der einzige, der gut Klavier spielt.
whom *pron* [hu:m]	wen?; wen, den, die, das
To whom it may concern *form*	An den zuständigen Sachbearbeiter *(anonyme Anrede)*
what *pron* [wɒt]	was?, welches?; was
What would you like: tea or coffee?	Was möchtest du: Tee oder Kaffee?
He doesn't know what he's doing.	Er weiß nicht, was er tut.
which *pron* [wɪtʃ]	welche(r, s)?; der, die, das
Which suit should I wear: the blue one or the black one?	Welchen Anzug soll ich anziehen: den blauen oder den schwarzen?
The dog, which had been sleeping, suddenly barked.	Der Hund, der bisher geschlafen hatte, bellte plötzlich.
►	
this *pron* [ðɪs]	diese(r, s) hier
This is my car, and that Mini over there's my sister's.	Dies hier ist mein Wagen, und der Mini dort drüben gehört meiner Schwester.
these *pron* [ði:z]	diese/die hier
These are New Zealand cattle; those over there are Hereford cows.	Dies hier sind Neuseeland-Rinder; das dort sind Hereford-Kühe.
that *pron* [ðət; ðæt]	der, die, das; der/die/das da
Let's take the train that arrives at noon.	Nehmen wir den Zug, der mittags ankommt!
those *pron* [ðəʊz]	die/jene da
►	
each *pron* [i:tʃ]	jede(r, s)
Oranges cost 20p each.	Orangen kosten 20 Pence das Stück.
We kissed **each other** goodbye.	Wir küßten einander zum Abschied.
each of us	jeder von uns

other *pron* ['ʌðə]	andere(r, s)
one after the other	einer nach dem anderen
►	
everybody, everyone *pron* ['evrɪˌbɒdɪ, 'evrɪwʌn]	jeder; alle
nobody, no-one *pron* ['nəʊbədɪ, 'nəʊˌwʌn]	keiner; niemand
somebody, someone *pron* ['sʌmbədɪ, 'sʌmwʌn]	jemand
anybody, anyone *pron* ['enɪˌbɒdɪ, 'enɪwʌn]	(irgend)jemand
Shall we invite anyone else? – I can't think of anybody.	Sollen wir noch jemanden einladen? – Mir fällt niemand ein.
►	
both *pron* [bəʊθ]	beide
We invited them both/both of them.	Wir luden sie beide ein.
another *pron* [ə'nʌðə]	ein(e) andere(r, s)
Very often neighbours don't like **one another**.	Sehr oft mögen Nachbarn einander nicht.
one after another	eine(r) nach dem (der) anderen
either *pron* ['aɪðə]	jede-, beide
Which of these ties would you buy? – I don't like **either of them**.	Welche von diesen Krawatten würdest du nehmen? – Mir gefallen beide nicht.
neither *pron* ['naɪðə]	keine-, beide nicht
The Millers have got a car, but **neither of them** has got a driving-licence.	Die Millers haben ein Auto, aber keiner von beiden hat einen Führerschein.
►	
whoever *pron* [hu:'evə]	wer auch immer
Whoever told you that?	Von wem weißt du das nur?
whatever *pron* [wɒt'evə]	was auch immer
What shall we have for dinner? – **Whatever you like.**	Was sollen wir heute abend essen? – Was du willst!
whichever *pron* [wɪtʃ'evə]	welche(r, s) auch immer
They're all good tools; take whichever you want.	Das sind alles gute Werkzeuge – nimm, welche du willst.
►	
such *pron* [sʌtʃ]	solche(r, s), so
Such is life!	So ist das Leben!

Konjunktionen

and *conj* [ænd/ənd]	und
Try and eat some breakfast.	Versuch doch, etwas zu frühstücken!
It's **nice and warm** in here.	Es ist schön warm hier drinnen.
a hundred and twenty pounds	hundertzwanzig Pfund
either *conj* ['aɪðə]	entweder; auch nicht
We can **either** watch TV **or** play cards.	Wir können entweder fernsehen oder Karten spielen.
I'm sorry, Bill's out, and I can't come either.	Tut mir leid, Bill ist ausgegangen, und ich kann auch nicht kommen.
neither *conj* ['naɪðə]	weder; auch nicht
Neither cars **nor** motorbikes are allowed.	Weder Autos noch Motorräder sind erlaubt.
or *conj* [ɔ:]	oder
Is this cloth black or blue?	Ist dieses Tuch schwarz oder blau?
Is she leaving or not?	Geht sie nun oder nicht?
►	
as *conj* [æz/əz]	als; weil
As a child she lived with her aunt.	Als Kind lebte sie bei ihrer Tante.
As there was no one home I had to wait.	Weil niemand zu Hause war, mußte ich warten.
since *conj* [sɪns]	weil, da
The scientists had to stop work, since there was no money to pay them.	Die Wissenschaftler mußten die Arbeit einstellen, weil kein Geld da war, um sie zu bezahlen.
although *conj* [ɔ:l'ðəʊ]	obwohl
Annie went to school although she wasn't well.	Annie ging zur Schule, obwohl sie nicht ganz gesund war.
though *conj* [ðəʊ]	obwohl
however *conj* [haʊ'evə]	jedoch
When we arrived the weather was fine. The next day, however, it started to rain.	Das Wetter war schön, als wir ankamen. Am nächsten Tag jedoch begann es zu regnen.
but *conj* [bʌt]	aber
►	
if *conj* [ɪf]	wenn, falls; ob
If we don't find a petrol station soon, we'll run out of petrol.	Wenn wir nicht bald eine Tankstelle finden, geht uns das Benzin aus.
Ask her if she'd like to come to our party.	Frag sie, ob sie zu unserer Party kommen möchte.

whether *conj* ['weðə] Do you know whether Anne's coming tonight?	ob Weißt du, ob Anne heute abend kommt?
unless *conj* [ən'les] Our cat won't eat a mouse unless she's very hungry.	wenn nicht Unsere Katze frißt keine Maus, wenn sie nicht sehr hungrig ist.
otherwise *conj* ['ʌðəwaɪz] Bill should stop smoking; otherwise he'll never get better.	andernfalls, falls nicht Bill sollte aufhören zu rauchen! Andernfalls wird er sich nie erholen.
► **how** *conj* [haʊ] Nobody knows how it happened.	wie Niemand weiß, wie es passiert ist.
that *conj* [ðət] I didn't know (that) you were on holiday.	daß Ich wußte nicht, daß du im Urlaub warst.
or else *conj* [ˌɔ:r‿'els] You'll have to work much harder or else you'll fail your exam.	sonst, andernfalls Du wirst viel härter arbeiten müssen, sonst fällst du durch deine Prüfung.
for *conj* [fɔ:] The president had to resign, for he had lost the support of his own party.	denn, nämlich Der Präsident mußte zurücktreten, denn er hatte die Unterstützung seiner eigenen Partei verloren.
► **in spite of** *conj* [ˌɪn'spaɪt‿əv] In spite of the icy roads she went by car.	trotz Trotz der vereisten Straßen fuhr sie mit dem Auto.
even if *conj* ['i:vn‿ˌɪf] He never uses an umbrella, even if it's pouring outside.	auch wenn Er nimmt nie einen Schirm, auch wenn es draußen gießt.
still *conj* [stɪl] He's a very difficult person; still, his wife and children love him.	dennoch, trotzdem Er ist ein sehr schwieriger Mensch; trotzdem lieben ihn seine Frau und seine Kinder.
yet *conj* [jet] The wooden bridge looked safe; and yet they had a strange feeling when they crossed it.	und doch, dennoch Die Holzbrücke sah sicher aus; und doch hatten sie ein merkwürdiges Gefühl, als sie sie überquerten.
nevertheless *conj* [ˌnevəðə'les] It'll be a boring party; but I think we ought to go nevertheless.	trotzdem, dennoch Das wird eine langweilige Einladung – aber ich finde, wir sollten trotz allem hingehen.

whereas *conj* [weər'æz]	während, wogegen
She loves sunbathing, whereas her husband hates it.	Sie liebt das Sonnenbaden, während ihr Mann das haßt.
►	
considering *conj* [kən'sɪdərɪŋ]	wenn man bedenkt, daß ...
Considering he's been with the firm for only six months, he does his job very well.	Wenn man bedenkt, daß er erst sechs Monate bei der Firma ist, erfüllt er seine Aufgabe sehr gut.
provided *conj* [prə'vaɪdɪd]	wenn; vorausgesetzt, daß ...
Provided (that) you stay with us for five years, we can offer you a rise.	Vorausgesetzt, daß Sie fünf Jahre bei uns bleiben, können wir Ihnen eine Gehaltserhöhung anbieten.
►	
once *conj* [wʌns]	wenn erst, sobald
Once you've passed your exam, you'll have to start looking for a job.	Sobald du deine Prüfung bestanden hast, wirst du dich nach einem Arbeitsplatz umsehen müssen.
now (that) *conj* ['naʊ (ˌðət)]	jetzt wo
Now that I've met Janet, I know she's exactly the right person for our team.	Jetzt wo ich Janet kennengelernt habe, weiß ich, daß sie genau die richtige Frau für unser Team ist.

Hilfsverben

(Siehe auch Thema 17: Erlaubnis/Verbot, Vorschlag, Rat)

be, was, been *v* [bi:, wɒz, bi:n]	sein
have, had, had *v* [hæv, hæd/həd]	haben
do, did, done *v* [du:, dɪd, dʌn]	tun, machen
►	
need *v* [ni:d]	müssen; brauchen
Do you need to know everything?	Mußt du denn alles wissen?
You needn't cook dinner.	Du brauchst kein Abendessen kochen.
must; mustn't *v* [mʌst; 'mʌsnt]	müssen; nicht dürfen
We must ask our neighbours to look after the house while we're on holiday.	Wir müssen unsere Nachbarn bitten, nach unserem Haus zu sehen, während wir in Urlaub sind.
We mustn't forget to give them a key.	Wir dürfen nicht vergessen, ihnen einen Schlüssel zu geben.
be supposed to *v* [bi: sə'pəʊzd tʊ]	sollen, müssen
I'm supposed to be in York tomorrow.	Ich soll morgen in York sein.

Amerikanisches Englisch

Amerikanisches Englisch ist als eine der beiden Hauptvarianten aus dem heutigen englischen Sprachgebrauch nicht mehr wegzudenken. Dabei ist es zunehmend schwieriger geworden, eine eindeutige Abgrenzung in den Bereichen der Orthographie, der Lexik und der Grammatik vorzunehmen. Verbesserte Kommunikationstechnologien, gemeinsame politische Einrichtungen, zunehmender Welthandel, sowie wissenschaftlicher und kultureller Austausch haben dazu geführt, daß das britische Englisch und das amerikanische Englisch immer mehr ineinander übergehen. Natürlich lassen sich Wörter und Strukturen dem Ursprung nach als amerikanisches Englisch (**AE**) oder britisches Englisch (**BE**) identifizieren; betrachtet man jedoch die Anwendung, so stellt man fest, daß bestimmte Wörter eher von **AE**- und andere eher von **BE**-Sprechern bevorzugt werden.
Unterschiede sind überwiegend eine Frage des persönlichen Sprachgebrauchs (vgl. hierzu 3. Unterschiede im Wortschatzgebrauch).

1. Aussprache und Intonation

Das amerikanische Englisch unterscheidet sich zwar im Klangbild vom britischen Englisch, aber die vorhandenen Unterschiede führen selten zu echten Verständigungsschwierigkeiten.

	AE	**BE**
example	[ɪg'zæmpəl]	[ɪg'zɑ:mpl]
chance	[tʃæns]	[tʃɑ:ns]
far	[far]	[fɑ:]
forget	[fər'get]	[fə'get]
new	[nu]	[nju:]
future	['fjutʃər]	['fju:tʃə]
better	['betər]	['betə]
hostile	['hastəl]	['hɒstaɪl]
textile	['tekstəl]	['tekstaɪl]
quality	['kwaləti]	['kwɒlətɪ]
either	['iðər]	['aɪðə]
neither	['niðər]	['naɪðə]
been	[bɪn]	[bi:n]
leisure	['lɪʒər]	['leʒə]
tomato	[tə'meɪtou]	[tə'mɑ:təʊ]
vase	[veis]	[vɑ:z]
ate	[eit]	[et]
clerk	[klərk]	[klɑ:k]
schedule	['skedʒul]	['ʃedju:l]

2. Orthographie

Seit dem 18. Jahrhundert und N. Websters „spelling reform“ ist man in den USA bestrebt, das Schriftbild stärker der Aussprache anzugleichen. Dieser Vorgang ist weder abgeschlossen, noch im einzelnen konsequent durchgeführt worden. Insgesamt gesehen stimmen die Schriftbilder des britischen Englisch und des amerikanischen Englisch überein. Eindeutige Unterschiede können jedoch bei folgenden typischen Fällen festgestellt werden:

AE	BE
humor	humour
color	colour
center	centre
kilometer	kilometre
license	licence
offense	offence
traveler	traveller
catalog	catalogue
dialog	dialogue
program	programme
check	cheque
draft	draught
gray	grey
plow	plough
tire	tyre

3. Unterschiede im Wortschatzgebrauch

Der größte Teil des Alltagswortschatzes stimmt im amerikanischen und britischen Englisch in seiner Bedeutung überein. Verwirrend wird es z.T. für den Muttersprachler und um so mehr für den Englischlernenden bei der Gruppe von Wörtern, die in beiden Sprachen gleich aussehen, aber unterschiedliche Bedeutungen haben, wie zum Beispiel folgende:

	Bedeutung AE	Bedeutung BE
first floor	Erdgeschoß	erste Etage
purse	Handtasche	Geldbeutel
smart	intelligent	chic
subway	U-Bahn	Fußgänger-unterführung
vest	Weste	Unterhemd

Eine weitere Gruppe setzt sich aus Wörtern zusammen, die als typisch „amerikanisches Englisch" oder typisch „britisches Englisch" gelten, d.h. lexikalisch unterschiedliche Wörter haben dieselbe Bedeutung im Deutschen (z.B. entspricht AE: „cookie" dem BE: „biscuit" und bedeutet auf deutsch „Keks"). Die folgende Liste orientiert sich an der thematischen Gliederung des Hauptteils, jedoch sind die amerikanischen Begriffe alphabetisch geordnet.

Umwelt, Lebewesen

AE	BE	
city	town, city	Stadt, Großstadt
creek	brook	Bach
downtown	city centre	Stadtmitte, City
fall	autumn	Herbst
grain	corn	Korn
raise animals	breed animals	Tiere halten
raise vegetables	grow vegetables	Gemüse anbauen
town	village, town	Dorf, Stadt

Der menschliche Körper

AE	BE	
bandaid	plaster	Heftpflaster
beauty parlor	hairdresser's	Friseursalon
cute	attractive	hübsch, reizend
diaper	nappy	Windel
near-sighted	short-sighted	kurzsichtig
pacifier	dummy	Schnuller
raise children	bring up children	Kinder großziehen
sick	ill	krank
wash up	have a wash	sich waschen

Psyche, Geist, Verhalten

AE	BE	
fresh	cheeky	frech
guess	believe, suppose	glauben, meinen
mad	angry	ärgerlich
mean	bad-tempered	gemein

Ernährung, Kleidung, Wohnung

AE	BE	
bathtub	bath	Badewanne
broil	grill	rösten, grillen
can	tin	Dose
candy	sweets	Süßigkeiten
closet	wardrobe, cupboard	Schrank
cookie	biscuit (sweet)	Keks, Plätzchen
cracker	biscuit (salted)	Salzgebäck, Kräcker
drapes	curtains	Vorhänge
duplex house	semi-detached house	Doppelhaus
elevator	lift	Aufzug
faucet	tap	Wasserhahn
flashlight	torch	Taschenlampe
French fries	chips	Pommes frites
front yard	front-garden	Vorgarten
garbage	rubbish	Abfall
janitor	caretaker	Hausmeister
men's room	gents	Herrentoilette
necktie	tie	Krawatte
oatmeal	porridge	Haferbrei
pants	trousers	lange Hosen
powder room	ladies	Damentoilette
purse	handbag	Handtasche
rest-room	public toilets	öffentliche Toilette
rubbers	overshoes, galoshes	Überschuhe
set the table	lay the table	Tisch decken
sneakers	tennis shoes	Tennisschuhe
thread	cotton	Nähgarn
trash	rubbish	Abfall
trash can	dustbin	Abfalleimer
tuxedo	dinner-jacket	Smoking
undershirt	vest	Unterhemd
vest	waistcoat	Weste
wall-to-wall carpet	fitted carpet	Teppichboden
wash the dishes	wash up	Geschirr spülen
zipper	zip	Reißverschluß

Staat, Politik, Gesellschaftsordnung

AE	BE	
administration	government	Regierung
city hall	town hall	Rathaus
Department of State	Foreign Office	Außenministerium
Dept of the Interior	Home Office	Innenministerium
draft	call-up	Einberufung
draftee	conscript	Wehrpflichtiger
fire department	fire-brigade	Feuerwehr
run for office	stand for office	kandidieren

Berufs- und Arbeitswelt

AE	BE	
druggist	dispensing chemist	Apotheker(in)
engineer	engine driver	Lokomotivführer(in)
labor union	trade union	Gewerkschaft
traveling salesman	commercial traveller	Handelsvertreter

Produktion, Organisation

AE	BE	
appointment book	diary	Terminkalender
xerox®	photocopy	Fotokopie
xerox®	photocopy	fotokopieren

Geld, Handel, Wirtschaft

AE	BE	
checking account	current account	Girokonto
dime		10-Cent-Stück
drugstore	chemist's	Drogerie (Apotheke)
loan	lend	verleihen
nickel		5-Cent-Stück
pharmacy	chemist's	Apotheke
quarter		25-Cent-Stück
sales clerk	shop assistant	Verkäufer(in)
sales tax	Value Added Tax	Mehrwertsteuer
spending money	pocket-money	Taschengeld
stocks	shares	Aktien
store	shop	Laden
vending machine	slot machine	Verkaufsautomat

Transport, Verkehr

AE	BE	
auto(mobile)	(motor)car	Auto
blacktop	tarmac	Asphalt
cab	taxi	Taxi
conductor	guard	Schaffner
crosswalk	zebra crossing	Zebrastreifen
driver's license	driving licence	Führerschein
flat tire	puncture	Reifenpanne
freeway	motorway	Autobahn
gas(oline)	petrol	Benzin
gas station	petrol station	Tankstelle
highway	main road	Überlandstraße
intersection	crossroads	Straßenkreuzung
one-way ticket	single ticket	einfache Fahrkarte
railroad	railway	Eisenbahn
regular gas	two star (petrol)	Normalbenzin
roundtrip ticket	return ticket	Rückfahrkarte
schedule	timetable	Fahrplan
sidewalk	pavement	Gehsteig
stoplights	traffic lights	Verkehrsampel
streetcar	tram	Straßenbahn
subway	underground (railway)	U-Bahn
super	four star (petrol)	Superbenzin
traffic circle	roundabout	Kreisverkehr
train station	railway station	Bahnhof
transfer	change	umsteigen
transportation	public transport	Verkehrsmittel
truck	lorry	LKW
underpass	subway	Unterführung
yield	give way	Vorfahrt gewähren

Kommunikationsmittel, Massenmedien

AE	BE	
general delivery	poste restante	postlagernd
mail	post	Post
mailbox	post-box, letter-box	Briefkasten
mailman	postman	Briefträger
movie	film	Kinofilm
movie theater	cinema	Kino
no answer	no reply	niemand nimmt ab
pay phone	telephone kiosk	Münztelephon
special delivery	express delivery	Eilzustellung
telephone booth	telephone box	Telefonzelle
turn on/off	switch on/off	ein-/ausschalten
zip code	post code	Postleitzahl

Tourismus, Reisen

AE	BE	
baggage	luggage	Gepäck
bellboy	page, porter	Page
bus	coach	Reisebus
check	bill	Rechnung
doorman	porter	Portier
fill out	fill in	ausfüllen
first name	Christian name	Vorname
trailer	caravan	Wohnwagen
trip	journey	Reise
vacation	holiday(s)	Urlaub, Ferien

Freizeit, Unterhaltung, Feiertage

AE	BE	
field	ground, pitch	Spielfeld
football	American football	amerikan. Fußball
game	match	Spiel
girl scout	girl guide	Pfadfinderin
legal holiday	bank holiday	gesetzl. Feiertag
reserve	book	buchen
soccer	football	Fußball

Lincoln's Birthday	Lincolns Geburtstag *(12. Februar)*
Washington's Birthday	Washingtons Geburtstag *(22. Februar, offiziell: 3. Mo. im Februar)*
Memorial Day	Volkstrauertag *(letzter Mo. im Mai)*
Independence Day	Unabhängigkeitstag *(4. Juli)*
Labor Day	Tag der Arbeit *(1. Mo. im Sept.)*
Columbus Day	Columbustag *(2. Mo. im Okt.)*
Veterans Day	Tag der Kriegsveteranen *(4. Mo. im Okt.)*
Thanksgiving Day	Erntedankfest *(letzter Do. im Nov.)*

Lernen, Wissen, Erziehung

AE	BE	
dormitory	hall of residence	Wohnheim
eraser	rubber	Radiergummi
faculty	staff	Kollegium
grade	class, form; mark	Klasse; Note
grade school	primary school	Grundschule (1–6)
home economics	domestic science	Hauswirtschaft
junior high school		Klassen 7–9
major	main subject of study	Hauptfach
math	maths	Mathe
minor	secondary subject of study	Nebenfach
principal	headmaster(-mistress)	Schulleiter(in)
public school	state school	öffentl. Schule
report card	school report	Zeugnis
schedule	timetable	Stundenplan
scratch paper	scribbling-paper	Schmierpapier
senior high school		Klassen 10–12
student	schoolboy(-girl); student	Schüler(in); Student(in)

Grammatik, Sprachbeschreibung

AE	BE	
parentheses	brackets	Klammern
period	full stop	Punkt
zee (z)	zed	Zett

Allgemeine Begriffe

AE	BE	
five after four	five past four	fünf nach vier
two weeks	fortnight	vierzehn Tage
zero	nought	Null

Wortbildung

Durch Wortbildung kann der Lernende seinen aktiven Wortschatz nahezu unbegrenzt erweitern.
An dieser Stelle soll nur auf zwei Arten der Wortschatzerweiterung hingewiesen werden, nämlich das Anfügen der Vorsilben (Präfixe) und der Nachsilben (Suffixe) an ein Grundwort.
Die folgende Liste stellt eine alphabetische Auswahl der wichtigsten Vorsilben dar. Vorsilben ändern selten die Wortart des Grundwortes.

Vorsilbe	neuer Begriff	deutsche Bedeutung
anti-	**anti**-American **anti**freeze	antiamerikanisch Frostschutzmittel
bi-	**bi**monthly **bi**sexual	zweimal monatlich bisexuell
dis-	**dis**appear	verschwinden
ex-	**ex**-husband	früherer Ehemann
im-	**im**polite **im**possible	unhöflich unmöglich
in-	**in**ability **in**direct	Unfähigkeit indirekt
mis-	**mis**print **mis**understand	Druckfehler mißverstehen
non-	**non**-smoker	Nichtraucher(in)
out-	**out**doors	draußen
over-	**over**population	Überbevölkerung
pre-	**pre**historic **pre**school	vorgeschichtlich Vorschul-
pro-	**pro**-American	proamerikanisch
re-	**re**organize	neu organisieren
un-	**un**able **un**known	unfähig unbekannt

Nachsilben ändern oft nicht nur die Wortart eines Grundwortes, sondern manchmal auch dessen Schreibung und Aussprache.
Hier eine alphabetische Auswahlliste der häufigsten Nachsilben:

Nachsilbe	neuer Begriff	deutsche Bedeutung
-able	read**able**	lesbar
-al	arriv**al** politic**al**	Ankunft politisch
-ance	import**ance**	Wichtigkeit
-dom	free**dom**	Freiheit
-ee	employ**ee**	Arbeitnehmer(in)
-ence	intellig**ence**	Intelligenz
-er	London**er**	Londoner(in)
-ese	Japan**ese**	japanisch
-ess	lion**ess**	Löwin
-ful	beauti**ful** pain**ful**	schön schmerzhaft
-ic	atom**ic**	atomar, Atom-
-ics	athlet**ics**	Leichtathletik
-ing	beginn**ing** interest**ing**	Anfang interessant
-ion	act**ion**	Bewegung
-ish	child**ish**	kindisch
-ism	social**ism**	Sozialismus
-ist	guitar**ist**	Gitarrist(in)
-ive	attract**ive**	attraktiv
-less	child**less** pain**less**	kinderlos schmerzlos
-ly	man**ly** careful**ly**	männlich vorsichtig
-ment	move**ment**	Bewegung
-ness	friendl**iness**	Freundlichkeit
-ship	friend**ship**	Freundschaft
-y	sunn**y** jealous**y**	sonnig Eifersucht

Liste gängiger englischer Abkürzungen

AA	*(GB)* Automobile Association; Alcoholics Anonymous
AIDS	Acquired Immune Deficiency Syndrome
b & b	*(GB)* bed and breakfast
BA	Bachelor of Arts; British Airways
BBC	*(GB)* British Broadcasting Corporation
BSc	Bachelor of Science
C	Centigrade
CBS	*(US)* Columbia Broadcasting System
CD	Compact Disc
CIA	*(US)* Central Intelligence Agency
cm	centimetre(s)
CND	*(GB)* Campaign for Nuclear Disarmament
c/o	care of
COD	Cash on Delivery
C of E	Church of England
DA	*(US)* District Attorney
DIY	Do-It-Yourself
DJ	Disc Jockey
doz	dozen
EEC	European (Economic) Community *(EG)*
eg	exempli gratia = for example *(z. B.)*
etc	et cetera = and so on *(usw.)*
F	Fahrenheit
FBI	*(US)* Federal Bureau of Investigation
FRG	Federal Republic of Germany
ft	foot/feet *(Längenmaß)*
GB	Great Britain
GCE	*(GB)* General Certificate of Education
GDR	German Democratic Republic
GMT	Greenwich Mean Time
GPO	*(GB)* General Post Office
HP	*(GB)* Hire Purchase
ie	id est = that is to say *(d. h.)*
in	inch(es)
Inc	Incorporated
IQ	Intelligence Quotient
IRA	Irish Republican Army
ITV	*(GB)* Independent Television
KO	Knock-Out
lb	pound(s) *(Gewicht)*
LP	Long-Playing (record)
Ltd	*(GB)* Limited
m	mile(s); metre(s)
MA	Master of Arts
MD	Doctor of Medicine

MP	*(GB)* Member of Parliament; Military Police
mph	miles per hour
NATO	North Atlantic Treaty Organization
NB	Nota Bene = note well
NBC	*(US)* National Broadcasting Company
NHS	*(GB)* National Health Service
no(s)	number(s)
OAP	*(GB)* Old-Age Pensioner
oz	ounce(s)
p	*(GB)* pence; page
pa	per annum = per year
PC	Personal Computer
PhD	Doctor of Philosophy
PM	*(GB)* Prime Minister
PR	Public Relations
PS	Postscript
pt(s)	pint(s)
PTA	Parent-Teacher Association
pto	please turn over
RAF	*(GB)* Royal Air Force
Rd	Road
RIP	Rest in Peace
SF	Science Fiction
SOS	Save Our Souls
Sq	Square
St	Street; Saint
tel	telephone
TUC	*(GB)* Trades Union Congress
TV	television
UFO	Unidentified Flying Object
UHF	Ultra High Frequency *(Radio)*
UK	United Kingdom
UN(O)	United Nations (Organization)
US(A)	United States (of America)
VAT	*(GB)* Value Added Tax *(MwSt.)*
VHF	Very High Frequency *(Radio)*
VIP	Very Important Person
WASP	*(US)* White Anglo-Saxon Protestant
WC	Water Closet
Xmas	Christmas
YHA	Youth Hostels Association
YMCA	Young Men's Christian Association
YWCA	Young Women's Christian Association

Bibliographie

Oxford Advanced Learner's Dictionary of Current English, ed. A. S. Hornby et al, OUP, 3rd edition 1974

The Concise Oxford Dictionary, OUP, 6th edition 1976

Longman Dictionary of Contemporary English, Longman 1978

Longman Lexicon of Contemporary English, Longman 1981

PONS/Collins Dictionary of the English Language, Klett/Collins, 2nd edition 1987

PONS Globalwörterbuch Englisch-Deutsch, Klett 1983

ICC Certificate in English, Deutscher Volkshochschul-Verband, Pädagogische Arbeitsstelle, Frankfurt 1984

The Threshold Level, Council of Europe, Strasbourg 1975

Waystage, Council of Europe, Strasbourg 1977

Oxford Student's Dictionary of American English, OUP 1983

Webster's Ninth New Collegiate Dictionary, Merriam-Webster Inc. 1983

Jones/Gimson: *Everyman's English Pronouncing Dictionary,* J. M. Dent & Sons Ltd., 14th edition 1977

Register aller englischen Stichwörter

Alle im Grundwortschatz enthaltenen Wörter erscheinen als **halbfette Stichwörter,** alle Aufbauwortschatz-Einträge in normaler Schrift, alle amerikanischen Einträge in *kursiver Schrift.*

A

B

C

D

E

F

G

H

I

J

K

L

M

N

O

P

Q

R

S

T

X

Y

Z

KLETT

TRAINING

Wörter lernen – aber richtig. Das Lernen von Vokabeln allein genügt nicht, um einen Wortschatz sicher zu beherrschen. Damit das Vokabular „sitzt", d. h. damit die Vokabeln im englischen Kontext richtig verstanden werden und vom Lernenden selbst im richtigen Zusammenhang verwendet werden, muß das gelernte Wortmaterial immer wieder durch Anwendungsübungen gefestigt und gesichert werden.
Zu diesem Zweck wurde das Trainingsbuch Grundwortschatz Englisch entwickelt.
Training Grundwortschatz Englisch ist parallel angelegt zum Grund- und Aufbauwortschatz Englisch. Jedes Kapitel des Trainingsbuches ist folgendermaßen aufgebaut:
Ein Text oder ein Dialog, der das Thema des jeweiligen Sachgebietes aufnimmt, bietet einen interessanten motivierenden Einstieg. Daran schließt sich eine Fülle unterschiedlicher Aufgabenstellungen (Einsetzübungen / multiple-choice-Übungen / true-false-exercises / Definitionsübungen / bildgesteuerte Übungen usw.) an, die den Lernenden zwingen, das Gelernte in immer wieder neuen Zusammenhängen zu rekapitulieren und selbst anzuwenden.
Einzusetzen ist das Buch am Ende der Sekundarstufe I für Schüler an Realschulen und Gymnasien sowie im Rahmen der Erwachsenenbildung an VHS.

Vera Amor

Training Grundwortschatz Englisch

Unter Mitarbeit von Stuart Amor

Beilage: Lösungsheft

Klettbuch 922105